KB176040

Be the Solver

확증적
자료 분석(CDA)

데이터 분석

Be the Solver

확증적
자료 분석(CDA)

송인식 지음

이담Books

문제 해결에 '확증적 자료 분석'을 활용하라!

　최초 「6시그마 바이블 시리즈」의 한 섹션으로 탄생한 '통계 편'이 오랜만에 '확증적 자료 분석편(CDA)'으로 개정판을 맞이했다. 그동안 활용했던 통계 패키지 버전도 상당한 변화가 있어 보조를 맞출 필요도 있었고 일부 표현들의 가독성을 높이는 작업도 요구돼서다. 그러나 개정판에 관한 한 출판사의 의견은 아예 표지부터 본문 형식까지 모두 새롭게 하자는 통 큰 제안을 해왔고 순간 혹한 마음이 들었다. 첫 출판 이후로 상당한 시간이 지났기 때문에 좋은 기회로도 여겨졌다.

　사실 제안에 대해 마음속에 두 가지 다른 생각이 뒤섞여 있었다. 하나는 개정판이 필요한 더 큰 이유에 "6시그마를 지배하는 통계 원리 두 개"처럼 '6시그마'에 한정된 이미지에서 아예 탈피해 '통계 분석'을 학습하는 데 매우 유용한 독립된 교본으로 전환하고픈 욕심이 자리했다. '6시그마'의 한 부속편이 아닌 통계학 학습을 필요로 하는 많은 이들의 주요 지침서로 자리매김하고, 기업 강의 교재로 쓰이고 있는 점도 이를 뒷받침할 만한 주요 사건이라면 사건이다. 또 통계학 전공자들이 "어떻게 이런 생각을 했을까" 하는 즐거운 칭찬도 힘을 보탰다. 그러나 시리즈에서 '통계편'만 툭 떼어 독립시킬 경우 그동안 쌓아놓은 시리즈 체계가 무너짐은 물론 생뚱맞은 통계학 서적이 돼버려 마음은 굴뚝같지만 장고 끝에 결국 현실과 타협해버리고 말았다. 일단 기업인을 대상으로 하는 만큼 시리즈의 부속편이 유리하단 판단에 이르렀고 '통계편' 독립의 생각은 결국 접게 되었다.

다른 하나는 개정판의 필요성을 뒷받침하는 강력한 배경이 된 사건인데, 바로 **시리즈명을 기존「6시그마 바이블 시리즈」에서「Be the Solver」로 전환코**자 결정한 점이다. 6시그마! 참으로 말도 많고 탈도 많은 국내 기업을 뒤흔들고 이끈 큰 해군 함성이었음에 틀림없다. 그러나 필자가 20여 년간 몸담으며 깨달은 진실은 "6시그마를 하는 것"이 아닌 "문제를 해결하는 것"이 본질이었다는 점이다. 그동안 벨트 관리, 과제 선정, 과제 수행 관리, 성과 관리, 학습 관리 등 수많은 활동이 있어 왔지만 그들 모두를 걷어내고 본질을 밝히면 반짝이는 진주는 오직 '문제 해결'만이 남는다. 기업에서의 '문제 해결'은 곧 '수익'과 직결되고 '수익'은 기업의 존재이유다. '문제 해결'이 그렇게 중요하면 통계 지식도 '문제 해결'을 위해 존재하는 것이 맞지 않을까?

변모의 기회는 줄었지만 본 책이 기여하는 기본 속성이 계속 발전하고 있는 점은 매우 긍정적이다. 그동안의 강의 경험을 토대로 판단컨대 '기초 통계'만의 학습용에서 벗어나 '확증적 자료 분석'의 전 영역을 충분히 대체하고 있기 때문이다. 단순히 더 높은, 소위 고급 통계학을 준비하기 위한 전초 과정이 아닌 본 서책의 본문을 교육 중 짚어보는 것만으로도 '통계 분석'의 수준을 중급 이상으로 높일 수 있다는 판단에서다. 실제 교육생들로부터 평가가 그렇게 이루어지고 있고 본 책의 효용성도 그와 같은 측면에서 계속 높아지고 있는 추세다. 이에 서명을 '통계편'에서 '확증적 자료 분석(CDA, Confirmatory

Data Analysis)편'으로 전환하고 기존의 '분석편'을 '탐색적 자료 분석(EDA, Exploratory Data Analysis)편', 그리고 '정성적 분석편'과 'R분석(빅 데이터 분석)'을 통합해 '분석(Analysis)'의 한 섹션을 완성하였다. 모두 '문제 해결'을 위한 지원 지식으로써 든든한 버팀목을 완성한 것이다.

현재 **'확증적 자료 분석(CDA)'은 유튜브에 인터넷 강의를 개설**했다. 그동안 기업에서 진행된 내용을 여러 필요한 기업인들과 좀 더 공유하고픈 생각이 들었고, 또 현재는 인강이 교육생들의 교육 후 복습용으로도 매우 요긴하게 활용되고 있다. 관심 있는 독자는 **"http://www.youtube.com/c/송인식PSLab"**의 주소를 이용하기 바란다.

본문은 '프로세스 개선 방법론'의 Measure Phase부터 Analyze – Improve – Control Phase에 걸쳐 등장하는 다양하고 주요한 **통계적 분석 도구들을 통합해 이해할 수 있는 해법을 제공**한다. 즉 이들 각 Phase별로 등장하는 도구들을 개별적으로 학습하는 것이 아니라 공통으로 갖고 있는 가장 바닥의 **기본 원리가 있으며, 그것도 단 두 개**밖에 되지 않으므로 본 내용을 골자로 여러 '통계 분석 과정'을 학습한다. 그리고 각 Phase별 통계 도구들을 접할 때마다 기본 원리를 교육생으로 하여금 다시 일깨우고 그것이 새롭게 등장한 도구들을 어떻게 설명하는지 확인시켜 줌으로써 실무 연계성과 이해의 폭을 향상시키도록 구성하였다.

따라서 본문은 통계의 기본 원리를 설명하는 취지에서 크게 두 가지인, '첫 번째 원리'와 '두 번째 원리'로 이루어져 있으며 다음과 같은 구조로 전개된다.

1. **사전 기본 지식**: 통계적 기본 원리 두 가지를 설명하기 전, 리더들이 알고 있어야 할 용어 정의와 기초 지식들을 설명한다. 일부는 아주 기본적인 것

들이라 뛰어넘어도 본문 학습에 큰 지장이 없으나, 일부는 통계적 기본 원리 두 가지를 이해하는 데 필수적인 것들도 포함돼 있어 가급적 정독해주기를 권한다.

2. **통계적 기본 원리 두 가지 설명**: '첫 번째 원리'와 '두 번째 원리' 각각에 대해 하나하나 깊이 있게 조명하고 있어 본 책자의 핵심적인 내용이라 할 수 있다. 이 부분부터 읽어 들어간 리더일 경우 중간에 이해하기 어려운 대목이 있으면 그 앞에 설명하고 있는 '사전 기본 지식' 내용을 참조하면 도움 받을 수 있다.

3. **각 로드맵 개요 설명**: '첫 번째 원리'와 '두 번째 원리'를 각 해당 통계 도구들에 적용하기 전, 통계 도구들이 속해 있는 Measure, Analyze, Improve, Control Phase들에 대한 기본 개념들을 설명한다. 만일 MAIC 기본 개념에 익숙한 리더이면 이 부분을 읽지 말고 바로 응용편으로 들어가기 바란다. 그러나 복습 차원에서 쭉 읽고 넘어가는 것도 통계의 두 가지 기본 원리와 그 응용을 이해하는 데 도움을 받을 수 있으므로 가급적 훑어볼 것을 권장한다.

4. **통계 도구에의 응용**: 앞서 기술한 두 가지 기본 원리를 적용하는 과정이 소개된다. 사실 이 단계로 넘어오기 위해 앞의 내용들이 존재한다고 해도 과언이 아니다. 따라서 도구 하나하나의 학습보다 두 개의 기본 원리 관점에서 문제 해결 과정(MAIC)에 속해 있는 전체의 통계 도구들을 한데 묶어 이해하는 데 주력하기 바란다.

그 외에 정확한 '용어 정의'를 통해 이해의 폭을 높이도록 배려하고 있다. 소개된 통계 도구들은 대부분 서구로부터 유입되었다. 이에 영문 번역하는 사람에 따라 해석에 차이가 있었던 점을 감안해 일단 '한국통계학회'의 '통계학 용어 대조표' 내 국문/영문 용어를 기본으로 사용했으며, 여기에 포함돼 있지 않을 경우 '대한수학회'의 수학 용어 내 국문/영문 용어를 사용하였다. 단, 이들 단체로부터 정리된 용어는 그것이 무엇을 설명하는지에 대한 정의는 없고, 단지 '영문 → 국문'이나 '국문 → 영문'의 번역만을 포함하고 있어 내용 전개상 정의가 필요할 경우 인터넷의 국어사전 또는 백과사전을 참고하였다. 그러나 이들로부터 얻기 어려운 용어들에 대해서는 'www.isixsigma.com'의 'Dictionary' 등 기타 용어집을 활용하였다. 물론 그 출처는 항상 본문에 정확히 밝히고 있다. 또 처음 등장하는 단어는 영문 단어를 함께 기입함으로써 독자들로 하여금 무엇을 설명하고 있는지 확인할 수 있도록 구성하였다.

아무쪼록 새롭게 도입되는 통계 학습 접근법을 통해 기존의 리더들이나 처음 진입하는 기업인들에게 통계가 하나의 친근한 도구로 자리 잡는 계기가 되고, 이를 이용한 통계의 활용이 각 업무의 수준과 질을 높이는 데 일조하기를 간절히 바라는 바이다. 끝으로 이 책의 완성도를 높이기 위해 소중한 시간을 할애해주신 박지홍 위원님과 박경호 님께 깊은 감사를 드리며, 아울러 사랑하는 내 아내와 은진, 예진에게 책을 집필하는 데 들어간 아빠의 크나큰 열정을 바친다.

저자 송 인 식

차례

안과 밖에서의 차이
(그룹 내 변동/그룹 간 변동)

'그룹 내 변동'과 '그룹 간 변동'을 통해 '문제 해결' 중 '측정 시스템 분석'부터 '관리도'까지 다양한 통계 도구들에 대한 이해를 구할 수 있다. 이를 위해 가장 기본적인 용어부터 하나하나 학습해나갈 것이다. 기본을 충실히 쌓아온 리더라면 바로 응용편으로 들어가도 무방하다. 그러나 처음부터 읽어가며 그동안의 지식을 정리하는 것도 권장하는 바이다.

안과 밖에서의 차이

(그룹 내 변동/그룹 간 변동)

[그림 1-1] 첫 번째 원리 개요도

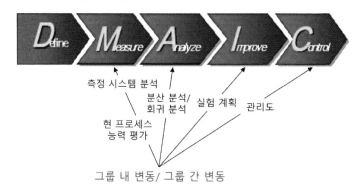

'그룹 내 변동(Within Group Variation)/그룹 간 변동(Between Group Variation)'[1]의 용어와 쓰임새를 알기 전에 우선 DMAIC의 흐름에서 이 첫 번

---

1) 한국통계학회 '통계학 용어 대조표'에는 '계급 내 변동(Within Class Variation) / 계급 간 변동(Between Class Variation)'이 포함돼 있으나, 통상 사용하고 있는 '그룹(Group)'을 '계급(Class)'이란 표현으로 바꿀

째 원리가 적용되는 도구들을 나열하면 [그림 1 – 1]과 같다. Measure Phase는 '측정 시스템 분석', '현 프로세스 능력 평가', Analyze Phase는 '가설 검정(여기서는 평균 검정 중 '분산 분석'만 언급될 것이며, 그 외의 것들에 대해서는 '두 번째 원리'에서 설명될 것이다)'과 '회귀 분석', Improve Phase는 '실험 계획', Control Phase는 '관리도'가 핵심적인 통계 도구라는 것쯤은 잘 알고 있는 사실이다. 그러나 이들의 내면 저 밑바닥 사상이 '그룹 내 변동/그룹 간 변동'이라는 하나의 원천적 원리에 의해 움직이고 있음은 잘 알려져 있지 않다.

이제 다음 단원부터 '그룹 내 변동/그룹 간 변동'을 더욱 쉽게 이해하기 위해 용어 정의는 물론 통계와 관련된 가장 기본적인 지식부터 훑고 지나갈 것이다. 물론 경영 혁신 활동을 추진하는 일반 기업들의 여러 담당자들을 염두에 두고 있는 만큼 눈높이에 맞춰 전개됨은 두말할 나위도 없다. 찬찬히 읽어가며 그동안 미뤄뒀던 문제 해결 관련 통계의 지식 폭을 넓히는 소중한 계기가 되길 바란다.

수 있는지에 대한 근거가 명확하지 않다. '통계학 용어 대조표'에 '그룹 간 분산(Between Groups Variance)'이나, '그룹 내 제곱합(Within-group Sums of Squares)' 등의 쓰임이 있고, '그룹 간 (Between Group)'도 포함돼 있어 본문과 같이 기술하였다.

1. 변동의 이해

과제 수행 중 접하게 되는 데이터에 대해 기본적으로 알고 싶은 사항은 크게 세 가지로 요약되는데, 하나는 전체 데이터를 쌓아놓았을 때의 모양, 즉 '분포(Distribution)'이며, 둘째는 중심을 표현하는 '대푯값(Representative Value)', 셋째는 흩어져 있는 정도를 나타내는 '산포도(Measure of Dispersion)'이다. 만일 다음 [표 1-1]과 같은 두 종류의 데이터 군을 수집했다고 가정해보자.

[표 1-1] 데이터 군

데이터 1	2, 3, 4, 5, 6, 6, 6, 7, 7, 8, 9
데이터 2	8, 12, 15, 22, 37, 38, 38, 45, 58, 78, 79, 249

1-1. 분포(Distribution)

다른 사람에게 [표 1-1]의 데이터 군을 설명할 상황에 처했을 때 개개 데이터를 하나하나 읽어 전달하는 일은 매우 비효율적이라는 것쯤은 잘 알고 있다. 따라서 이 두 종류의 데이터 군을 각각 대표할 '대푯값'을 정하는 작업이 요구되며, 그 전제 조건으로 데이터 군을 쌓아놓았을 때 모양이 어떨 것인가가 중요 관심거리다. 왜냐하면 만일 좌우대칭 종 모양이면 '산술 평균(Arithmetic Mean)'의 대푯값을, 대칭이 아니면 '중앙값(Median)'이나 '최빈값(Mode)', '절사 평균(Trimmed Mean)' 등이 필요할지 모르기 때문이다. 이와 같이 수집된 데이터를 적절히 설명하려는 노력 때문에 데이터를 모두 쌓아놓았을 때 어떤 모습을 갖출 것인가가 항상 중요 관심거리인데, 이를 '분포(Distribution)'라고 한다.

- **분포(Distribution)** (국어사전) 일정한 범위에 흩어져 퍼짐. (네이버 통계 용어사전) 통계학에서의 분포는 확률 변수의 분포를 뜻한다. 확률 변수는 이산형과 연속형으로 나눌 수 있으며, 확률 변수의 분포형은 여러 가지가 있다. 즉 이산 확률 변수의 분포는 이항 분포, 포아송 분포, 초기하 분포 등이 있으며, 연속 확률 변수의 분포는 정규 분포, 지수 분포, 감마 분포, 베타 분포 등이 있다.

이제 수집된 두 개의 데이터 군에 대해 어느 모양, 즉 '분포'를 갖추고 있는지 살펴보도록 하자. 해석의 편리를 위해 좌우대칭이고 종 모양인 경우는 '정규성(Normality)'으로, 그 외의 비대칭이거나 대칭이더라도 종 모양이 아닌 형상의 경우를 '비정규성(Non‑normality)'으로 구분하겠다. 물론 정확을 꾀하기 위해서는 미니탭 등을 이용해 정규성 유무를 판단할 '정규성 검정'을 수행할 수 있겠으나 여기서는 단지 그 형상인 히스토그램만을 이용해 판단하는 것으로 하자. 다음 [그림 1‑2]는 두 데이터 군에 대한 히스토그램 결과이다.

[그림 1‑2] 히스토그램(Histogram)

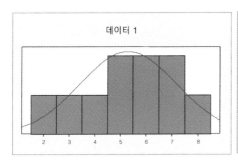
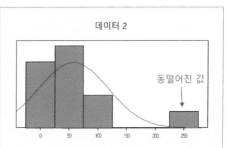

'데이터 1'은 좌우대칭의 정규성을, '데이터 2'는 우변이 기운 비정규성을 보이므로 '모양'을 토대로 두 번째 고려 사항인 '대푯값' 선정에 있어, 전자는

'산술 평균'을, 후자는 '중앙값'이나 '절사 평균'의 사용이 좋을 것으로 판단된다. 왜냐하면 '데이터 2' 경우, '산술 평균'을 사용하면 오른쪽 동떨어진 큰 값으로 인해 중심도 오른쪽으로 치우쳐 나타나며, 이는 대부분의 데이터가 왼쪽에 몰려 있는 것을 감안할 때 전체 자료에 대한 대표성이 다소 희석될 수 있기 때문이다.

1-2. 대푯값(Representative Value)

앞에서 데이터에 대한 모양, 즉 '분포'에 대해 살펴보았으므로, 이제 그 결과를 활용해 적합한 '대푯값'을 찾아 정리해보기로 하자. 참고로 '대푯값'의 사전적 정의는 다음과 같다.

> · 대푯값(Representative Value) (네이버 백과사전) 통계 자료의 특징이나 경향을 나타내는 수치. 어느 집단의 구성원 키를 기록하는 것과 같이 주어진 자료를 '도수 분포표'로 정리하면 자료의 분포 상황을 알아보기 쉽다. 그 분포를 하나의 수치로 대표시킨 경우에 그 수치가 대푯값이 된다. 대푯값으로는 대개 자료의 평균값, 메디안, 모드 등이 쓰인다.(중략)

'대푯값'으로 잘 알려진 것들에 산술 평균, 중앙값, 최빈값, 절사 평균 등이 있다. 산출 방법에 대해서는 대부분 잘 알고 있는 사항이므로 자세히 설명하기보다 산술 평균과 중앙값, 절사 평균을 [표 1-2]와 같이 표로 간단히 정리해보았다. 표 아래는 '계산 과정 예'와 '산출 원리'가 있으며 이 내용을 활용해 한 번쯤 수작업으로 계산한 뒤 미니탭으로 직접 비교해보기 바란다.

[표 1-2] '대푯값' 계산

	산술평균	중앙값	절사평균	비고
데이터 1	5.727	6.0	5.778	-
데이터 2	56.6	38.0	42.2	'절사 평균'의 경우 동떨어진 값 '249'가 절사되어 중앙값과 유사해짐.

*(주): 미니탭 「통계분석(S) 〉 기초통계(B) 〉 기술통계량 표시(D)」의 출력 값을 그대로 표기했음.

산술 평균	$\bar{x} = \dfrac{2+3+4+5+6+6+6+7+7+8+9}{11} = 5.727$	- 데이터의 무게중심
중앙값	$\tilde{x} = \dfrac{12+1}{2}th = 6.5th$, '데이터 2'의 6.5번째는 여섯 번째와 일곱 번째의 정중앙 값으로 38(6th)과 38(7th)의 평균인 38.	- $\dfrac{n+1}{2}th$(짝수 개면 식을 활용하고, 홀수 개면 정중앙 값을 선택) - 단, 계산 시 데이터는 작은 수부터 큰 순으로 배열돼 있어야 함.
절사 평균	- '데이터 2' 경우 12개×0.05=0.6. 반올림으로 '1', 즉 낮은 쪽과 높은 쪽에서 각각 1개씩 제외. - 낮은 쪽 '8'과 높은 쪽 '249' 각각 한 개씩 제외한 뒤 '산술 평균'하면 '42.2'	- 자료 개수 n×5%. 소수점 이하는 반올림. - 낮은 쪽과 높은 쪽에서 상기 계산돼 나온 수만큼 각각 제외하고 남은 자료로 '산술 평균.'

1-3. 산포도(Measure of Dispersion)

수집된 데이터가 모두 동일하지 않기 때문에 그 값들 사이에 차이가 존재하는데 이와 같이 값들(변량)이 분포의 중심 값에 대해 흩어져 있는 정도를 '산포도(Measure of Dispersion)'라 하고, 대표적인 산포도에 분산(Variance), 표준편차(Standard Deviation)가 있으며, 그 외에 범위(Range), 사분위(간)범위(Interquartile Range)가 있다.

데이터의 흩어짐 정도를 파악할 가장 손쉬운 방법에 대해 생각해보자. 어떤 접근이 좋을까? 아무래도 쉽게 접근할 수 있는 방법은 전봇대같이 기준선을 하나 세워놓고 각 데이터가 그리로부터 얼마나 떨어져 있는지를 측정한 뒤 그들을 '산술 평균'하면 되지 않을까? 그래서 다음 식 (1.1)과 같이 '데이터 1'을 갖고 평가해보았다. 물론 전봇대는 없으므로 기준선으로써 그들의 '산술 평균'을 이용한다. 참고로 '데이터 1'의 '산술 평균'은 '5.727'이었다.

$$\frac{(2-5.727)+(3-5.727)+(4-5.727)+(5-5.727)+(6-5.727)+(6-5.727)+(6-5.727)+(7-5.727)+(7-5.727)+(8-5.727)+(9-5.727)}{11}?$$

$$(1.1)$$

맨 끝에 물음표를 달아놓았다. 계산해보기 바란다. 얼마일까? 해보나마나 '0'임에 틀림없다. 그들의 '산술 평균'을 이용했으니 당연한 결과다. 이 문제를 극복하기 위해 할 수 있는 최선은 무엇일까? 바로 각 괄호를 제곱해보는 것이다. 이 과정은 흩어짐 정도를 평가한다는 본래의 취지를 훼손하지 않으면서, '0'이 되는 것을 방지할 수 있다. 제곱한 결과는 다음 식 (1.2)와 같다.

$$\frac{(2-5.727)^2+(3-5.727)^2+(4-5.727)^2+(5-5.727)^2+(6-5.727)^2+(6-5.727)^2(6-5.727)^2+(7-5.727)^2+(7-5.727)^2+(8-5.727)^2+(9-5.727)^2}{11}$$

$$(1.2)$$

식 (1.2)의 결과는 약 '4.017'[2])의 값이 나오며, 이 값을 '분산'이라 명명한다. 그런데 문제가 생겼다. 원래 데이터 단위가 'cm'이었으면 '분산'의 단위는

---

2) 분모를 '자유도'인 '(n-1)'로 나누고 있지 않음을 인지해야 한다. '자유도'를 고려할 경우 값은 약 '4.418'이 나온다. '자유도' 개념은 「1-4. 변동(Variation)」을 설명할 때 다뤄질 것이다.

제곱으로 인해 'cm²', 즉 넓이의 단위가 돼버렸다. '길이'와 '넓이'의 단위는 확연히 구별돼야 하므로 문제를 극복하기 위해 또 한 번의 수고를 들여야 한다. 가장 손쉬운 방법이 '분산'에 '제곱근(Square Root, $\sqrt{\ }$)'을 씌워 단위를 원래로 되돌려 보낸다. 그 결과는 '$\sqrt{4.017} \cong 2.004$'이며 이 값을 비로소 편차를 표준화시켰다는 의미로 '표준 편차'라 명명한다. 참고로 '표준 편차'는 1893년 K. Pearson에 의해 소개된 통계량이다.

'산포도'를 표현하는 또 하나의 방법으로 '범위'가 있다. 익숙한 내용이므로 간단히 산정하면 다음 [표 1 – 3]과 같다.

[표 1 – 3] '범위' 계산

데이터 1	2, 3, 4, 5, 6, 6, 6, 7, 7, 8, 9	범위 9 – 2 = 7
데이터 2	8, 12, 15, 22, 37, 38, 38, 45, 58, 78, 79, 249	범위 249 – 8 = 241

[표 1 – 3]을 보면 알 수 있듯이 범위는 '최댓값 – 최솟값'으로 계산된다. '데이터 1'과 같이 개개의 값들이 중앙을 향해 몰려 있는 정규성 모양은 흩어짐 정도를 표현하기 위해 '범위'라는 표현방식이 적절하나, '데이터 2' 경우는 오른쪽에 있는 단 한 개의 극단 값으로 인해 전체의 흩어짐 정도가 과장돼 보일 수 있는 단점이 있다. 그러나 한편으론 그 자체도 정보가 될 수 있으므로 용도에 맞게 사용하는 지혜가 필요하다. 통상적인 프로세스 관리 체제에서 '데이터 2'처럼 몇 개의 극단 값들이 관찰될 경우, 원인 규명이 상대적으로 용이하다. 따라서 우선적으로 문제점을 파악하여 재발하지 않도록 조치가 이뤄질 경우 해당 값들을 제외시킨 뒤 분포를 다시 그리는 것이 일반적이다.

그 외에 '사분위(간) 범위'는 언제 사용할까? '사분위수(四分位數: Quartile)'란 데이터를 작은 수부터 큰 수까지 일렬로 세워놓고 네 등분을 했을 때 '1/4'과 '3/4번째' 값을 각각 의미한다. 참고로 '제2사분위수'는 '중앙값'이다. 따라서 '사분위(간) 범위'는 '1/4'과 '3/4번째' 값들의 차를 의미하며, 제시된 데이터를 활용해 정리하면 다음 [표 1-4]와 같다.

[표 1-4] '사분위(간) 범위' 계산

데이터1	2, 3, 4, 5, 6, 6, 6, 7, 7, 8, 9	사분위(간) 범위 7 − 4 = 3
데이터2	8, 12, 15, 22, 37, 38, 38, 45, 58, 78, 79, 249	사분위(간) 범위 73 − 16.8 = 56.3

[표 1-4]는 미니탭 결과로서 '데이터 2' 경우 소수점 아래 반올림으로 인해 수작업으로 계산한 때의 값보다 0.05가 더 크다. 통상 '1/4'번째 값을 '제1사분위수(First Quartile: Q_1)', '3/4'번째 값을 '제3사분위수(Third Quartile: Q_3)'로 표현하며, 'Q_1'보다 작거나 'Q_3'보다 큰 값들은 범위 계산에서 자동 제외되므로 전체 중 주요 데이터에 대한 흩어짐의 정도를 파악하는 데 유리하다. 여기서 한 가지 짚고 넘어갈 사항은 '1/4'번째와 '3/4'번째 값을 어떻게 찾느냐이다. 물론 미니탭으로 직접 돌려보면 바로 나오겠으나 리더가 사내 강사로 활동하는 위치에 있으면 한 번쯤 계산 원리를 알아두는 것도 도움 된다. 교육 중에는 복잡한 산식에 대한 질문보다 의외로 이 같은 기본적인 질문들이 많다. 다음 식 (1.3)은 'Q_1'과 'Q_3'를 얻는 일반식이다. '사분위간 범위' 계산 때 참고하기 바란다.

$$Q_1 = \frac{(n+1)}{4}th, \ Q_3 = \frac{3 \times (n+1)}{4}th \qquad (1.3)$$

우선 식 (1.3)을 이용해 앞서 제시된 '데이터 1'의 'Q_1'과 'Q_3'을 얻으면 다음 [표 1-5]와 같다.

[표 1-5] '제1사분위수'와 '제3사분위수' 계산

데이터 1	2, 3, <u>4</u>, 5, 6, 6, 6, 7, <u>7</u>, 8, 9	$Q_1 = \dfrac{(11+1)}{4}th = 3th$, $Q_3 = \dfrac{3 \times (11+1)}{4}th = 9th$

즉 'Q_1'은 세 번째 값이므로 밑줄 친 '4'와, 'Q_3'가 아홉 번째이므로 역시 밑줄 친 '7'이 각각 해당한다. 따라서 '사분위(간) 범위'는 둘의 차이인 '3(= 7 − 4)'이다.

'데이터 2' 경우도, '데이터 1'과 동일하다. 식은 (1.3)때와 같이 '$Q_1 = \dfrac{(n+1)}{4}th$, $Q_3 = \dfrac{3 \times (n+1)}{4}th$'가 되고, 계산은 다음 [표 1-6]의 결과와 같다.

[표 1-6] '제1사분위수'와 '제3사분위수' 계산

데이터 2	8, 12, <u>**15**</u>, <u>**22**</u>, 37, 38, 38, 45, <u>**58**</u>, <u>**78**</u>, 79, 249	$Q_1 = \dfrac{(12+1)}{4}th = 3.25th$, $Q_3 = \dfrac{3 \times (12+1)}{4}th = 9.75th$

문제는 'Q_1, Q_3' 값이 딱 떨어지지 않는 경우인데, 본 예에서 'Q_1'은 '3.25번째' 값을, 'Q_3'는 '9.75번째' 값을 찾아내는 문제로 귀결된다.

우선 'Q_1'의 경우, '3.25번째'란 '세 번째' 값에서 '0.25배'만큼 더 떨어진 값이므로 '15 + (22 − 15)×0.25'이다. '15'는 세 번째 값이고, 괄호 안은 세 번째와 네 번째 사이의 거리이며, '0.25'를 곱했으므로 그 거리의 '0.25배' 값에 해당한다. 따라서 $Q_1 = 15 + 1.75 = 16.75$가 될 것이다.

동일하게 'Q_3'는 '9.75번째' 값이므로 '9번째'인 '58'에서 '(78 − 58)×0.75'

만큼 더 가면 되므로 '$Q_3 = 58 + 15 = 73$'이다. 결국 '사분위(간) 범위'는 둘의 차이인 '$56.25(= 73 - 16.75)$'이다.

1 − 4. 변동(Variation)

자! 앞서 학습한 내용을 기반으로 이제부터 전개될 '변동'에 대해 이해의 폭을 넓혀보자. 그에 앞서 우선 '변동'의 용어 정의부터 확인해야 할 것 같은데, 사실 주변에서 '산포'라는 용어보다 '변동'이라는 용어를 너무 자주 접하고 있어 매우 잘 알 것 같지만 실상은 그렇지 않다. 교육이나 멘토링 중에 자주 느끼는 사항이지만 좀 나아졌으면 했던 사항이 바로 용어 정의이다. 왜냐하면 주로 외국에서 80·90년대 들어오기 시작한 경영 혁신들은 다양한 기반을 갖고 있는 번역자들에 의해 해석되면서 — 예를 들면, 통역사, 통계 관련 전공자, 심지어 사내 혁신 담당자 등 — 동일한 원문이 여러 형태로 표현됐던 게 사실이다. 예를 들면 'Control'을 '관리', '통제' 또는 '제어' 등으로 해석하는 경우가 이에 해당한다. 통계 용어도 처지는 비슷한데 우선 초반에 언급했듯이 본문의 모든 용어는 1차적으론 1997년 '한국통계학회'에서 발간한 '통계학 용어집(자유아카데미 간행)'을 기반으로 하고 이에 없거나 부족한 부분에 대해서는 '대한수학회'가 제공하는 정의를 최대한 따르고 있다. 단, 통계학 용어집은 현재 품절인 관계로 시중에서 구할 수 없지만 다행히 인터넷에 공개된 정보를 활용할 수 있다. 그러나 불행히도 '통계학 용어 대조표'는 단어만 표기하고 있고 정작 그것을 이해하게 할 정의는 기술하고 있지 않아 다소 아쉬움을 남긴다. 그나마 한국어와 영어가 동시에 언급되고 있는 점은 다행스러운 일이다.

지금부터 일반인이 통계 용어의 '정의'를 찾는 일이 얼마나 어려운지 '변동'이란 용어의 예를 들어 그 과정을 설명해보도록 하겠다.

'한국통계학회'의 '통계학 용어 대조표' 인터넷판에 '변동'을 입력하고 결과를 보면 두 개의 용어가 나온다. 하나는 'Fluctuation'이고 다른 하나는 'Variability'이다. 특히 후자는 '변이(성)'가 '변동'과 함께 쓰일 수 있다고 표현돼 있다. 단, 'Fluctuation'이 다소 생소하므로 '대한수학회' 정의를 추가로 검색해보았다. 우선 검색 결과는 동일하게 'Fluctuation'이 있는 반면, 이전에 없던 'Variation'이 독립적으로 나타나고, 다만 여기에는 '변동' 이외에 '진폭', '변분'이 추가된 모습이다. 이를 요약하면 다음 [표 1 – 7]과 같다.

[표 1 – 7] 용어 '변동'

	한국통계학회	대한수학회
Variation	없음	진폭, **변동**, 변분
Variability	변이(성), **변동**	변동성
Fluctuation	**변동**	**변동**

어떻게 해야 하나! 다소 생소하지만 '변동'에 대해 공통으로 제시하고 있는 'Fluctuation'을 사용해야 하나? 국내 대표 유사 기관에서 용어 정의 자체가 약간 차이가 나는 것은 그렇다손 치더라도 당장 가장 기본적인 용어 정의 단계부터 한계를 느낄 수밖에 없는 실정이다. 용어 정의는 한 분야에 입문할 때 누구나 동일 대상을 동일하게 이해하고 소통할 수 있게 해주는 가장 기본적인 요건임에도 주어진 환경은 그리 녹록지 않아 안타깝기만 하다. 리더들도 본인들이 처해 있는 과제 수행 환경에서 관련 용어에 대해 깊이 있는 관심과 통찰을 가져주었으면 하는 바이다.

학회의 용어 정의에 차이가 있으므로 본문에서는 '변동'에 대해 사전적 의미와 필자의 판단(?)을 중심으로 아래와 같이 결론 내리고 이후부터 사용하고자 한다.

· **변동성**(Variability) (국어사전) 바뀌어 달라지는 성질.
　　　　　　　　　　　　 (영어사전) 변하기 쉬움. 변화성(變化性).

☞결론: '성질'에 초점이 맞춰져 있음.

· **변동**(Variation) (영영사전) A variation is a change or slight difference in a level, amount, or quantity. (수준, 양, 수량의) 변화 또는 작은 차이.

☞결론: 수집된 데이터들 간 값들의 차이를 표현하는 용어로 적합.

또, '한국통계학회'에서 '변동'으로 검색 시 '변동'을 포함한 합성 용어들 중 70%가 'Variation'을 사용(예: 총 변동, 표집 변동 등.)

· **변동**(Fluctuation) (영어사전) (방향, 위치, 상황의) 변동, 오르내림.
　　　　　　　　　　　 (영영사전) If something fluctuates, it change a lot in an irregular way. 불규칙하게 여러 회 변화.

☞결론: 변동의 대상이 '방향, 위치, 상황'에 국한된 것으로 'Variation'과 큰 차이를 보임. 이 단어는 공학적 현상을 설명하는 데 적합한 용어로 판단됨.

‘변동’에 대한 용어 정의를 “(수준, 양, 수량의) 변화 또는 작은 차이”로 인식했으면 이를 정량화하는 과정에서 수치나 부호로 어떻게 표현해야 할지 생각해보자. 앞서 사용했던 ‘데이터 1’과 ‘표준 편차’ 계산식을 예로 들어 ‘변동’에 대해 알아보자.

[표 1-8] 데이터

데이터 1	2, 3, 4, 5, 6, 6, 6, 7, 7, 8, 9

$$s(표준편차) = \sqrt{\frac{\begin{array}{c}(2-5.727)^2 + (3-5.727)^2 + (4-5.727)^2 + (5-5.727)^2 + (6-5.727)^2 \\ + (6-5.727)^2 + (6-5.727)^2 + (7-5.727)^2 + (7-5.727)^2 + (8-5.727)^2 \\ + (9-5.727)^2\end{array}}{11}}$$
$$= \sqrt{4.017} \cong 2.004$$

$$(1.4)$$

식 (1.4)의 전개가 한눈에 보기 불편하므로 다음 식 (1.5)와 같이 부호로 간단히 표현할 수 있다.

$$Std. Deviation = \sqrt{\frac{\sum(x_i - \overline{x})^2}{n}} = \sqrt{4.017} \cong 2.004 \qquad (1.5)$$

식 (1.5)의 일반화 식을 볼 때, 변동, 즉 “(수준, 양, 수량의)변화 또는 작은 차이”로 인식될 수 있는 항은 무엇일까? 분모의 ‘n’은 ‘수의 변화’나 ‘차이’로 보기 어렵고, 바로 분자인 ‘$\sum(x_i - \overline{x})^2$’임을 알 수 있다. 따라서 다음 식 (1.6)과 같이 정리할 수 있다.

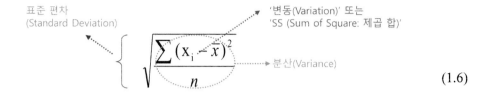

식 (1.6)에서 '변동' 또는 '편차 제곱합'[3])은 '$\sum (x_i - \bar{x})^2$'을 나타내며, 여기서 '( )²'이 '제곱', 'Σ'는 '합'을 나타낸다. 따라서 '변동'의 정의를 "관측치 (x_i)와 산술 평균($\bar{x}$) 간 편차(-)의 제곱(2) 합(Σ)"으로 정리할 수 있다.

지금까지 '표준 편차'나 '분산'을 계산할 때 분모로 데이터 개수인 'n'을 사용했으나 사실은 데이터 개수에서 하나를 뺀 '$n-1$'의 사용이 일반적이다. 기초 통계 강의 중 빈도가 매우 높은 질문 중 하나가 바로 왜 'n'이 아니라 '$n-1$'로 나누는지, 또는 '$n-1$'이 '자유도'로 불리는데 그 의미가 무엇인지 등이다. 결론적으로 '$n-1$'이 필요성 측면에서 도입되었고, 이후 그 이름을 '자유도'로 명명하게 된 것이지 '$n-1$'이 도입되면서 '자유도'라는 명칭도 함께 탄생한 것은 아니다. '확률 통계론'이 구체화되던 20세기 초(1900년경)엔 표본의 분산을 구할 때 '편차 제곱합(Sum of Squares)'을 'n'으로 그냥 나누었다. 그런데 표집을 계속해 '표본 분산'을 구한 뒤 '모분산'과 비교할 경우 일치하지 않는다는 것을 알게 됐으나, 당시에는 '표본 크기, n'이 커지면 이런 불일치(Bias: 편의)가 무시될 수 있다고 판단하여 큰 문제로 생각하지 않았다. '표본 분산'과 '모분산'이 일치하지 않는 이유는 다음과 같이 개념적으로도 설명이 가능하다. 다음 [그림 1 - 3]과 같이 어느 성인 남자 집단의 신장을 모집단 ~

---

3) '편차 제곱합'은 한국통계학회 '통계학 용어 대조표'에는 포함돼 있지 않으며, 대신 'SS(Sum of Squares)', 즉 '제곱합'이 '오차제곱합(Error Sum of Squares)', '누적제곱합(Cumulative Sum of Square)'처럼 조합용어들에 포함돼 있다. '편차 제곱합'은 여러 서적, 문헌 등에서도 사용되며, 일반적으로 "변동(Variation)＝제곱합(SS, Sum of Squares)＝편차 제곱합"으로 통한다.

$N(\mu, \sigma^2)$이라고 가정하자. 표기에서 'N'은 '정규 분포'임을 의미하고, 'μ'와 'σ^2'은 '모평균'과 '모분산'을 각각 나타낸다. 이 경우 성인 남자들의 이론적인 신장의 범위는 '$-\infty \sim +\infty$'까지 분포할 것이나 이와 같은 사고는 현실 세계와는 거리감이 있으므로 '정규 분포'의 'x – 축' 눈금과 같이 '130~210cm' 사이에 대부분 속해 있는 것으로 간주될 수 있다.

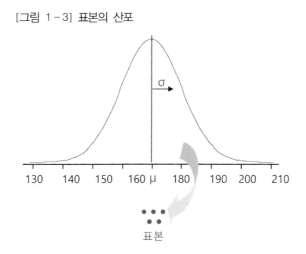

[그림 1 – 3] 표본의 산포

이제 [그림 1 – 3]의 모집단으로부터 표본을 추출해보자. 표본 추출에서 '표본 크기'는 작게는 '5개'에서 많게는 수십 개까지 가능하나 딱 한 번 표본을 추출한다고 가정하자. 이때 표본 내 신장들의 차이(표본 분산)는 모집단의 신장들의 차(모분산)를 대변하기는 매우 어렵다. 왜냐하면 표본의 신장 값들이 모집단 신장들의 작은 값부터 큰 값까지 모두를 포함하고 있지 않기 때문이다. 좀 더 과장하면 '모분산'을 유사하게 드러낼 표본 추출은 모집단 전체를 뽑는 경우 외에는 존재하지 않는다. 따라서 표본들이 모집단의 모든 값들을 포함할 수 없기 때문에 통상 '표본 분산'은 '모분산'에 비해 그 흩어짐의 정도가 작을 수밖에 없으며 만일 '표본 분산'으로부터 '모분산'을 추정할 목적이면 그 값을 다소 크게 만들어줘야 하는데 이것이 '분모'를 'n'이 아닌 '$n-1$'로 나눠주는 이유이다. 즉 '분모'를 작게 만들어 분산 값이 커지도록 배려한 것인데 이 같은 과정은 이론적으로 증명할 수 있으며, 모집단의 모수를 그나마 잘 맞도록 보완한 추정량을 '비편향 추정량(Unbiased Estimator)'[4]이라고 한다.

1950년경부터 여러 산업의 특성상 '표본 크기'를 최소로 할 수밖에 없는 상황들이 빈번하게 발생했는데, '표본 크기'가 작은 경우 '모분산' 추정에 대한 편의가 큰 문제로 대두되기 시작했다. 이후 편의를 없앨 수 있는 방법, 즉 '비편향 추정량'이 사용됐으며, 이것이 오늘날의 '$n-1$'을 사용하게 된 배경이 되었다. 즉 '표본 분산'을 구할 때 '$n-1$'로 나눈 '비편향 분산(Unbiased Variance)'을 쓰는 것이 표준으로 자리 잡게 되었다(사실 훨씬 전에 그 필요성에 대해서는 알고 있었지만). 현재 '분산'이나 '표준 편차'를 계산하기 위해 엑셀 또는 미니탭 등을 사용하면 표본에 대해 모두 '$n-1$'을 적용하고 있다. '비편향 상수'에 대한 이론적 해석은 『Be the Solver_통계적 품질 관리(SQC) - '관리도/프로세스 능력' 중심』편 '부록 A'에 자세히 소개돼 있으니 관심 있는 독자는 해당 서적을 참고하기 바란다.

이후 '표본 분산(또는 표준 편차)'의 '편의'를 줄이려는 개념에 '자유도'라고 하는 명칭이 정착하게 된다. '자유도(自由度: Degree of Freedom)', 또는 간단히 'DF(통계 패키지 등 대부분의 결과에 사용)'는 백과사전에서 다음과 같이 정의하고 있다. 이해를 돕기 위해 사전에 실려 있는 사례도 그대로 옮겨다 놓았다.

---

4) 일반 통계 서적에는 보통 '불편 추정량'으로 번역하고 있으나, 한국통계학회 용어집에는 '비편향 추정량'으로 해석하는 데 따름.

- **자유도(Degree of Freedom)** (네이버 백과사전) 주어진 조건하에서 자유롭게 변화할 수 있는 점수, 변인의 수 또는 한 변인의 범주의 수이다. 기호는 'df'를 사용한다. 통계적 분석에서는 제한조건의 수와 표본의 수의 영향을 받는다. (중략) 통계적 분석의 경우 자유도는 '사례 수(표본의 수)' 및 통계적 '제한조건의 수'와 관계가 있다. 예를 들어, 4명의 학생이 있을 때, 이 4명의 학생들에게 자신이 좋아하는 학생을 1명씩 선택하라고 한 경우, 각 학생이 자유롭게 선택할 수 있는 대상은 자신을 제외한 3명이므로 자유도는 N－1＝4－1＝3이다. 이 경우 4명은 '사례 수(N)'가 되고, 1명을 선택하는 의미에서 1은 선택할 때의 '제한조건의 수'이다. 제한조건의 수를 k라고 하면 자유도의 일반 공식은 df＝N(사례 수)－k(통계적 제한조건의 수)이다.

이 정의가 '비편향 추정량'으로서 도입된 '$n-1$'과 어떻게 결부되는지 '분산' 계산 과정을 통해 이해해보도록 하자. 다음과 같이 '5개'의 데이터가 수집됐다고 가정하고 '분산'을 계산해보자.

2	3	4	5	6

$$\frac{\sum (x_i - \bar{x})^2}{n-1} = \frac{(2-4)^2 + (3-4)^2 + (4-4)^2 + (5-4)^2 + (6-4)^2}{5-1} = 2.5 \tag{1.7}$$

'표본 분산'을 통해 '모분산'을 추정하는 '비편향 추정량' 관점에서 분산 '2.5'는, 분모를 'n'인 '5'로 나누었을 때의 분산 값 '2'보다는, '0.5'가 커졌다. 그러나 '자유도' 관점에서 '분산' 계산 때 분산 '2.5'를 얻기 위해 사용된 실제 데이터 수는 '5개'가 아닌 '4개'이다. 왜냐하면 앞의 '2', '3', '4', '5'는 분산 '2.5'를 만들기 위해 모든 수가 올 수 있지만 마지막 자리의 숫자(여기서 '6')는 선택의 여지가 없기 때문이다. 즉 분산 '2.5'를 만들기 위해 자유롭게 올 수 있는 수는 '4개'면 충분하다. 자유도가 전체 데이터 수(사례 수)인 '5'에서

1개 줄어든 '4'가 되는 셈인데, 그렇다면 정의에서 언급된 '통계적 제한 조건 수(여기선 1개)'는 무엇일까? 비밀은 사용된 평균 '4'에 들어 있다. '평균'은 제시된 데이터로부터 산출된 수이므로 결국 '평균'을 수식에 포함시키는 한 제시된 데이터 중 1개의 값을 대변한다. 즉 각 데이터들이 '평균'과 쌍을 이루므로(자유도 정의에서 마치 4명의 학생이 자신을 제외한 다른 학생을 선택하는 예처럼) 마지막 데이터는 선택의 여지없이 결정될 수밖에 없다. 이 같은 '제한 조건'은 통상 '$\sum (x_i - \bar{x}) = 0$'의 형태로 설명된다. "제시된 데이터와 그들의 평균과의 차의 합은 0"이 되므로 이 '제한 조건'이 '자유도'를 결정하게 된다.

'표본'인 경우는 그렇다 치고 만일 모집단의 분산(모분산)을 구한다고 가정할 때 분모를 동일하게 '$n-1$'로 나눠야 할까? 이 질문에 대해서도 선뜻 답하기가 쉽지 않다. 앞서 '$n-1$'은 '표본'의 경우, 모집단 추정을 정확히 하기 위해 '표본 분산' 산정 때 반영한 양이지 '모분산' 계산에 적용된다고 한 적은 없다. 따라서 '모분산'은 '$n-1$'에 대해 별도의 고려가 필요하다. 이해를 돕기 위해 매번 해왔던 것처럼 '모수'의 용어 정의부터 알아둘 필요가 있다. 추가로 '모평균'도 포함시켰다.

- **모수(母數)** (국어사전) 모집단의 특성을 나타내는 값. 모평균과 모분산을 통틀어 이르는 말이다(= 매개 변수).
- **모수[(Population)Parameter]** (네이버 통계 용어사전) 모집단의 특성을 나타내는 양적인 측도를 모수라고 한다. 모수는 주어진 모집단의 고유한 상수로서 모평균, 모분산, 모비율 등이 있다.
- **모평균(Population Mean)** (기타 정의) 모집단을 대상으로 한 평균. 모평균은 모수가 미지의 상수일 경우가 많기 때문에 정확히 알 수는 없지만, 변하지 않는 상수.

'모수'는 영문으로 'Parameter' 또는 'Population Parameter'로도 불린다. 중요한 것은 정의 내용 중 '고유한 상수'라는 구절이다. '상수'란 변하는 값이 아니다. 이것은 단적으로 모평균과 모분산이 서로 독립적 관계, 즉 분산을 계산할 때 사용될 평균은 제한 조건인 '$\sum (x_i - \overline{x}) = 0$'의 형태가 될 수 없으며, 따라서 마지막에 오는 데이터는 앞에 온 데이터에 의해 결정되지 않는다는 의미로 해석된다. 즉 자유도가 '$n-1$'이 아니며, 결국 모집단의 분산을 계산할 때 온전한 개수인 'N'으로 나눠야 한다.

향후 Analyze Phase의 '카이 제곱 검정' 등에서 표 유형의 데이터에 대한 '자유도' 산출이 있는데 이 또한 동일한 개념으로 설명할 수 있다. 예를 들어 '요일별'로 '상품, 중품, 하품'의 비율이 서로 차이가 있는지를 확인(검정)하기 위해 한 주간 데이터를 수집한 결과가 다음 [표 1 - 9]와 같다고 하자. 오른쪽 표는 '카이 제곱 검정'을 위해 미니탭에 입력된 데이터 모습이다.

[표 1 - 9] 수집 데이터 및 미니탭 입력 예

요일＼구분	상	중	하	합
월	40	15	27	82
화	45	14	29	88
수	63	10	20	93
목	54	9	32	95
금	41	19	41	101
합	243	67	149	459

수집된 데이터 · 미니탭에 입력된 데이터

[표 1 - 9]처럼 표 상태의 경우 '자유도' 산정은, 우선 '상, 중, 하' 열의 각 '합'이 각각 '243, 67, 149'라는 제약에서 '월, 화, 수, 목'의 행 숫자(예로써 '월' 경우 40, 15, 27)는 자유롭게 구성될 수 있으나 최종 '금'의 숫자들은 그 열의 '합'이 '243, 67, 149'로 결정된 상태에서 다른 수를 갖는 것은 불가능하

다. 즉 자유롭게 올 수 있는 여건이 '4개(정확히는 4개 행)'이므로 자유도는 '4'이다. 다음 '월, 화, 수, 목, 금'의 행 경우 그 '합'이 각각 '82, 88, 93, 95, 101'로 결정돼 있는 상태에서 '상, 중'의 숫자는 자유롭게 구성될 수 있으나 (예로써 '상' 경우 40, 45, 63, 54) '하' 경우는 '행의 합'이 '82, 88, 93, 95, 101'로 고정돼 있어 '상, 중'의 값에 따라 구속될 수밖에 없다. 즉 '자유도'가 '2'인 셈이다. 전체 '자유도'를 표로 종합하면, 다음 [표 1-10]과 같다.

[표 1-10] 카이 제곱 검정의 '자유도'

요일＼구분	상	중	하	합
월	40	15	27	82
화	45	14	29	88
수	63	10	20	93
목	54	9	32	95
금	41	19	41	101
합	243	67	149	459

결국 [표 1-10]에서 굵은 빨간 선 영역에 있는 숫자가 결정되면 나머지 수들은 '합'이 존재하는 한 특정수로 고정되도록 구속될 수밖에 없다. 따라서 자유롭게 올 수 있는 수는 굵은 빨간 선 표시 영역의 '8개'로, 본 예 경우 '자유도'는 '8'이다. '자유도'의 사전적 정의에 따라 [표 1-10]은 '사례 수(N)'는 데이터 개수인 총 '15개(=행수×열수=5×3)'이고, '통계적 제한 조건의 수(k)'는 각 행과 열의 '합'이 존재한다는 것이 제한 조건이므로 '행' 쪽의 셀 '5개', '열' 쪽의 셀 '2개(3개 중 한 개는 자연히 결정되므로)' 해서 총 '7개'이다. 따라서 '자유도(df)=사례 수(N)-통계적 제한조건의 수(k)=15-7=8'이 됨을 알 수 있다. 통상적인 기업 교재에서 자유도 산정은 다음 식 (1.8)과 같이 제시한다.

$$df = (r-1) \times (c-1) \qquad (1.8)$$

단, $'r'$은 행의 수
$'c'$는 열의 수

‘자유도’ 개념이 좀 더 확장돼 나타나는 영역에 ‘선형 회귀 모형’이 있다. 그러나 ‘회귀 분석’에 대한 기본 지식이 필요하므로 ‘첫 번째 원리’의 응용 사례 중 Analyze Phase의 ‘회귀 분석(Regression Analysis)에의 응용’편에서 다루기로 하고 여기서의 설명은 이 정도에서 정리한다.

지금까지 ‘첫 번째 원리’인 ‘그룹 내 변동/그룹 간 변동’을 이해하기 위해 사전 지식을 학습하였다. 다음 단원부터 지금까지의 지식을 바탕으로 좀 더 깊이 있는 학습 영역으로 들어가 보자.

2. 안과 밖에서의 차이
   (그룹 내 변동/그룹 간 변동)

앞서 본론으로 들어가기 위한 아주 기본적인 지식들을 학습했으므로 이제 '통계를 지배하는 첫 번째 원리'인 '그룹 내 변동/그룹 간 변동'에 대해 자세히 알아보자.

2-1. 데이터 수집

임의의 프로세스에서 특정 업무를 담당하며 활동하고 있다고 가정하고, 또 그 속에서 필요에 의해 데이터를 주기적으로 수집한다고 가정하자. 데이터를 수집하기 위해서는 기본적으로 다음과 같은 용어들에 대한 이해가 필요하다.

① 모집단(Population): 통계적 관찰 대상이 되는 집단 전체. "통계(Statistics)는 모아서(統) 계산한다(計)"는 뜻으로 'Statistics'의 어근인 'State'는 국가를 말한다. 즉 국가를 다스리기 위해 필요한 인구 및 경제 자료의 수집과 활용을 의미한다. 고대 그리스, 로마 시대에 징집이나 세금 징수 등을 목적으로 특정 지역의 인구 및 호구 조사를 위해 발달했으며, 따라서 'Population'의 사전적 의미는 "일정한 지역의 전 주민"을 일컫는다. 해석적으론 자기를 닮은 자식(표본)을 배출해내는 만큼 한자로 '어미 모(母)'자를 사용한다.

② 표본(Sample): 프로세스에서 한 특성의 데이터를 수집하려면 모집단 전체를 대상으로 하되, 그 전체를 다 가져다 쓰기에는 시간과 비용이 만만치 않게 소요된다. 따라서 모집단을 가장 잘 닮은 일부를 구해야 하며, 이를 '표본'이라고 한다. '표본'의 사전적 의미는 "여러 통계 자료를 포함하는 집단 속에

서 그 일부를 뽑아내 조사한 결과로 본디 집단의 성질을 추측할 수 있는 통계 자료"이다. '표본'을 통해 모집단을 추정하고, '가설 검정' 등 통계적 처리를 하는 데 이용한다. 예를 들어, 모집단으로부터 '5개 자료'를 추출했을 때 '5개'는 하나의 '표본'에 해당한다. '부분군(Subgroup)'의 의미로도 쓰인다.

③ 표집(Sampling): 모집단에서 표본을 뽑아낼 때 너무 작은 값에 치우치거나 반대로 너무 큰 값에 치우치는 일 없이 모집단 내 모든 대상이 동일한 가능성으로 뽑힐 수 있도록 고려해야 하는데 이를 '표집'이라고 한다. 사전적 의미는 "통계의 목적으로 모집단에서 표본을 골라내는 일"이다. '표본 추출', '추출', '샘플링' 등의 용어로도 사용된다. 표집 방법 중 가장 잘 알려진 것들에 '단순 임의 표집(Simple Random Sampling)', '층화 표집(Stratified Sampling)', '군집 표집(Cluster Sampling)', '계통 표집(Systematic Sampling)'이 있다. 보통 문제 해결 과정 중에 거론되는 대표적인 표집 유형들이므로 최소한 이 4 개의 표집 방법 정도는 확실하게 알아둘 필요가 있다. 각 방법에 대한 설명은 생략하겠으나 기업에서 교육을 하다 보면 의외로 정확하게 알고 있는 리더가 그리 많지 않다. 적어도 리더라면 이 네 가지 표집에 대해 그 정의와 활용법 을 정확하게 알아둘 필요가 있다.

④ 표본 크기(Sample Size): '모집단'에서 임의의 '표집' 방법으로 '표본'을 뽑을 때는 한 개만을 뽑을 수도 있겠으나 두 개 또는 그 이상의 개수로 뽑을 필요가 있는데 이때 표본의 개수를 '표본 크기'라고 한다. 이 '표본 크기'가 미치는 여러 영향에 대해서는 '두 번째 원리'에서 다룬다.

⑤ 표본 수[5](Number of Samples): 추출한 '표본'이 몇 개인지를 나타낸다. '표본 크기'가 네 개인 표본을 10회 뽑았으면 '표본 수'는 '10'이다.

---

[5] '표본 수'는 한국통계학회 '통계학 용어 대조표'에 포함돼 있지 않다. 또 통계 서적이나 출처에 따라 '표본 크기'와 혼용해 쓰이는 경우도 있다. 여기서는 '표본 크기'와 구별해 별개로 정의한다.

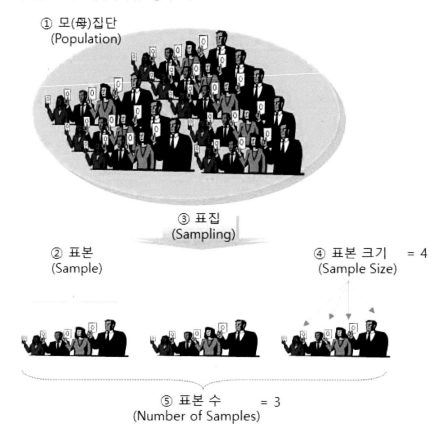

[그림 1-4] 데이터 수집 '용어' 개요도

① 모(母)집단
(Population)

③ 표집
(Sampling)

② 표본
(Sample)

④ 표본 크기 = 4
(Sample Size)

⑤ 표본 수 = 3
(Number of Samples)

'데이터 수집(Data Acquisition)'은 결국 상황에 맞는 '표집 방법'을 이용해 적절한 '표본 크기'를 갖는 '표본'을 모집단에서 추출하는 일련의 과정으로 볼 수 있다. 이어질 설명에 포함된 데이터는 상기와 같은 '데이터 수집' 과정이 적절히 수행된 것으로 가정한다.

　현재 관리 중인 프로세스로부터 임의 특성과 관련한 데이터를 수집한다고 가정하자. '표본 크기'와 '표본 수(또는 부분군 수)'를 정하고, 또 상황에 맞는 표집 방법을 정한 뒤 다음 [표 1 – 11]과 같은 결과를 얻었다(고 가정한다). 데이터는 동일한 프로세스로부터 얻어졌지만 편의상 시점을 달리했다고 가정한다. 즉 '부분군 – 1'을 수집한 후, 이틀 뒤 '부분군 – 2'를 수집하고, 또 다음 이틀 뒤 '부분군 – 3'을 수집하는 식이다.

[표 1 – 11] '변동의 분해'를 설명하기 위한 데이터

	부분군 – 1	부분군 – 2	부분군 – 3
1	9	18	21
2	12	15	19
3	14	14	21
4	13	17	16
5	18	15	23

　[표 1 – 11] 경우 '표본 크기'는 '5', '표본 수(또는 부분군 수)'는 '3'이다. '표집 방법'은 '단순임의 표집'이 적절할 것 같다. 자! 이제 이들 데이터를 「1. 변동의 이해」에서 설명한 것처럼 '분포', '대푯값', '산포도'의 관점에서 해석해도 되지만, 지금부터는 '변동(Variation)'의 관점에서만 다뤄보기로 하자. 아직 '변동'이란 용어가 낯설게 느껴지면 「1 – 4. 변동」의 본문을 다시 한번 읽어보는 여유도 필요하다.

　수집된 데이터를 '변동'의 관점에서 관찰한다? 어떻게 접근해야 할지 좀 막막하다. 우선 '변동'의 정의를 떠올려보자. 「1 – 4. 변동」의 맨 끝에서 '변동'의 정의를 "관측치와 산술 평균 간 편차의 제곱 합"으로 최종 정리했었다. 따라

서 가장 기본인 '용어 정의'를 실현시키는 방법부터 단추를 하나하나 꿰어보는 게 좋을 것 같다.

'변동'의 일반식 '$\sum (x_i - \overline{x})^2$'을 사용하기 위해서는 먼저 '관측치('$x_i$'에 대응)'와 '평균('$\overline{x}$'에 대응)'이 필요하다. 이어질 내용들에 다소 낯설어할 리더가 있을 수 있으나 꼭 참고 찬찬히 읽어보면 의외로 쉽게 다가설 수 있다. 기본적 수학 개념만 있으면 충분히 이해할 수 있기 때문이다. 일반적으로 [표 1-11]과 같은 데이터는 세 개의 '제곱 합'으로 이뤄진 기본 구조를 갖고 있다. 내용을 정리하면 다음과 같다.

① 총 변동: 데이터를 '부분군-1', '부분군-2', '부분군-3' 등으로 구분하지 않고 "개별 관측치와 전체와의 관계"로 고려하는 경우다. 이때 '변동'의 일반식인 '$\sum (x_i - \overline{x})^2$'에 포함된 임의 관측치 '$x_i$'는 열다섯 개의 관측치 각각을, '$\overline{x}$'는 '전체 평균'에 대응한다. 편의상 전자는 'x_{ij}'로, 후자는 '$\overline{\overline{x}}$'로 표기한다. 아래 첨자 'ij'는 각 관측치 위치를 나타낸다. 예를 들어 '부분군-3'의 두 번째 데이터 '19'를 'ij'로 나타내면, '19'의 위치가 '두 번째 행-세 번째 열'에 해당하므로 'x_{23}'이다.

표기에 익숙해졌으면 [표 1-11]을 방금 배운 표현법을 이용해 세 개의 '변동'의 형태로 나타내보자. 아직 감이 잘 안 잡혔을 수 있으므로 세 개 중 하나인 '관측치, x_{ij}'와 '총 평균, $\overline{\overline{x}}$'을 먼저 이용해보자. 다음 [표 1-12]는 이들로 '변동'이 어떻게 형성되는지 수식적 관계를 시각화시킨 예이다. 또 '총 평균'과 개별 관측치 간 '변동'을 나타내므로 편의상 명칭을 '총 변동(Total Variation)'으로 정하자(물론 공식적으로 사용되는 용어다).

[표 1 - 12] '총 변동' 개요도

	부분 군-1	부분 군-2	부분 군-3	
1	9	18	21	
2	12	15	19	
3	14	14	21	
4	13	17	16	
5	18	15	23	총 평균
평균	13.2	15.8	20.0	16.33

[표 1 - 12]에서 '총 변동'은 각 부분군 내 개별 관측치들과 '총 평균' 간 관계임을 시각적으로 확인할 수 있다. 예를 들어, '부분군 - 1'은 '$(9-16.33)^2$', '$(12-16.33)^2$', ⋯ '$(18-16.33)^2$'등으로, '부분군 - 2'는 '$(18-16.33)^2$', '$(15-16.33)^2$' ⋯ '$(15-16.33)^2$' 등, 그리고 '부분군 - 3'은 '$(21-16.33)^2$', '$(19-16.33)^2$' ⋯ '$(23-16.33)^2$' 등으로 표현되고, 이들 모두의 합이 '총 변동'에 해당한다.

② 그룹 내 변동: 데이터를 '부분군 - 1', '부분군 - 2', '부분군 - 3' 각각으로 구분해서 관찰하는 경우이다. 이때 '변동'의 일반식인 '$\sum (x_i - \overline{x})^2$'에 포함된 임의 관측치 '$x_i$'는 각 부분군 내에 위치한 다섯 개 관측치들을, '$\overline{x}$'는 각 '부분군'의 '산술 평균'에 대응한다. '부분군 평균'은 편의상 '$\overline{x_j}$'로 표기하고, 아래 첨자 'j'는 '부분군 - 1'은 '1', '부분군 - 2'는 '2', '부분군 - 3'은 '3'이다.

[표 1-13] '그룹 내 변동' 개요도

	부분 군-1	부분 군-2	부분 군-3	
1	9	18	21	
2	12	15	19	
3	14	14	21	
4	13	17	16	
5	18	15	23	총 평균
평균	13.2	15.8	20.0	16.33

[표 1-13]에서 각 '부분군'들은 '부분군' 내 개별 관측치들이 해당 '평균' 과 관계를 형성한다. 예를 들어, '부분군-1'은 '$(9-13.2)^2$', '$(12-13.2)^2$', … '$(18-13.2)^2$' 등으로, '부분군-2'는 '$(18-15.8)^2$', '$(15-15.8)^2$' … '$(15-15.8)^2$' 등, 그리고 '부분군-3'은 '$(21-20.0)^2$', '$(19-20.0)^2$' … '$(23-20.0)^2$' 등으로 표현되고, 이들 모두의 합이 '그룹 내 변동'에 해당한다. '그룹 내 변동'은 앞서 '총 변동' 계산의 '총 평균' 자리에 '각 부분군 평균'이 대신하고 있다.

③ 그룹 간 변동: 데이터를 '부분군-1', '부분군-2', '부분군-3' 각각과 '전체'와의 관계를 함께 관찰하는 경우이다. 이때 '변동'의 일반식인 '$\sum (x_i - \overline{x})^2$'에 포함된 '$x_i$'는 각 부분군의 '산술 평균'이, '$\overline{x}$'는 '전체 평균' 이 온다. 편의상 전자는 '$\overline{x_j}$'로, 후자는 '$\overline{\overline{x}}$'로 표기한다.

[표 1-14] '그룹 간 변동' 개요도

	부분 군-1	부분 군-2	부분 군-3	
1	9	18	21	
2	12	15	19	
3	14	14	21	
4	13	17	16	
5	18	15	23	총 평균
평균	13.2	15.8	20.0	16.33

[표 1-14]는 각 '부분군'의 '평균'과 '총 평균' 간 관계를 보여준다. 즉 '그룹 간 변동'은, 예를 들어 '부분군-1'은 '$(13.2-16.33)^2$'으로, '부분군-2'는 '$(15.8-16.33)^2$', 그리고 '부분군-3'은 '$(20.0-16.33)^2$' 등으로 표현되고, 이들 모두의 합이 '그룹 간 변동'에 해당한다.

지금까지 설명된 '총 변동', '그룹 내 변동', '그룹 간 변동'의 결과를 모두 모아 부호로 정리하면 다음 [표 1-15]와 같다. 표에 포함된 변동 식들 ①, ②, ③과 [표 1-15]의 관측치들을 하나씩 대응시켜 보기 바란다. 이와 같은 구조로 이루어진 도표를 「기본 도표」로 명명하고 기본 원리의 응용을 설명하는 이후 본문부터 해석 때 활용할 것이다. 「기본 도표」는 각 '부분군 내 관측치'와 각 '부분군의 산술 평균' 및 관측치들의 '총 평균'으로 구성돼 있다. 따라서 수집된 데이터로부터 '변동'을 계산할 때 [표 1-15]의 「기본 도표」를 가져와 해석하는 과정이 반복될 것이다.

[표 1–15] 「기본 도표」와 '변동'의 분해

	부분군-1	부분군-2	부분군-3		'변동', 즉 '편차 제곱 합' 일반표기
1	x_{11}	x_{12}	x_{13}		$\sum_i (x_i - \bar{x})^2$
2	x_{21}	x_{22}	x_{23}		'① 경우' 표기, 즉 '총 변동'
3	x_{31}	x_{32}	x_{33}		$\sum_{ij} (x_{ij} - \bar{\bar{x}})^2$
4	x_{41}	x_{42}	x_{43}		'② 경우' 표기, 즉 '그룹 내 변동'
5	x_{51}	x_{52}	x_{53}	총 평균	$\sum_{ij} (x_{ij} - \bar{x}_j)^2$
부분군 평균 ($\bar{x}_j$)	13.2	15.8	20.0	16.33	'③ 경우' 표기, 즉 '그룹 간 변동'
	$\bar{x}_1$	$\bar{x}_2$	$\bar{x}_3$	$\bar{\bar{x}}$	$\sum_j n_j (\bar{x}_j - \bar{\bar{x}})^2$

이제부터 [표 1–15]에 제시된 세 가지 변동의 종류를 통계적 용어와 수치로 표현해보고, 더불어 그것들의 의미를 다시 한번 정리해보자.

① 총 변동(Total Variation): $\sum_{ij} \left(x_{ij} - \bar{\bar{x}} \right)^2$

"개별 관측치와 총 평균과의 차를 제곱한 후 모두 더한 양"이다. 표집(Sampling)의 시차에 따른 '부분군-1', '부분군-2', '부분군-3'을 서로 구분하지 않고 뭉쳐서 관찰한 변동이다. 다음 식(1.9)는 계산 과정과 결과이다.

$$\sum_{ij} \left(x_{ij} - \bar{\bar{x}} \right)^2 = (9-16.33)^2 + (12-16.33)^2 + (14-16.33)^2 + (13-16.33)^2 + (18-16.33)^2 \quad (1.9)$$
$$+ (18-16.33)^2 + (15-16.33)^2 + (14-16.33)^2 + (17-16.33)^2 + (15-16.33)^2$$
$$+ (21-16.33)^2 + (19-16.33)^2 + (21-16.33)^2 + (16-16.33)^2 + (23-16.33)^2 = 199.33$$

이해를 돕기 위해 앞서 [표 1–12]의 시각화된 표현과, [표 1–15]의 '①'에 포함된 산정 식을 식 (1.9)의 수치 전개와 하나씩 비교해보기 바란다. '총 변동'의 의미가 되새겨질 것이다.

② 그룹 내 변동(Within Group Variation): $\sum_{ij}\left(x_{ij} - \bar{x}_{j}\right)^2$

표기를 보면 알 수 있듯이 '그룹 내 (편차)제곱 합(Within-group Sums of Squares)'이라고도 한다. "각 '부분군-1', '부분군-2', '부분군-3' 내에서의 변동을 구한 후 모두 더한 양"이므로 '그룹 내'라는 용어가 붙었다. 한 개의 부분군은 동일한 환경에서 동일한 시점에 추출한 것으로, 이와 같이 가능한 한 동질의 관측치들로만 구성된 표본을 '합리적 부분군(Rational Subgroup)'[6]이라고 한다. 그들 내에서의 변동은 아주 작을 것으로 예상된다. 즉 동일 환경, 동일 시점에 수집됐으므로 외부로부터의 영향이 최소화됐을 것이며, 따라서 서로 유사한 값들로 구성돼야 정상이다. 그러나 여전히 작은 차이는 존재하며 이 차이를 유발시키는 원인은 감지하기 매우 어렵고, 또 규명도 쉽지 않다는 것도 예상된다. '합리적 부분군'의 변동에 영향을 주는 원인을 통틀어서 '우연 원인(Chance Cause 또는 Random Cause)'이라고 한다. 이해를 돕기 위해 직접 계산해보면, 다음 식 (1.10)과 같다.

$$\sum_{ij}\left(x_{ij} - \bar{x}_{j}\right)^2 = (9-13.2)^2 + (12-13.2)^2 + (14-13.2)^2 + (13-13.2)^2 + (18-13.2)^2 \text{ (부분군1)} \quad (1.10)$$
$$+ (18-15.8)^2 + (15-15.8)^2 + (14-15.8)^2 + (17-15.8)^2 + (15-15.8)^2 \qquad \text{(부분군2)}$$
$$+ (21-20.0)^2 + (19-20.0)^2 + (21-20.0)^2 + (16-20.0)^2 + (23-20.0)^2 = 81.6 \text{ (부분군3)}$$

---

6) '합리적 부분군'은 '한국통계학회'와 '대한수학회'에 용어 정의는 없으나 문제 해결 분야에서 일반적으로 사용되는 용어이다.

③ 그룹 간 변동(Between Group Variation): $\sum_j n_j \left(\overline{x}_j - \overline{\overline{x}} \right)^2$

'그룹 간 제곱 합(Between − group Sums of Squares)'[7]이라고도 한다. [표 1 − 11]은 데이터 수집 단계에서 이틀 간격으로 '표본(부분군)' 세 개를 얻었었 다. 만일 수집 기간 중 특정일에 어떤 변화가 생겼을 경우, 그 결과는 데이터 에 그대로 반영된다. 예를 들어 최초 수집된 '부분군 − 1'과 맨 나중에 수집된 '부분군 − 3'이 서로 시간적 차이를 두고 있으므로 만일 이 기간 동안 프로세 스에 어떤 변화가 생길 경우 둘 간의 평균에 차이가 날 가능성이 매우 높다. 그룹 간 평균 변화는 관리가 철저히 이뤄진다면 발생하지 않을 것이므로(또는 최소화될 것이므로) 주로 '관리 문제'로 분류한다. 따라서 '그룹 간 변동'은 현 프로세스의 모니터링에 매우 유용하다. 이때 부분군 간 평균의 차이를 유발시 키는 원인을 통틀어서 '이상 원인(Assignable Cause)'이라 부르고, '우연 원인' 에 비해 개선이 상대적으로 용이한 것이 특징이다.

변동을 구하는 방법은 각 표본의 '산술 평균'과 '총 평균'과의 차이를 제곱 한 후 더한다. 직접 계산해보면 다음 식 (1.11)과 같다.

$$\sum_j n_j \left(\overline{x}_j - \overline{\overline{x}} \right)^2 = 5 \times \left[(13.2 - 16.33)^2 + (15.8 - 16.33)^2 + (20.0 - 16.33)^2 \right] = 117.733 \quad (1.11)$$

식 (1.11)에서 'n_j'는 각 부분군의 '표본 크기'가 다섯 개로 동일하기 때문 에 '5'를 곱했으나 만일 부분군별로 '표본 크기'가 다르면 각 개수에 맞게 적 용해야 한다. 'n_j'는 곧 설명하게 될 항등식을 유지하는 데 필요한 양이며, '항등식'의 유도 과정은 「2 − 3. 변동의 항등식」과 '부록'을 참조하기 바란다.

---

7) '그룹 간 제곱합'은 '한국통계학회'와 '대한수학회' 용어집에 포함돼 있지 않으나 '그룹 내 제곱합 (Within-group Sums of Squares)'은 포함돼 있어 표현이 동일할 것으로 간주하고 사용함.

지금까지 설명한 내용 중 수리적인 풀이 과정에 어려움을 느꼈다면 「1. 변동의 이해」를 다시 한번 읽어보기 바란다. 경험상 현재까지의 내용을 토대로 실제 교육이 진행될 경우 학습에 소요되는 시간은 단 2시간 정도다. 글로 표현돼 내용이 부풀려진 듯한 착시 현상이 있지만 실제 양은 많지 않으며 익숙한 리더 수준이면 적어도 두 번 정도의 정독만으로도 전체 흐름을 파악하는데 큰 무리가 없을 줄 안다.

이제 「2 - 2. 변동의 분해」에서 얻은 결론을 활용해보기로 하자. 우선 '총 변동', '그룹 내 변동', '그룹 간 변동' 들의 설명 중 직접 계산한 결과를 찬찬히 관찰해보자. 그들 간에 어떤 연관성이 있음을 간파하였는가?

- 총 변동 = 199.33
- 그룹 내 변동 = 81.6
- 그룹 간 변동 = 117.733

  199.33 = 81.6 + 117.733

즉, **총 변동 = 그룹 내 변동 + 그룹 간 변동**. 또는,

$$\sum_{ij}\left(x_{ij} - \overline{\overline{x}}\right)^2 = \sum_{ij}\left(x_{ij} - \overline{x}_j\right)^2 + \sum_j n_j\left(\overline{x}_j - \overline{\overline{x}}\right)^2 \qquad (1.12)$$

이 성립한다.

식 (1.12)의 항등식을 앞으로 「**기본 항등식**」으로 명명하고 응용을 설명할 때 유용하게 활용할 것이다. 사실 이 관계는 왼쪽 항을 전개하면 정확히 오른쪽 두 항을 얻을 수 있다. 과정 자체가 다소 복잡하고 그 전체를 분문에 기술

할 경우 너무 수리적으로 흐르게 돼 본래 목적이 희석될 수 있다. 따라서 관심 있는 독자는 책 맨 뒤의 '부록'에 실은 유도 과정을 참고하기 바란다.

지금까지의 흐름은 '통계를 지배하는 두 가지 원리' 중 그 첫 번째인 '그룹 내 변동/그룹 간 변동'을 설명하는 데 집중했으며 또, 앞으로 응용을 다룰 때 쉽게 적용할 수 있도록 「기본 도표」와 「기본 항등식」을 제시하였다. 따라서 '첫 번째 원리'를 설명할 때마다 이 두 개의 정의를 항상 반복적으로 사용하게 될 것이다.

첫 번째 원리를 요약하면 데이터 수집 후 늘 계산해왔던 '분산(Variance)' 식 중에서 '분자'에 해당하는 '$\sum (x_i - \bar{x})^2$'형이 '총 변동'을 나타낸다. 또 데이터를 '부분군'으로 수집할 경우 '그룹 내/그룹 간 변동'으로 분해할 수 있음을 확인하였다.

다음 장부터는 앞서 학습한 '첫 번째 원리'를 기반으로 초두에 언급한 다양한 문제 해결 관련 통계 도구들, 예를 들어 '측정 시스템 분석', '현 프로세스 능력 평가', '분산 분석', '회귀 분석', '실험 계획' 및 '관리도'를 해석하고 학습하는 데 적절히 이용할 것이다. 결국 이들 여러 통계 도구들이 하나의 기본 원리로 작동하고 있음을 인지하는 것이 최종의 학습 목표다.

3. 첫 번째 원리의 응용

　　　　　　　　이전 장에서 설명한 '그룹 내 변동/그룹 간 변동'의 지식을 'DMAIC 방법론'의 각 Phase별 통계 도구들에 적용해보자. 첫 번째 원리의 적용은 Measure Phase 경우 '측정 시스템 분석'과 '현 프로세스 능력 평가'를, Analyze Phase는 '분산 분석/회귀 분석'을, Improve Phase는 '실험 계획', 끝으로 Control Phase는 '관리도'를 원리적으로 설명하는 데 활용할 것임을 알린 바 있다. 기억을 되살리는 차원에서 개요도를 다음 [그림 1 − 5]에 다시 옮겨놓았다.

[그림 1 − 5] 첫 번째 원리 개요도

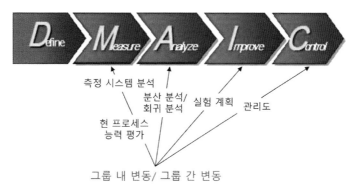

3 − 1. 측정(Measure Phase)에의 응용

　　흔히 알고 있는 D − M − A − I − C의 로드맵에서 'Measure Phase'는 영어 단어가 의미하듯 '측정'을 나타내며, '프로세스의 능력'을 수치화하는 과정이다. 이는 다시 '세부 로드맵'으로 구성돼 있는데 내용을 간략히 언급하면 다음과 같다.

① 프로세스의 '고객(Customer)'을 정의한다. 고객은 소리, 즉 'VOC(Voice of Customer)'를 내며, 이를 바탕으로,

② 핵심 품질 특성인 'CTQ(Critical to Quality)'를 찾는다. 'CTQ'는 고객 쪽에 매달린 특성이므로 측정이 가능할 수도 있고 그렇지 않을 수도 있다. 따라서 과제 쪽에 무게중심이 실린 측정 지표가 요구되는데 이를 위해,

③ 'Y'를 정한다. 'Y'는 반드시 'CTQ'를 대변할 수 있도록 선정돼야 한다. 'CTQ'에서 'Y'로 넘어오는 과정에 'CTQ'가 기존에 측정하고 있는 양이면 직접 'Y'로 올 수도 있으나, 측정이 곤란한 경우 '대용 특성'화로, 여러 개로 나눌 필요가 있으면 '하위 특성'화, 'CTQ' 자체는 측정이 어려우나 음의 상관관계 특성이 필요하면 '제약 특성'화해서 'Y'로 전환한다. 'Y'가 정해지면 그 값 하나하나를 어떻게 수치화하는지에 대한 정의가 요구되며, 이것은

④ '운영적 정의(Operational Definition)'를 통해 이루어진다. '운영적 정의'는 동일한 현상에 대해 누가 언제 측정하더라도 동일한 수치를 얻어낼 수 있도록 표준 방법을 제시한다. 또, 현 수준을 측정하기 위해 불량이 어느 정도 되는지 확인해야 하며, 따라서 불량여부를 구분 지을 기준으로 '성과 표준(Performance Standard)'을 정립한다. 이어 수집된 데이터의 신뢰성이 문제가 될 수 있어 보증하는 차원의

⑤ 측정 시스템 분석, 즉 'MSA(Measurement System Analysis)'를 수행한다. 'MSA'는 측정기, 사람, 환경, 표본 시료 등 전반적인 측정 과정을 통계적으로 평가하며, 정해진 기준을 만족해야 수용될 수 있다. 평가 시스템에 문제가 없으면, 다음엔

⑥ 'Y'데이터를 수집하고, 이어

⑦ '현 수준(프로세스 능력)'을 평가한다. 현 수준 산정 방법은 물론 'Y'가 '연속 자료'인지 '이산 자료'인지에 따라 방법을 달리하며, 공통적으로 '시그마 수준'이라고 하는 단위를 사용한다. 이후 최종 작업인

⑧ '목표 재설정'을 수행한다. '목표'는 통상 Define Phase에서 설정하나, 현 수준 파악을 위해 데이터를 수집하고 보면 Define Phase에서 설정한 목표에 수정이 불가피할 수도 있고, 또 Define Phase의 '목표 기술'은 주로 '%'로 표기하는 데 반해, '운영적 정의'에서 정한 지표의 구체적 단위로 재표기할 필요도 생긴다. 현 수준이 정확하게 기술됐으므로 본 시점에서의 목표 설정도 명확하게 드러나야 한다. 이후 '잠재 원인 변수의 발굴' 단계가 있으나 범위에서 벗어나므로 설명은 생략한다.

이제 '첫 번째 원리'를 어느 도구에 적용할지 언급할 때가 된 것 같다. Measure Phase에서의 핵심 활동인 '측정 시스템 분석'과 '현 프로세스 능력 평가'가 대상이며, 앞서 설명된 '세부 로드맵' 중 '⑤'와 '⑦'에 해당된다. '측정 시스템 분석'은 미니탭 '세션 창' 결과 중 '분산 분석'에, 그리고 '현 프로세스 능력 평가'는 '연속 자료'와 '이산 자료'에 따라 산정 방식이 다르지만 본문엔 '그룹 내 변동/그룹 간 변동'의 적용이 가능한 '연속 자료'에 한해 진행한다.

측정 시스템 분석(MSA, Measurement System Analysis)에의 응용

Measure Phase의 핵심은 'Measure'가 의미하듯 '측정'에 있으며, 정확히는 '현 수준 평가'이다. 관심 항목인 'Y'의 현재 관리 능력을 명확하게 알아야 목표와 원인 규명의 후속 작업이 가능하다. 때문에 '현 수준' 측정에 쓰일 데이

터가 현상을 제대로 설명하고 있는지, 다른 말로 신뢰할 수 있는지를 평가·분석하는 작업이 선행돼야 한다. 이 같은 활동이 '측정 시스템 분석(MSA)'이다.

'측정 시스템'은 통상 측정에 관여하는 사람, 측정기뿐만 아니라, 측정 과정, 환경, 표본 보관, 표집, 표준화 등 측정에 관여하는 모든 것들을 망라한다. 혹자는 이걸 어떻게 다 확인하느냐고 의문을 제기할지 모르나 실제 이 모든 것들의 변동은 그대로 측정 데이터에 반영된다. 즉 관측치로부터 측정 중 어느 영역에 신뢰성을 저하시키는 문제가 있었는지 찾아낼 수 있고, 따라서 바로잡을 수 있는 기회를 갖게 된다. 로드맵으로는 Measure Phase에 포함되지만 '측정 시스템'이 수용되지 않는 한 '현 수준'도 신뢰할 수 없을뿐더러 개선 결과 역시 믿을 수 없게 되며, 결국 과제 자체의 존재 이유를 상실할 수 있다. 따라서 '측정 시스템'에 대한 검증이 선행되지 않는 한 '측정 시스템'은 그 자체가 하나의 '잠재 원인 변수'인 'X'로 간주돼야 한다는 것이 일반적인 견해다.

과제 지도를 하다 보면 '측정 시스템'의 상태가 매우 심각한 경우를 의외로 자주 접한다. 제조 공정이나 연구소, 심지어 서비스 부문뿐만 아니라 대기업, 중소기업의 구분 없이 그 심각성이 드러나곤 한다. 이런 현상은 측정기 등은 '검·교정'을 통해 주기적으로 상태를 확인하도록 표준화돼 있기 때문에 좋은 성능을 유지할 것으로 믿고 있거나, '측정 시스템'의 중요성을 인지하지 못한 경우, 또는 알아도 어떻게 대응할지 모르는 상황 등 여러 요인에 기인한다. 검·교정은 '정확성' 측면의 관리다. 그러나 또 하나 중요한 요소인 '정밀성'을 충분히 인식하지 못해 고질적 문제 요인이 '측정 시스템'에 있음을 간과하곤 한다. '정밀성'은 사람이 관여돼 발생하는 문제로 실제 측정에 참여하는 측정자를 평가하지 않는 한 드러나지 않기 때문에 더욱 중요하다. '정확성'과 '정밀성'은 다음 [그림 1 - 6]과 같은 화살 과녁의 개념으로 설명되곤 한다.

[그림 1 - 6] 정확성과 정밀성

정확하지 않으나, 정밀함   정확하나, 정밀하지는 않음

[그림 1 - 6]의 왼쪽 과녁에는 화살이 모두 모여 있으므로 "정밀하다"고 할 수 있으나 그 평균(무게중심)은 과녁의 중심에서 벗어나 있으므로(중심치 이탈) "정확하지는 않다"고 평가한다. 오른쪽 과녁은 세 화살 위치의 평균(무게중심)이 과녁의 중심과 정확히 일치하므로 "정확하다"고 판단하나, 반대로 각기 흩어져 있으므로 "정밀하지는 않다"고 평가한다. 즉 '정확도'는 평균만을 대상으로 하는 평가 기준이고, '정밀도'는 흩어짐의 정도만을 대상으로 한다.

미니탭으로 두 가지 모두를 평가할 수 있으나 '정확도'는 검·교정을 통해 잘 관리된다고 보고 통상적으로 '정밀도'에 대해서만 수행되는데, '정밀도'는 다시 '반복성(Repeatability)'과 '재현성(Reproducibility)'으로 나뉜다. 앞 자만을 따서 'R&R'로 불리는 이유다. 전자는 측정기, 사람, 표본 등이 모두 동일한 상황에서 단지 반복 측정했을 때의 차이 값만을 평가하고, 후자는 측정기, 표본 등이 역시 동일한 상황에서 사람 간의 차이 값만을 평가하는 척도이다. 따라서 이들이 만들어내는 차이 값(변동)들을 모두 합치면 측정 중 일어나는 모든 변동인 'Total Gage R&R'로 요약되고 주어진 기준 값과 비교해 수용 여부를 판단한다.

'측정 시스템'은 주로 제조 분야의 전유물로 인식되는데 사실은 그렇지 않다. 서비스 분야 중 '생명보험사'나 '화재보험사'에서는 영업망을 통해 본사로 접수된 청약서가 가입자의 자격 조건 및 계약된 상품별로 적정한지를 검토하는 담당자(Underwriter)들이 있으며, 담당자(Underwriter)를 모두 측정자로 본다면 동일한 조건의 청약 건에 대해 '정확성'과 '정밀성(반복성, 재현성)' 관점에서 평가의 신뢰성을 확인할 수 있다. 자격이 똑같은 고객이 동일한 상품에 가입했음에도 담당자 A는 '적격'이라 판단하고, 담당자 B는 '부적격'이라 판단하면 '재현성'에 문제가 있다고 볼 수 있다(실제 종종 발생하는 상황이다).

관측치의 차이(변동)에 영향을 주는 요인들을 분해하면 다음 [그림 1 – 7]과 같다. '측정 시스템 분석(MSA)'에서 가장 핵심적인 하나를 정하라면 바로 본 개요도가 아닌가 싶다.

[그림 1 – 7] '측정 시스템 분석(MSA)' 개요도

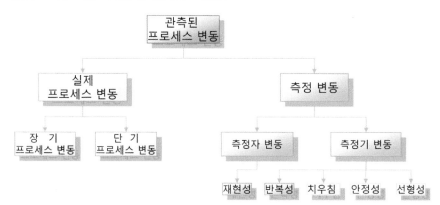

예를 들어 볼펜을 생산한다고 할 때, 최종 품질을 확인하기 위해 길이(mm)를 측정한다고 가정하자. 만일 '10개'를 대상으로 한다면 그들의 측정 결과는

모두 동일한 값을 갖지 않을 것이므로 측정자는 이런 차이가 프로세스에서 만들어질 때 어느 외부의 요인에 기인하거나 아니면 측정자가 측정할 때 차이를 유발했을 것으로 추정할 수 있다. 따라서 실제 '관측된 프로세스 변동'이란 '실제 프로세스 변동'과 '측정 변동'의 합으로 규정할 수 있다. 또, '측정 변동'은 측정기 자체가 불완전하거나 마모돼 값의 차이를 유발할 수 있는 경우와, 측정자들이 값을 읽어내는 데 그들 간 차이가 있어 발생하는 경우로 나뉠 수 있다. 즉 '측정 변동'은 '측정기 변동'과 '측정자 변동'의 합으로 요약된다.

그런데 유의할 것은 바로 '반복성'이다. [그림 1-7]에서 '반복성'의 위치는 '측정자 변동'에 자리하고 있으나, 선 연결은 '측정기 변동'에 관계한다. '반복성'은 "동일한 표본을 동일한 측정기로 동일한 사람이 동일한 환경에서 단지 두 번 이상 측정한 값들의 차이"이다. 따라서 사람이 관여하는 측면에선 '측정자 변동'이 맞다. 그러나 측정기 입장에서 생각할 때, 모든 동일한 상황에서 측정기 스스로가 한 입으로 두 개의 다른 값을 내어준(한 입으로 두 마디 함) 꼴이므로 결국 이 값들의 차이가 크면 측정기 상태가 온전치 않다는 것을 방증한다. 이런 이유로 '반복성'이 기준 값과 비교해 미달로 나오면 측정기 상태를 의심해봐야 한다(는 결론에 이른다). 이 외에 연속형 MSA의 'Crossed'와 'Nested', 이산형 MSA의 '양·불 판정'과 '등급 판정(5점 척도 등)'에 따른 평가 과정은 별도의 전문 서적이나 자료를 통해 학습해주기 바란다. 이제 '측정 시스템'의 '분산 분석'에 '첫 번째 원리'가 어떻게 응용되는지 알아보자.

다음 [표 1-16]은 '4명'의 측정자가 '3개'의 표본에 대해 '3회씩' 반복 측정한 결과이다. 설명을 단순화하기 위해 표본은 '3개'로 했으나 현업에서는 '10개' 정도가 적당하다. 일반적으로 '측정자 수×표본 크기≥15'를 제안한다.

[표 1-16] Gage R&R 분석을 위한 데이터

Part	홍길동			장길산			주몽			대조영		
	시행1	시행2	시행3	시행1	시행2	시행3	시행1	시행2	시행3	시행1	시행2	시행3
1	189.3	145.3	110.2	114.7	119.2	112.0	112.9	106.6	111.1	138.1	129.5	117.4
2	284.7	276.6	330.5	255.9	226.5	258.6	246.0	278.4	257.7	212.7	224.4	240.6
3	264.0	400.6	358.4	275.7	290.9	282.0	370.1	423.1	296.3	240.6	186.8	284.4

본론으로 들어가기에 앞서, '측정 시스템 분석'을 위해 [표 1-16]으로부터 무엇을 얻어야 할지 생각해보자. 우선 앞서 설명한 '정확성'과 '정밀성'이 고려 대상이며, 이 중 측정자가 관련한 '정밀성'이 중요하다. 다시 '정밀성'은 각 측정자 내의 반복의 차이를 보는 '반복성'과, 측정자 간의 차이를 관찰하는 '재현성'으로 나뉘므로 결국 분석에 필요한 '변동'은 '반복성'과 '재현성'이다. 따라서 [표 1-15]의「기본 도표」작성 시 '반복'에 따른 차이를 감지하기 위해 "표본별 세 번의 반복을 한 묶음으로 구성하는 경우(반복성)"와, '측정자들 간의 차이'를 감지하기 위해 "측정자별로 나누어 구성하는 경우(재현성)"가 돼야 하며, 그 결과가 다음 [표 1-17]에 나타나 있다.

[표 1-17] '반복성'과 '재현성' 평가를 위한「기본 도표」구성 예

	홍길동			장길산			주몽			대조영			
	표본1	표본2	표본3	표본1	표본2	표본3	표본1	표본2	표본3	표본1	표본2	표본3	
반복1	189.3	284.7	264.0	114.7	255.9	275.7	112.9	246.0	370.1	138.1	212.7	240.6	
반복2	145.3	276.6	400.6	119.2	226.5	290.9	106.6	278.4	423.1	129.5	224.4	186.8	
반복3	110.2	330.5	358.4	112.0	258.6	282.0	111.1	257.7	296.3	117.4	240.6	284.4	
부분군 평균1 (표본)	148.3	297.3	341.0	115.3	247.0	282.9	110.2	260.7	363.2	128.3	225.9	237.3	총 평균
부분군 평균2 (측정자)	262.2			215.1			244.7			197.2			229.8

「기본 도표」에서 '부분군 평균 1'과 '부분군 평균 2'로 나뉜 이유는 '반복성' 계산의 '부분군'은 '표본 1~3'이, '재현성' 계산의 '부분군'은 '측정자(4명의 부분군)'가 와야 하기 때문이다.「기본 항등식」은 다음과 같다.

즉, 총 변동=**그룹 내 변동**+**그룹 간 변동**, 또는

$$\sum_{j=1}^{g}\sum_{i=1}^{n_j}\left(x_{ij}-\overline{\overline{x}}\right)^2 = \sum_{j=1}^{g}\sum_{i=1}^{n_j}\left(x_{ij}-\overline{x}_j\right)^2 + \sum_{j=1}^{g}n_j\left(\overline{x}_j-\overline{\overline{x}}\right)^2 \tag{1.13}$$

'총 변동'은 '반복'의 변동과 '측정자'의 변동 외에 '표본(Parts)'과 '표본*측정자'의 변동도 포함한다. 이들 중 [표 1－17]의 「기본 도표」는 세 번의 반복 에 대한 '반복성'과, 네 명의 측정자 간 '재현성'만 계산된다('표본 변동', '표본*측정자 변동'은 제외). 따라서 식 (1.13)에 '반복성(그룹 내 변동)', '재현성(그룹 간 변동)'만 구할 수 있어 회색 바탕색을 넣어 강조하였다.

먼저 '반복성'은 "표본별 반복 값들과 그 평균의 차를 제곱해 합"한 결과, 즉 '$\sum_{ij}\left(x_{ij}-\overline{x}_j\right)^2$'이며, 엑셀을 이용해 다음 [표 1－18]과 같이 계산한다.

[표 1－18] '그룹 내 변동(반복성)' 계산 예

「기본 도표」

	홍길동			장길산			주몽			대조영			
	표본1	표본2	표본3	표본1	표본2	표본3	표본1	표본2	표본3	표본1	표본2	표본3	
반복1	189.3	284.7	264.0	114.7	255.9	275.7	112.9	246.0	370.1	138.1	212.7	240.6	
반복2	145.3	276.6	400.6	119.2	226.5	290.9	106.6	278.4	423.1	129.5	224.4	186.8	
반복3	110.2	330	358.4	112.0	258.6	282.0	111.1	257.7	296.3	117.4	240.6	284.4	
부분군 평균1 (표본)	148.3	297.3	341.0	115.3	247.0	282.9	110.2	260.7	363.2	128.3	225.9	237.3	총 평균
부분군 평균2 (측정자)	262.2			215.1			244.7			197.2			229.8

「변동 계산」

(관측치-부분군 평균1)^2	1683.7	157.9	5929.0	0.4	79.2	51.4	7.3	216.1	48.1	95.4	174.2	11.1	
	8.8	427.1	3552.2	15.2	420.3	64.5	13.0	313.3	3592.0	1.4	2.3	2546.9	
	1449.1	1104.5	302.8	10.9	134.6	0.8	0.8	9.0	4471.2	119.5	216.1	2221.6	
그룹내 변동	29451.2												
그룹내 분산	1227.13												

② $\sum_{ij}\left(x_{ij}-\overline{x}_j\right)^2 = \Sigma(관측치 - 부분군 평균1)^2$

③ $\dfrac{\sum_{ij}\left(x_{ij}-\overline{x}_j\right)^2}{g(n-1)} = \dfrac{\Sigma(관측치 - 부분군 평균1)^2}{12 \times (3-1)}$

①

[표 1-18]은 '반복성'에 대한 평가다. 첫 열의 부분군(표본 1) 경우 반복이 '3회'이며, 이 같은 형태로 '총 12개'의 '부분군'들이 존재한다. '①'은 "각 '관측치'와 '부분군 평균1(표본)'의 차를 구해 제곱한 값"을 넘기고 있으며, '②'는 그들을 모두 합한 '총합', 즉 '표본 내 반복'에 따른 '변동'이다. 이 변동의 크기가 '29,451.22'이며 '반복성(그룹 내 변동)'을 나타낸다. '③'은 각 부분군별 자유도가 '2개'씩 '총 12개' 부분군들이므로 '전체 자유도'는 '24[= 12×(3 -1)]'가 돼 '그룹 내 분산'은 '1227.13'이다.

다음 '그룹 간 변동'에 대해 알아보자. '그룹 간 변동'은 「기본 도표」에서 "'부분군 평균 2(측정자)'들과 '총 평균'과의 차의 제곱 합"이다. '그룹 내 변동'과 동일하게 엑셀을 통해 계산한 결과는 다음 [표 1-19]와 같다.

[표 1-19] '그룹 간 변동(재현성)' 계산 예

「기본 도표」

	홍길동			장길산			주몽			대조영		
	표본1	표본2	표본3	표본1	표본2	표본3	표본1	표본2	표본3	표본1	표본2	표본3
반복1	189.3	284.7	264.0	114.7	255.9	275.7	112.9	246.0	370.1	138.1	212.7	240.6
반복2	145.3	276.6	400.6	119.2	226.5	290.9	106.6	278.4	423.1	129.5	224.4	186.8
반복3	110.2	330.5	358.4	112.0	258.6	282.0	111.1	257.7	296.3	117.4	240.6	284.4
부분군 평균1(표본)	148.3	297.3	341.0	115.3	247.0	282.9	110.2	260.7	363.2	128.3	225.9	237.3	총 평균
부분군 평균2(측정자)	262.2			215.1			244.7			197.2			229.8

「변동 계산」 ①

	홍길동	장길산	주몽	대조영
(부분군 평균2-총평균)^2	1050.12	216.58	222.51	1063.12
그룹간 변동	22970.97			
그룹간 분산	7656.99			

② $\sum_j n_j (\bar{x}_j - \bar{\bar{x}})^2 = \Sigma\ 9 \times$ (부분군 평균2 - 총 평균)^2

③ $\dfrac{\sum_j n_j (\bar{x}_j - \bar{\bar{x}})^2}{g-1} = \dfrac{\Sigma\ 9 \times (\text{부분군 평균2 - 총 평균})^2}{4-1}$

[표 1-19] 중 첫 열의 '부분군(홍길동)'은 '9개'의 관측치로 구성돼 있다. 이 같은 부분군이 '총 4개'이고 사람들 간 차이인 '재현성'을 파악할 수 있다. 그림에서 '①'은 "'부분군 평균 2'와 '총 평균' 간 차이를 구한 후 제곱"을, '②'

는 모두 합한 양, 즉 '제곱 합(SS, Sum of Squares)'인 '재현성'을 나타내며, 크기는 '22,970.97'이다. 계산식에 부분군의 관측치 수인 'n_j(여기선 '9')'가 곱해지는 점에 주의한다. 다시 '③'에서 총 부분군 수가 '4개'이며, 따라서 자유도는 하나를 뺀 '3'이므로 '제곱 합'을 자유도 '3'으로 나누어 '7,656.99'인 '그룹 간 분산'을 얻는다. 지금까지의 결과를 미니탭으로 얻은 뒤 비교해보자.

우선 수집된 데이터를 미니탭 워크시트에 다음 [그림 1-8]과 같이 재배열하고, 「통계 분석(S)> 품질 도구(Q)> Gage 분석(G)> Gage R&R (교차)분석(G)…」에 들어가 분석을 수행한다.

[그림 1-8] Gage R&R 교차 분석

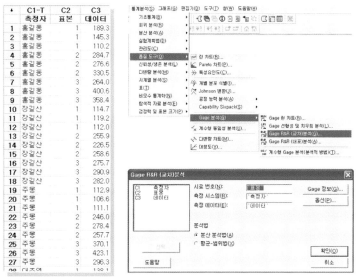

[그림 1-8]의 결과는 '그래프'와, '세션 창'의 '통계 결과' 이렇게 두 개 나온다. '측정 시스템 분석'은 '두 번째 원리'를 설명하는 「3-1. 측정(Measure

Phase)에의 응용」에 있으므로 그때로 미루기로 하고, 여기서는 앞서 엑셀로 구한 양들이 미니탭 결과와 일치하는지만 확인해보자. 다음 [표 1 − 20]은 미니탭의 '세션 창' 결과이다.

[표 1 − 20] '그룹 내 변동(반복성)/그룹 간 변동(재현성)' 결과

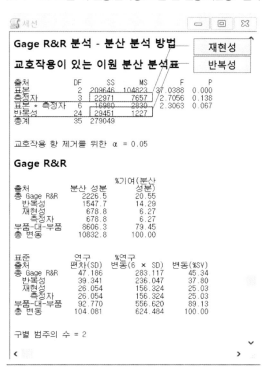

[표 1 − 20]의 미니탭 결과는 상단 '분산 분석 표' 내 '출처' 열의 '측정자'는 '재현성'을, '반복성'은 동일하게 '반복성'을 나타낸다. 그 값은 각각 '제곱합(SS)'은 '22971'과 '29451', '분산(MS, Mean Square)'은 '7657', '1227'로 엑셀로 계산한 [표 1 − 18] 및 [표 1 − 19]와 정확히 일치한다.

'측정 시스템 분석'에서 '첫 번째 원리'를 일부 해석에 적용했으나, '그룹 내 변동'과 '그룹 간 변동'의 기본 원리는 다음에 설명될 '현 프로세스 능력 평가에의 응용'에서 매우 유용하게 활용된다. 이제부터 그 진가를 확인해보자.

현 프로세스 능력(Process Capability) 평가에의 응용

이해를 돕기 위해 '연속 자료'의 '프로세스 능력' 평가 과정을 먼저 기술하고, 주제인 '첫 번째 원리의 응용'에 대해 알아보자.

① 데이터 수집

'현 프로세스 능력'을 평가하려면 데이터는 장기적 변동이 자료에 포함되도록 수집돼야 하며 성수기, 비수기 등 계절적 요인이 있는 경우 '최소 12개월' 치를, 그렇지 않은 경우 '3∼6개월' 정도의 양은 돼야 한다.

가끔 기간이 어느 정도 돼야 적절한 '장기 데이터'인지 질문 받곤 한다. 수집된 데이터가 프로세스의 장기적인 성향을 갖는다고 판단되면 그것이 곧 '장기 데이터'이다. 프로세스의 '장기 성향'을 조금 과장하면 벼락을 맞고 생산이 멈춘 후 불량률이 높아진 경우라든가, 설비 교체로 관리에 문제가 생겨 이를 보정하는 동안 특성 데이터가 흔들렸다든가 등 다양한 외부적 영향으로 관리 중인 데이터에 변동이 초래됐을 때의 상황이다. 프로세스 환경에 따라, 또는 '현 프로세스 능력'을 평가하려는 특성에 따라 장기 성향의 데이터는 한 달 치가 될 수도 있으며, 일부 반도체 라인처럼 외부와 완전 차단된 클린룸 등 극단적으로 안정한 프로세스라면 1주일 치도 장기 성향으로 간주될 수 있다. 이것은 전적으로 과제를 수행하는 리더가 본인의 'Y'에 대해 어느 정도 기간이 프로세스의 장기적 변동을 포함할 수 있는지 스스로 판단하는 것이 가장 중요하다. 여기서는 편의상 하루에 다섯 개씩 '6일간' 수집된 데이터를 장기 성향으로 간주하고(실제 프로세스라면 단기 데이터로 간주될 가능성이 높다), 또 데이터를 수집할 때 변동을 최소화시켰다고 가정한다(이 상황은 매일의 표본을 '합리적 부분군'으로 구성했음을 의미한다). 수집 결과는 다음 [표 1-21]과 같다.

[표 1-21] '현 프로세스 능력' 평가를 위한 데이터

1일	2일	3일	4일	5일	6일
402.6	390.4	406.8	396.3	397.0	413.7
396.7	380.0	407.4	406.6	395.0	410.9
388.4	386.3	405.8	400.8	403.2	409.1
396.1	386.3	395.9	399.8	400.4	411.4
401.3	381.5	404.2	395.5	396.1	412.0

② 정규성 검정

'현 프로세스 능력'을 평가하려면 먼저 데이터가 어떤 '모양'을 형성하는지가 매우 중요하다. 모양, 즉 '분포(Distribution)'에 따라 그를 설명할 수식인 '분포 함수'가 결정되기 때문이다. 다음 [그림 1-9]는 [표 1-21]에 대한 미니탭의 '정규성 검정' 결과이며, 'p-값'이 '0.503'이므로 '정규 분포'로써 본 데이터를 처리해도 무방하다. '정규성 검정'은 제시된 데이터를 미니탭의 「데이터(A)> 쌓기(K)> 열(C)…」에서 한 개 열로 쌓은 뒤 수행한다.

[그림 1-9] 정규성 검정

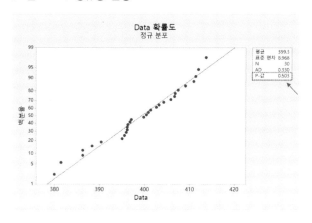

③ '현 프로세스 능력' 평가를 위해 미니탭에 다음 [그림 1-10]과 같이 입력조건을 설정한다. '규격'은 '400±10'으로 가정한다. 미니탭 해당 위치는 「통계 분석(S)> 품질 도구(Q)> 공정 능력 분석(A)> 정규 분포(N)…」이다.

[그림 1-10] '현 프로세스 능력' 평가를 위한 '대화 상자' 입력 예

④ 결과를 얻는다. 다음 [그림 1-11]은 미니탭 수행 결과를 보여준다.

[그림 1-11] '현 프로세스 능력' 평가 결과

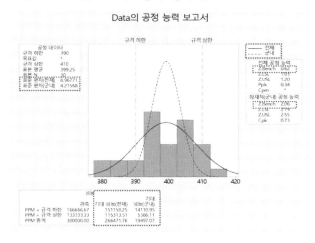

⑤ 결과 해석

그래프와 통계량을 자세히 보면 어디선가 늘 봐왔던 두 가지 유형의 '현 프로세스 능력'이 자리한다. 하나는 '잠재적(군내)'이고 다른 하나는 '전체'이다. [그림 1-11]의 결과 화면에 두 유형이 표시된 위치를 굵은 사각형으로 모두 표시하였다. 우선 왼쪽 사각형 표시에 '표준 편차'가 '군내'와 '전체'로 구분돼 있고, 오른쪽의 '프로세스 능력'도 '잠재적(군내) 공정 능력'과 '전체 공정 능력'으로 나뉘어 있다. 오른편 상단의 '빨간 실선'과 '검은 점선'[8]도 '군내'와 '전체'로 돼 있으며, 이것은 '정규 곡선'이 '빨간 실선'과 '검은 점선'으로 분류된 것과 맥을 같이한다. 이뿐만 아니라 그래프 아래의 '기대 성능' 역시 '기대 성능(군내)'과 '기대 성능(전체)'으로 나뉘어 있음을 알 수 있다.

왜 모든 설명이 두 개로 구분돼 있는 걸까? 또 그 의미는 무엇일까? '군내(그룹 내)'의 단어에서 비춰보듯 앞서 학습했던 '첫 번째 원리'와 직접적 관련

---

8) 색에 대한 언급은 미니탭 결과인 그래프를 직접 보면 빨강과 검정의 구분이 있음을 확인할 수 있다.

이 있음을 짐작게 한다.

우선 두 유형으로 구분되는 가장 밑바탕엔 두 개의 '표준 편차'가 있기 때문이다. '표준 편차'는 [그림 1–11]의 그래프 왼쪽 상단, '공정 데이터' 난에 표시돼 있다. 즉 '표준 편차(군내)'와 '표준 편차(전체)'로 각각 '4.21568'과 '8.96771'이 기록돼 있다. '표본 평균'은 '399.25'로 동일한데 '표준 편차'가 다르므로 '히스토그램'도 '정규 곡선' 두 개로 그려진 것이다. '검은 점선의 정규 곡선'은 '표준 편차(군내)' 값으로, '빨간 실선의 정규 곡선'은 '표준 편차(전체)' 값으로 그려졌으며, 후자 값이 크므로 분포도 상대적으로 퍼져 있다.

'프로세스 능력' 평가에 '표준 편차'가 두 개 있다는 사실은 해석에 필요한 모든 정보가 이 둘에 맞춰져 있음을 알 수 있다. 따라서 두 '표준 편차'의 탄생 비밀을 알면 전체를 이해하는 것은 시간문제다. 원활한 해석을 위해 '변동'과 관련한 「2–2. 변동의 분해」로부터 아래의 「기본 항등식」을 상기하자.

즉, **총 변동** = **그룹 내 변동** + 그룹 간 변동, 또는

$$\sum_{j=1}^{g}\sum_{i=1}^{n_j}\left(x_{ij}-\overline{\overline{x}}\right)^2 = \sum_{j=1}^{g}\sum_{i=1}^{n_j}\left(x_{ij}-\overline{x}_j\right)^2 + \sum_{j=1}^{g}n_j\left(\overline{x}_j-\overline{\overline{x}}\right)^2 \tag{1.14}$$

식 (1.14)의 항등식을 보면 [그림 1–11]의 '공정 능력' 결과 화면에서 '전체'와 '군내'는 '총 변동'과 '그룹 내 변동'에 각각 대응한다는 것을 알 수 있다. 식 (1.14)의 '총 변동'과 '그룹 내 변동'에 회색 바탕으로 강조한 이유는 '공정 능력' 결과에 두 변동이 사용되고 있음을 나타낸 것이다.

용어에 대해 미니탭은 '그룹 내'를 '군내'로 표기하고 있으며, 책의 초두에 언급한 대로 '한국통계학회'의 가이드라인을 따른 데서 오는 차이이다. '한국통계학회' 용어집은 '계급 내/계급 간 변동(Within / Between Class Variation)', '그룹 간 분산(Between Groups Variation); Within은 없음', '그룹 내 제곱 합

(Within-group Sums of Squares); Between은 없음' 등 'Within/Between'의 표현에 일관성이 없어 미국 컨설팅 회사들이 주로 쓰는 'Within/Between Group Variation'에 '한국통계학회'의 번역을 종합함으로써 '그룹 내/그룹 간 변동'을 최종 정의한 바 있다. 용어의 명확한 정의와 이해는 표준을 지키는 일만큼이나 매우 중요한 사안이다. 그러나 우리 내 품질 분야 경우 아직도 기본을 학습하는 데 제약이 따르고 있는 점은 안타깝기만 하다.

다음 [표 1-22]는 [그림 1-11]과 식 (1.14)의 '프로세스 능력'을 결정짓는 두 '표준 편차', 또는 '변동'을 직접 유도하기 위해 [표 1-21]을 적용한 「기본 도표」이다. 'Gage R&R'에 사용된 [표 1-16]의 '부분군 크기(표본 크기)'가 세 개에서 다섯 개로 증가한 것 외에는 별 차이가 없다. 표 아래 '평균' 행은 '각 부분군의 평균'을, 오른쪽 아래의 '총 평균'은 수집된 관측치들의 '총 평균'이다.

[표 1-22] '총 평균'과 '부분군 평균' 계산

	1일	2일	3일	4일	5일	6일	
1	402.6	390.4	406.8	396.3	397.0	413.7	
2	396.7	380.0	407.4	406.6	395.0	410.9	
3	388.4	386.3	405.8	400.8	403.2	409.1	
4	396.1	386.3	395.9	399.8	400.4	411.4	
5	401.3	381.5	404.2	395.5	396.1	412.0	총평균
부분군 평균	397.02	384.90	404.02	399.80	398.34	411.42	399.25

[표 1-22]를 이용해 [그림 1-11]의 '현 프로세스 능력' 평가에 필요한 두 '표준 편차'를 구해보자. 리더를 대상으로 보수 교육을 할 때면 '정규 분포 공정능력' 화면을 띄워놓고 '표준 편차'가 왜 두 개로 나뉘며, 어떤 해석적 결과를 제공하는지 묻곤 한다. 첫 물음에 답하는 비율은 약 50% 수준인데, 이들 중 '표준 편차(군내/전체)'를 계산할 수 있는지 물으면 그중 약 1/3가량이 할 수 있다고 답한다. 이어 '계산된 표준 편차'를 이용해 '프로세스 능력'을 해석

할 수 있는지 물으면 거의 없거나 있어도 한두 명 수준으로 그 수가 크게 줄어든다. 숙련된 리더 수준이면 [그림 1 – 11]을 띄워놓고 완전 해석할 정도의 내공이 필요하다. 늘 주변에서 쓰고 있는 내용들이기 때문이다.

제일 먼저 '표준 편차(전체)'를 파악하기 위해 '총 변동'을 구해보자. 이 과정은 전체 관측치를 대상으로 하는 만큼 쉽게 구할 수 있다. 이해를 돕기 위해 데이터를 엑셀에 옮긴 뒤 '총 변동', '총 분산', '표준 편차(전체)'까지 연속으로 구해봤다. 그 결과는 다음 [표 1 – 23]과 같다.

[표 1 – 23] '총 변동' 및 '표준 편차(전체)' 계산 예

「기본 도표」

	1일	2일	3일	4일	5일	6일
1	402.6	390.4	406.8	396.3	397.0	413.7
2	396.7	380.0	407.4	406.6	395.0	410.9
3	388.4	386.3	405.8	400.8	403.2	409.1
4	396.1	386.3	395.9	399.8	400.4	411.4
5	401.3	381.5	404.2	395.5	396.1	412.0
부분군 평균	397.02	384.9	404.02	399.8	398.34	411.42

총평균 399.25

「변동 계산」

(관측치-총평균)^2	11.2	78.3	57.0	8.7	5.1	208.8
	6.5	370.6	66.4	54.0	18.1	135.7
	117.7	167.7	42.9	2.4	15.6	97.0
	9.9	167.7	11.2	0.3	1.3	147.6
	4.2	315.1	24.5	14.1	9.9	162.6

① ②

총 변동	2332.18
총 분산	80.42
표준편차(전체)	8.96771

$$\sum_{ij}(x_{ij} - \bar{\bar{x}})^2 = \Sigma(관측치 - 총\ 평균)^2$$

③

$$\frac{\sum_{ij}(x_{ij} - \bar{\bar{x}})^2}{n-1} = \frac{\Sigma(관측치 - 총\ 평균)^2}{30 - 1}$$

[표 1 – 23]의 '①'은 "각 관측치와 총 평균과의 차를 구한 뒤 제곱한 양"을, '②'는 제곱한 양을 모두 합한 '총 변동', '③'은 관측치 수 '29(= 30 – 1)'로 나누어 '총 분산'을 구한 결과이다. 이때 '표준 편차(전체)'는 '③'에 제곱근을 씌어 얻는다. 결국 '총 변동', '총 분산'을 거쳐 최종으로 '표준 편차(전체)'를

얻었으며, 값의 차이만 있을 뿐 모두 '30개 관측치'들에 대한 '흩어짐의 정도'를 설명한다. [표 1-23]의 '표준 편차'는 소수점 다섯째자리까지 나타냈으며, [그림 1-11]의 '표준 편차(전체)=8.96771'과 정확히 일치한다.

계산은 그렇고 현재의 '프로세스 능력' 중 '총 변동'의 의미를 되새겨보자('총 분산'과 '표준 편차(전체)'는 '총 변동'을 단지 '관측치 수'로 나누거나 '제곱근'한 값일 뿐 실질적인 '흩어짐의 정도'는 '총 변동'이다). 현재 데이터가 매일 다섯 개씩 6일 동안 수집됐지만 '개개 관측치'와 '총 평균'과의 관계만 따지므로 사실 '6일'의 기간은 '총 변동'을 계산할 땐 의미가 없다. 그러나 일자별 '부분군의 평균'과 '산포'가 계속 좋은 상태를 유지하다 어느 일자에 갑자기 나빠졌을 경우 '총 변동'이 증가하는 요인이 될 수 있다. 왜냐하면, 특정 '부분군의 평균'이 이상적으로 커지면 '총 평균'이 증가할 것이고, 기존에 좋은 상태를 유지했던 부분군의 관측치들과 증가된 '총 평균'과의 차의 제곱은 양적으로 커질 수밖에 없기 때문이다.

실질적인 문제로 돌아와 보자. Measure Phase는 장기 데이터를 수집해서 '현 프로세스 능력'을 평가하는 것이 주 활동인데, 장기 데이터는 계절적 변동이 존재하면(예를 들어 여름엔 성수기, 겨울엔 비수기 등의 굴곡이 있는 경우) 12개월 치를, 그렇지 않으면 3~6개월 정도의 기간 데이터를 수집한 것이다. 이 기간 동안에 전기 합선으로 불량이 다량 쏟아졌을 때의 데이터도 포함됐을 것이고, 시장의 급작스러운 변화로 부정적 영향을 받은 데이터도 포함됐을 것이다. 이런 다양한 변화를 포함하고 있는 장기성 데이터의 '총 평균'과 '개별 관측치'의 차는 작은 값부터 큰 값까지 존재하게 되고, 따라서 '변동' 관점, 즉 흩어짐의 정도는 커질 것으로 예상된다. 이때 '변동'을 '개수'로 나누면 '분산', 이를 제곱근하면 '표준 편차'가 되므로 '표준 편차(전체)' 역시 값 자체가 좀 커질 수밖에 없다.

미니탭의 '프로세스 능력' 결과 화면으로 다시 돌아가 보자. '전체 공정 능력'에 있는 'Z. Bench', 'Pp', 'Ppk' 등은 모두 장기 성향에서 보듯 '변이성 (Variability)'이 큰 '표준 편차(전체)'를 이용해 산출된 결과이며, 따라서 굴곡이 큰 데이터들의 변동을 반영한 능력이므로 흔히 '장기 공정 능력'으로 불린다. 결론적으로 '현 프로세스 능력'을 수치화할 때 '시그마 수준', 즉 'Z. Bench' 값은 '프로세스의 장기 능력'이고, 통상 이것을 단기로 전환해 쓰므로 '1.5'를 더한다. 'Z. Bench', 'Pp', 'Ppk'의 계산 과정과 '1.5 Shift' 논리는 리더라면 충분히 학습됐을 것으로 판단돼 자세한 설명은 생략한다. 여기까지가 '표준 편차(전체)'에 대한 해석이다.

동일한 방법으로 '표준 편차(군내)'를 파악하기 위해 우선 '표준 편차' 산식의 '분자'에 해당하는 '그룹 내 변동'을 구해보자. 참고로 실무자들은 용어 '그룹 내 변동'과 '그룹 내 분산'의 표현보다 '군내 변동'이나 '군내 분산'에 더 친숙하다. 그러나 이들 역시 '한국통계학회' 용어집에 '군내'와 '군간'은 아예 없는 반면, '그룹 내' 또는 '그룹 간'은 합성 용어로 수차례 포함돼 있는 점을 고려한 처사다. 미니탭의 '군내'와 본문의 '그룹 내' 표현은 동일한 의미이며 '한국통계학회'의 용어 정의를 따르려는 의도이니 다소 불편하더라도 이해해주기 바란다.

다음 [표 1 - 24]는 엑셀로 '그룹 내 변동', '그룹 내 분산', '표준 편차(군내)' 까지의 계산 과정과 결과이다. 이전의 '총 변동'을 고려할 때와 달리 여기서는 각 부분군 내의 '개별 관측치'와 해당 '부분군 평균'과의 관계를 따지므로 첫 열(1일)에 선분으로 계산 과정을 도식화했다. 엑셀 예의 「기본 도표」와 '변동 계산'에 포함된 제목들은 '부분군 평균', '그룹 내 변동', '그룹 내 분산'으로 표기가 바뀌어 있다. 엑셀로 '그룹 내 변동', '그룹 내 분산' 및 '표준 편차(군내)'를 계산한 결과는 다음과 같다.

[표 1-24] '그룹 내 변동' 및 '표준 편차(군내)' 계산 예

「기본 도표」

	1일	2일	3일	4일	5일	6일	
1	402.6	390.4	406.8	396.3	397.0	413.7	
2	396.7	380.0	407.4	406.6	395.0	410.9	
3	388.4	386.3	405.8	400.8	403.2	409.1	
4	396.1	386.3	395.9	399.8	400.4	411.4	
5	401.3	381.5	404.2	395.5	396.1	412.0	총평균
부분군 평균	397.02	384.9	404.02	399.8	398.34	411.42	399.25

① (화살표)

「변동 계산」

	31.1	30.3	7.7	12.3	1.8	5.2
	0.1	24.0	11.4	46.2	11.2	0.3
(관측치-부분군 평균)^2	74.3	2.0	3.2	1.0	23.6	5.4
	0.8	2.0	65.9	0.0	4.2	0.0
	18.3	11.6	0.0	18.5	5.0	0.3

그룹내 변동	417.74
그룹내 분산	17.41
표준편차(군내)	4.17201

② $\sum_{ij}(x_{ij} - \bar{x}_j)^2 = \Sigma(관측치 - 부분군\ 평균)^2$

③ $\dfrac{\sum_{ij}(x_{ij} - \bar{x})^2}{g(n-1)} = \dfrac{\Sigma(관측치 - 부분군\ 평균)^2}{6 \times (5-1)}$

[표 1-24]의 '①'은 '(관측치-부분군 평균)²'을 각각 계산한 결과이고, '②'는 '①'을 모두 합한 양, 즉 전체 '그룹 내 변동'을, '③'은 '그룹 내 변동'을 '개수'로 나누어 얻은 '그룹 내 분산'이다. 이때 'g'는 '부분군 수(예는 6일이므로 '6'에 해당)'이고, '$n-1$'은 각 '부분군 크기'에서 '자유도'를 고려해 '1'을 뺀 '4($=5-1$)'가 된다. 따라서 '개수'는 '6×4=24개'이다. 또 '표준 편차(군내)'는 '그룹 내 분산'을 제곱근해 얻어졌으며, '4.17201'이다.

'표준 편차(군내)' 역시 '변동'의 관점에서 해석하면, 1일 차의 다섯 개 관측치와 그들의 평균과의 차를 구하고 마찬가지로 2일 차, 3일 차도 각각 부분군 내에서의 편차를 구한 뒤 제곱을 하고 있다. 만일 매일 수집된 다섯 개끼리는 '합리적 부분군(Rational Subgroup)' — 가능한 한 짧은 기간 동안 동질성(同質性)이 확보되도록 구성한 표본 군(群) — 이라고 하면 날짜 간 평균의 차이는 있으나 각 부분군 내의 값 차이는 별로 크지 않다. 왜냐하면 아주 짧은 시간

간격 동안의 수집과 또 외부 영향이 최소화된 상태에서 수집됐으므로 부분군 내의 흩어짐의 정도는 최소화돼 있을 것이기 때문이다. 그 최소화된 변동을 모두 합한 것이 '②의 그룹 내 변동'이며 이 결과는 상대적으로 기복이 큰 값들로 산정된 '총 변동'에 비해 그 크기가 당연히 작다.

이렇게 짧은 기간 동안의 변동을 사용하는 이유는 무엇일까? 그 해답은 바로 프로세스의 '잠재적 능력'을 가늠하기 위함이다. 즉 '합리적 부분군'이 다소 특별한 설정을 통해 수집된 데이터이긴 하나 동일한 프로세스로부터 형성된 결과이며, 따라서 장기적으로 특성치들이 등락을 거듭하더라도 궁극적으론 짧은 기간 동안 수집된 데이터의 능력처럼 높여야 하지 않겠느냐는 비교 지표로서의 의미가 내포돼 있다. 결국 '그룹 내 변동'을 이용해 얻은 '표준 편차 (군내)'와 이 값을 적용한 '프로세스 능력'은 단기적 성향을 띠므로 '단기 프로세스(공정) 능력'이라고 부르는 이유이기도 하다. 또 '프로세스 능력'은 'Pp', 'Ppk' 등과 구별해야 하므로 통상 'Cp', 'Cpk'로 나타내고, 궁극적으로 달성할 내재적 가치의 의미로 '잠재적'이라는 표현을 사용해 '잠재적(군내) 공정 능력'으로 표현한다. 리더는 어느 값, 또는 어느 표현을 대면하게 되더라도 물리적 속성을 정확히 파악해 해석상 혼선이 없어야 한다.

한 가지 짚고 넘어갈 것이 있다. [그림 1-11]의 미니탭 '프로세스 능력' 결과에서 얻은 '표준 편차(군내)' 값은 '4.21568'로 엑셀로 얻은 [표 1-24]의 '4.17201'과 약간의 차이를 보인다. 왜 그럴까? '표준 편차'의 계산은 '모 표준 편차'를 적은 양의 관측치로부터 추정한다는 의미인데 통계적으로 그 추정의 정밀도를 향상시키기 위해 일종의 '보정 상수'를 식에 반영한다. 미니탭에서는 다음 [그림 1-12]와 같이 '불편화 상수 사용'이 '자동 선택(Default Value)'돼 있어 결과는 늘 '보정 상수'를 반영해 출력한다.

[그림 1 - 12] '프로세스(공정) 능력' 분석의 '불편화 상수'

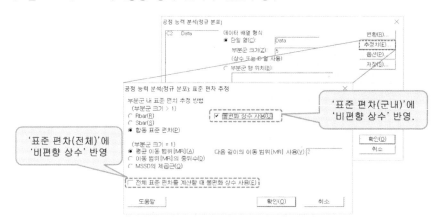

[그림 1 - 12]를 보면 '표준 편차(군내)'를 위해 '불편화 상수 사용'이 기본적으로 '√'돼 있으나, '대화 상자' 아래의 '표준 편차(전체)'에 반영되는 '불편화 상수'는 선택돼 있지 않다. 따라서 별다른 조작 없이 '대화 상자' 그대로 적용할 경우 '표준 편차(군내)'만 '보정 상수'가 반영돼 엑셀 계산과 차이 나며, '표준 편차(전체)'는 엑셀 계산과 동일 값을 출력한다. '보정 상수'에 대한 자세한 정보는 'www.minitab.com'에서 단어 'Unbiasing Constants'로 검색하면 '표본 크기'별 값들을 알 수 있고, '보정 상수'를 반영한 '표준 편차'의 산식은 미니탭 도움말에 포함된 '방법 및 공식'을 참고하기 바란다. '방법 및 공식'의 위치는 '대화 상자'에 들어 있는 ' 도움말 ' 단추를 이용한다.

[표 1 - 24]의 '표준 편차(군내)'와 미니탭 결과가 일치되는지 확인하려면 [그림 1 - 12]의 '불편화 상수 사용'을 선택하지 않는다. 다음 [그림 1 - 13]은 '불편화 상수 사용'을 선택하지 않고 실행한 결과이다.

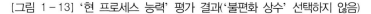

[그림 1-13] '현 프로세스 능력' 평가 결과('불편화 상수' 선택하지 않음)

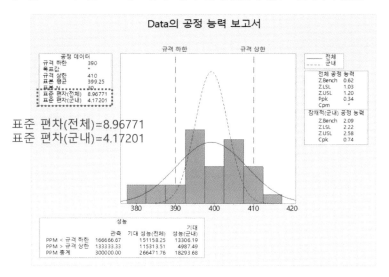

[그림 1-13] 왼쪽의 '표준 편차' 표시 영역 값들을 보면 '표준 편차(군내)'의 경우가 '4.17201'과, '표준 편차(전체)'가 '8.96771'로 엑셀로 계산한 값 '4.17201' 및 '8.96771'과 정확히 일치한다.

지금까지 '표준 편차(군내)'와 '표준 편차(전체)'의 계산 과정과 개념에 대해 알아보았다. 즉 [그림 1-11]에 논한 모든 통계량들이 두 개인 이유는 '표준 편차'가 두 개 형성된 데 기인하며, 그들로부터 'Cp, Cpk' 및 'Pp, Ppk'와 '전체 공정 능력' 및 '잠재적(군내) 공정 능력'의 구분이 생겼다. 다음은 '총 변동'과 '그룹 내 변동' 외에 [그림 1-11]의 '프로세스 능력' 결과 화면에서 얻은 '시그마 수준(Z. Bench)'으로부터 해석할 수 있는 또 하나의 중요한 분석적 진단에 대해 알아보자. 설명을 위해 다음 [그림 1-14]를 다시 얻었다.

[그림 1-14] '현 프로세스 능력' 평가 결과('보정 상수'는 Default)

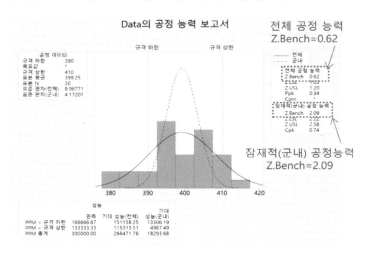

우선 [그림 1-14]의 결과 화면에는 '변동'에 대한 값을 포함하고 있지 않다. 그러나 '그룹 내 변동 → 표준 편차(군내)', 및 '총 변동 → 표준 편차(전체)'에 대응하는 사실만 이해하자. 이때 두 개의 '시그마 수준'이 [그림 1-14]에 글로 강조돼 있다. 편의상 결과 화면의 '잠재적(군내) 공정 능력'의 'Z. Bench'는 '단기 능력', '전체 공정 능력'의 'Z. Bench'는 '장기 능력'으로 정의하면, 현재 단기는 '2.09', 장기는 '0.62'로 둘 간의 차이는 '약 1.47'을 보인다. 이것은 최고로 올릴 수 있는 잠재적 능력에 비해, 일자별 부분군 간 데이터 값들의 등락 폭이 크다는 것을 의미하며, 데이터 간 등락 폭이 크다는 것은 철저한 관리가 이뤄지고 있지 않음을 방증한다. 만일 매일의 프로세스 관리가 표준대로 잘 통제되고, 또 장기적으로 이를 유지시키는 운영 수준도 매우 높으면 매일의 등락 폭은 상당히 줄어들 것이고 궁극적으론 짧은 기간 동안에 수집된 관측치의 등락 폭만큼 줄어들 것이다. 이때 단기와 장기의 'Z.

Bench' 값 차이 역시 확연히 줄어들 것이다. 이 원리를 이용한 것이 '프로세스 능력'을 평가하는 '4 - Block Diagram'이며, [그림 1 - 14]처럼 단순히 '현 프로세스 능력'만을 얻는 대신 '4 - Block Diagram'으로부터 프로세스의 진단 정보를 얻을 수 있다. '4 - Block Diagram'은 다음 [그림 1 - 15]와 같다.

[그림 1 - 15] 4 - Block Diagram

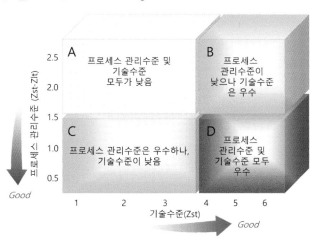

[그림 1 - 15]의 '4 - Block Diagram'에서 'Y - 축'은 '$Z_{st} - Z_{lt}$'을 나타낸다. 즉 '단기 능력'과 '장기 능력'의 차를 말하며, 그 차가 크다는 것은 상대적으로 '장기 능력'이 작음을 의미하게 되고, '장기 능력'이 작음은 '표준 편차(전체)'가 크다는 것을, 다시 이것은 '총 변동'이 크다는 것을 나타내므로 매일의 데이터 등락 폭이 크다는 것을 암시한다. 매일의 데이터 등락 폭이 크면 결국 관리가 일관되지 못한 것이므로 '현 관리 수준'을 객관적으로 진단할 수 있다. 만일 역으로 그 차가 작으면 '장기 능력'이 상대적으로 '단기 능력'에 근접했음을 의미하므로 긴 시간 동안의 능력이나 짧은 순간의 능력이 유사하다는 것

은 프로세스 관리 능력이 높은 상태로 유지됨을 나타낸다. 따라서 둘 간의 차가 작을수록 프로세스 관리 수준은 우수한 것(Good)으로, 반대로 차가 클수록 프로세스 관리 수준은 낮은 것으로 진단한다.

'$x-$축'은 단순히 'Z_{st}', 즉 '단기 능력'을 나타낸다. '단기 능력'이란 '합리적 부분군'과 같이 외부의 영향이 최소화된 데이터로부터 유도된 능력이므로 프로세스의 잠재된 능력 또는 최고 수준의 능력을 나타낸다고 볼 수 있다. 이 능력이 높다는 것은 부분군의 '표준 편차(군내)'가 매우 작다는 것을, '표준 편차(군내)'가 작다는 것은 '그룹 내 변동'이 작음을 의미하므로 이를 높은 수준으로 유지하기 위한 뛰어난 '기술력'이 있음을 암시한다. 따라서 이 축은 프로세스 운영 주체들의 '기술 수준'을 평가하는 척도로 이용된다.

종합하면 '4 − Block Diagram'은 '$x-$축'과 '$y-$축'을 통해 현 프로세스에 대한 '관리 수준' 및 '기술 수준'을 진단하는 분석 도구로 향후 개선 방향을 설정하는 좋은 진단 정보를 제공한다.

여기까지가 '첫 번째 원리'를 Measure Phase의 '현 프로세스 능력 평가'에 적용한 예이다. 이어서 Analyze Phase의 '분산 분석'과 '회귀 분석'에의 응용에 대해 알아보자.

3 − 2. 분석(Analyze Phase)에의 응용

분석은 Measure Phase서 찾아낸 '잠재 원인 변수'를 대상으로 검정(Test)을 수행하고 '개선 방향'을 얻는 단계이다. '세부 로드맵'을 정리하면 다음과 같다.

① Measure Phase에서 정성적으로 발굴된 '잠재 원인 변수'들을 받아 데이

터 수집 계획과 분석 계획을 수립한다. 분석 계획은 'X'와 'Y'가 '연속 자료'인지 '이산 자료'인지에 따라 통계 분석 도구들을 미리 결정할 수 있어 분석에 들어가지 않고도 사전 계획 수립이 가능하다. 계획 수립이 완료되면,

② '가설 검정'을 수행한다. Measure Phase에서 정성적으로 '잠재 원인 변수'들이 발굴되면 이들은 적어도 'Y'와 관련이 있을 것이란 강한 의심을 받게 된다. 그러나 데이터로 검정되기 전까지는 어디까지나 가설에 지나지 않는다. 따라서 '가설 검정' 과정 중 관련 데이터를 수집해 그것이 사실인지 검증하는 활동이 수반된다. 확인 작업이 끝나면 'Y'와 정말 관련성이 높은 'X'들을 최종 정리한다.

③ 정리된 'X'들을 소위 '핵심 인자(Vital few X's)'라고 한다. '핵심 인자'에 대한 '사실 분석'을 통해 'Y'를 왜곡시키는 '근본 원인(Root Cause)'이 밝혀지고, 이를 제거하거나 감소시킬 수 있는 '개선 방향'이 최종 정리된다. '개선 방향'은 Improve Phase로 넘겨져 구체화 또는 최적화 과정을 밟는다.

Analyze Phase에서 '첫 번째 원리'를 적용할 대상은 초기에 논했던 바와 같이 '분산 분석'과 '회귀 분석'이다. 이들은 앞서 '세부 로드맵' 중 '②'의 과정 동안 사용된다. 먼저 첫 번째 대상인 '분산 분석'에 대해 알아보자.

분산 분석(ANOVA, Analysis of Variance)에의 응용

'분산 분석'은 1912~1962년에 걸쳐 주로 Sir Ronald Aylmer Fisher에 의해 제안된 그룹 간 평균의 차이를 검정하는 통계적 방법이다. '회귀 분석', '실험 계획' 등 주요 통계 도구들의 해석 때에도 필수 도구로 관여한다. '평

균' 검정에 '분산'이란 단어가 쓰인 이유는 분산을 이용해 평균의 차이를 검정하기 때문에 붙여진 이름이다. 앞으로 알게 되겠지만 분산을 계산하는 식의 '분자'가 '변동, $\sum(x_i - \bar{x})^2$'을 포함하고 있어 결국 설명하려는 '첫 번째 원리'의 응용이 가능하다.

우선 '평균 검정'이 무엇인지 개념만 간단히 알아보고 본론으로 들어가 보자. 기업에서의 교육은 대학(원)생이 아닌 이상 수리적 원리보다 데이터가 있을 때 쉽게 결론 내는 방법부터 먼저 가르친다. 이는 마치 자동차 운전을 하는 것과 비슷한데 차량의 전기나 기계적 원리를 몰라도 운전을 잘하면 면허증을 교부해주는 것과 같은 이치다. 만일 자동차 구조에 관심 있는 운전자이면 좀 더 깊이 있는 지식 습득을 위해 추가 노력을 기울일 것이다. 통계 분석에서의 '평균 검정'도 이런 맥락과 별반 차이가 없다. 프로세스로부터 데이터를 수집한 후 현상이 어떤지 확인하는 법(검정 방법)을 알면 원하는 목적지까지 가는 데 큰 지장이 없다. 만일 결과가 어떻게 나오는지 원리를 알고 싶으면 통계 이론을 학습하기 위한 추가 노력을 기울인다. 그럼 어떤 방식으로 쉽게 운전하는 방법, 즉 검정하는 방법을 알려주는 게 효과적일까?

Analyze Phase의 수행 순서인 '②'과정 때, 통계 도구를 선정하는 데 쓰이는 '분석 4 – 블록'을 다음 [표 1 – 25]에 실었다. 품질 분야에 종사한다면 '가설 검정' 교육 때 한 번쯤 들어봤을 내용이다. 'X'와 'Y'의 데이터 유형이 결정되면 '분석 4 – 블록'을 통해 최소한 어느 통계 도구를 써야 할지쯤은 확실하게 알 수 있다. 거꾸로 '분석 4 – 블록'이 없으면 초보자 경우 '가설 검정'의 시작부터 당장 어찌해야 할지 애를 먹게 된다는 뜻이다.

[표 1-25] 분석 4-블록

	Y	
X	연속 자료	이산 자료
연속 자료	✔ 그래프: 산점도 ✔ 통　계: 상관분석 　　　　회귀분석　①　②	✔ 그래프: 파레토 차트, 기타 ✔ 통　계: 로지스틱 회귀분석
이산 자료 (범주 자료)	③④ ✔ 그래프: Box Plot, 히스토 그램, Multi-vari Chart ✔ 통　계: 등 분산 검정, t-test, 분산분석(ANOVA), 비 모수 검정	④ ✔ 그래프: 막대 그래프, 기타 ✔ 통　계: 1-표본 비율검정, 2-표본 비율검정, 카이 제 곱 검정

　[표 1-25]의「분석 4-블록」내용 중 '③'과 '④'블록에 위치한 통계 도구들은 다시 [그림 1-16]과 같은「분석 세부 로드맵」의 상세 절차에 따라 최종적인 통계 도구를 선정한다. 전체 흐름은 마치 내기(?)할 때 사다리를 타는 것과 흡사한 구조다(그렇다고 사다리를 타자는 것은 아니다!).

　품질 담당자라면 한 번쯤 학습을 받았거나, 과제 수행 중 사용한 경험이 있으리라 짐작된다. 사실 이전부터 이런 가이드 도구가 있었다면 문제 해결 때 매우 유용하게 써먹었을 것이다. 왜 꼭 유용한 도구나 정보는 차제 생산되지 않고 외부로부터만 도입되는지 아쉽다. 기업의 엔지니어나 연구원이 이런 통계 활용 도구들을 평소에 사용할 기회가 없으므로 보다 합리적이고 효율적인 결과를 유도해내는 데 많은 기회 손실이 발생한다. '분석 세부 로드맵' 등의 제공을 통해 일반인도 '가설 검정'에 쉽게 접근할 수 있게 한 점, 기업 경영 혁신 활동의 훌륭한 업적 중 하나가 아닌가 싶다.

[그림 1-16] 분석 세부 로드맵

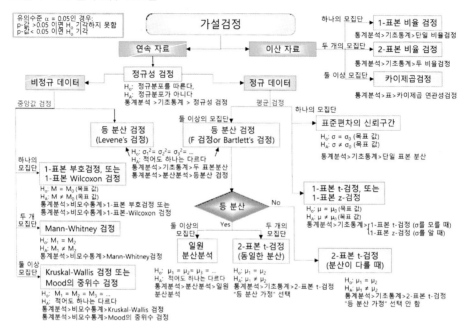

　　[그림 1-16]의 활용 예를 하나 들어보자. 두 모집단에서 '표본 크기'가 '10'인 표본을 각각 추출한 뒤, 그들의 신장(키) 평균이 같은지 다른지 확인한다고 가정하자. 일단 두 데이터가 '정규 분포'를 따르고 '분산'도 동일하면, [그림 1-16]으로부터 「연속 자료」 → 「정규성 검정(Normality Test)」 → 「정규 데이터」 → 「등 분산 검정(Test for Equal Variances)」 → 「등 분산」 → 「2-표본 t-검정(2-Sample t-Test)」 순으로 경로를 따라 쭉 내려와 최종 미니탭의 'p-값'을 통해 두 집단의 평균이 동일한지 여부를 판정한다.

　　이제 상황을 더 확장시켜 만일 다섯 개의 모집단에서 각각 표본을 추출했다고 가정하자. 이들의 평균이 서로 같은지, 아니면 다른지를 알아보기 위해 어떤 접근이 가능한지 고민해보자. 만일 특별한 방법이 없으면 두 표본에 대해 앞서 이용한 '2 - 표본 t - 검정'을 전체 열 개 쌍에 대해 수행한다(5개 표본들을 짝지우면 10개 쌍이다). 이때 범할 수 있는 오류의 확률이 <통계학의 이해/이승욱 편저/자유아카데미>에 잘 설명돼 있어 일부를 옮겨보았다. "…중략… 10번의 검정을 해야 한다. 각 검정에 대한 유의 수준으로 $α = 0.05$를 택하면, 각 검정에서 평균의 차이가 없다는 가설을 기각하지 않을 확률은 0.95이다. 확률의 곱의 법칙에 따라, 각 검정들이 서로 독립적일 때 모두 10번의 검정을 통해 모든 평균들이 서로 차이가 없다는 가설을 기각하지 않을 확률은 $(0.95)^{10} =$ 0.5987이다. 그러면 여기서 차이가 없다는 가설 중 적어도 하나를 기각할 확률은 $1 - 0.5987 = 0.4013$이다. 위의 보기에 있어 우리는 모든 경우에 귀무가설이 옳다는 것을 알고 있다면 귀무가설을 기각하는 것은 제1종 오류를 저지르게 됨을 의미한다. 그러므로 결국 5개의 표본들로부터 모든 가능한 짝들의 검정에서 40%나 되는 1종 오류를 저지르게 되는 셈이다. … 중략." 좀 어지럽게 느껴진다. 내용 중 오류 확률이 약 40% 정도 될 것이라는 부분만 받아들이자. 인용된 내용은 '두 번째 원리' 본문에서 용어 및 관련 설명이 있을 예정이며, 따라서 이해가 안 되는 부분은 그때 이후로 넘기도록 하자. 1920년대 이전에도 동일한 문제점들에 봉착해 있었다. 적어도 R. A. Fisher에 의해 여러 표본들의 평균을 한 번에 비교할 수 있는 방법이 발표되기 전까지는 그랬다.

  '분산 분석'을 잘못 이해하는 리더를 간혹 만나곤 한다. 아마도 '분산'이란 단어 때문에 '분산 분석'을 흩어짐의 정도를 해석하는 통계 도구쯤으로 오인하는 것이 아닌가 싶다. 이전 글에서도 언급했듯이 '분산 분석'은 "분산을 이용해 평균을 분석"하는 통계 도구이다. 원리를 이해하기 위해 우선 「2 - 2. 변동의 분해」로 돌아가 그곳에서 설명했던 「기본 도표」를 다시 가져온다. 당시와 동일하게 데이터는 같은 프로세스로부터 표집한 것이며 편의상 시점을 달리했다고 가정한다. 즉 '부분군 - A'를 수집한 후, 이틀 뒤 '부분군 - B'를 수집하고, 또 다음 이틀 뒤 '부분군 – C'를 수집한 경우이다. 이때 '$\bar{x}_j$'는 각 부분군의 '평균'을, '$\bar{\bar{x}}$'는 '총 평균'을 나타낸다. 다음 [표 1 – 26]과 같다.

[표 1 – 26] 데이터 「기본 도표」 입력

A	B	C
9	18	21
12	15	19
14	14	21
13	17	16
18	15	23

$\bar{\bar{x}}$ = 16.33

$\bar{x}_j$ 13.2   15.8   20

[표 1 – 26]을 변동의 관점으로 해석하기 위해 「기본 항등식」을 다시 가져온다. 다음과 같다.

즉, 총 변동 = **그룹 내 변동** + **그룹 간 변동**, 또는

$$\sum_{j=1}^{g}\sum_{i=1}^{n_j}\left(x_{ij} - \bar{\bar{x}}\right)^2 = \sum_{j=1}^{g}\sum_{i=1}^{n_j}\left(x_{ij} - \bar{x}_j\right)^2 + \sum_{j=1}^{g}n_j\left(\bar{x}_j - \bar{\bar{x}}\right)^2$$

총 변동 SS

아직 이 항등식이 눈에 잘 안 들어오는 리더가 있으면 「2 – 2. 변동의 분해」를 다시 한번 읽어본 뒤 돌아오기 바란다. 「기본 항등식」 중 회색 바탕은 '분산 분석'에 적용되는 변동을 강조한 것이다.

자, 이제 R. A. Fisher가 이 항등식을 이용해 무슨 일을 벌였는지 알아보기 전에 먼저 제시한 [표 1 – 26]의 데이터와 「기본 항등식」을 이용해 '그룹 내/그

룹 간 변동' 및 그들의 '분산'을 구해보자. 다음 [표 1-27]은 산정한 결과를 보여준다.

[표 1-27] '그룹 내 분산'과 '그룹 간 분산' 계산

「기본도표」

그룹 내 분산	A	B	C	
1	9	18	21	
2	12	15	19	
3	14	14	21	
4	13	17	16	
5	18	15	23	총평균
부분군 평균	13.2	15.8	20.0	16.33

그룹 간 분산	A	B	C	
1	9	18	21	
2	12	15	19	
3	14	14	21	
4	13	17	16	
5	18	15	23	총평균
부분군 평균	13.2	15.8	20.0	16.33

「변동계산」

	17.6	4.8	1.0
	1.4	0.6	1.0
(관측치-부분군 평균)^2	0.6	3.2	1.0
	0.0	1.4	16.0
	23.0	0.6	9.0
그룹내 변동	81.60		
그룹내 분산	6.80		

(부분군 평균-총평균)^2	9.82	0.28	13.44
그룹간 변동	117.73		
그룹간 분산	58.87		

$$\text{①} \quad \sum_{j=1}^{g}\sum_{i=1}^{n_j}(x_{ij}-\bar{x}_j)^2 = \sum(\text{관측치} - \text{부분군 평균})^2$$

$$\text{②} \quad \frac{\text{'①'}}{g(n-1)} = \frac{\sum(\text{관측치} - \text{부분군 평균})^2}{3\times(5-1)}$$

$$\text{①} \quad \sum_{j=1}^{g}n_j(\bar{x}_j-\bar{x})^2 = \sum(\text{부분군 평균}-\text{총평균})^2$$

$$\text{②} \quad \frac{\text{'①'}}{g-1} = \frac{\sum(\text{부분군 평균}-\text{총평균})^2}{(3-1)}$$

이미 앞서 「3-1. 측정에의 응용」에서 '총 변동'과 '그룹 내 변동'의 분산을 엑셀에서 구한 경험을 상기하라. 여기서는 단지 '총 변동' 대신 '그룹 간 변동'을 쓴다는 것이 다를 뿐이다. 각각의 분산을 구해보았다. '그룹 내 분산'은 우선 '(관측치-부분군 평균)²'을 구한 뒤, 이를 모두 합하면 '그룹 내 변동'이 되고, 다시 데이터 개수로 나누면 '그룹 내 분산'이 된다. 이때 데이터의 '개수'는 자유도를 고려해 각 부분군 내의 '5-1=4'가 되므로 총 '12개'로 나누면 최종 '6.8'의 분산 값을 얻는다. 반면 '그룹 간 분산'은 각 부분군의 평균과 '총 평균'과의 관계를 따지므로 우선 '(부분군 평균-총 평균)²'을 구한 뒤, 모두 합하면 '그룹 간 변동'이, 역시 개수인 '3-1=2'로 나누면 '그룹 간 분산', 즉 '58.87'을 얻는다. [표 1-27]에서 '그룹 내/그룹 간 분산' 결과 값 위

치에 굵은 점선 원으로 표시해놓았다.

방금 얻은 두 분산이 평균 차이를 감지해내는 데 어떻게 활용되는지 알아보자. 이해를 돕기 위해 다음 [그림 1 – 17]에 개요도를 포함시켰다. 교육용으로 직접 만들어 사용하고 있는데 의외로 반응이 좋아 양식화하였다. 교육 중엔 애니메이션을 넣어 이야기식으로 전달하나 그렇게 할 수 없으므로 설명을 차근차근 읽어 나가며 학습하기 바란다.

[그림 1 – 17] '분산 분석' 원리 설명 개요도

1920년대 초 R.A. Fisher에 의해 소개

A	B	C
9	18	21
12	15	19
14	14	21
13	17	16
18	15	23

$\bar{\bar{x}}$ = 16.33

$\bar{x}_i$ 13.2 15.8 20

$$\text{Variance} \quad \sigma^2 = \frac{\sum(x-\bar{x})^2}{n-1}$$

Variation

자유도

$$\sum_{j=1}^{g}\sum_{i=1}^{n_j}\left(x_{ij}-\bar{\bar{x}}\right)^2 = \sum_{j=1}^{g}\sum_{i=1}^{nj}\left(x_{ij}-\bar{x}_j\right)^2 + n_j\sum_{j=1}^{g}\left(\bar{x}_j-\bar{\bar{x}}\right)^2$$

g(n - 1)　　　　(g-1)

총 변동 SS_{Total}　　　그룹 내 변동 SS_{Within}　　　그룹 간 변동 $SS_{Between}$

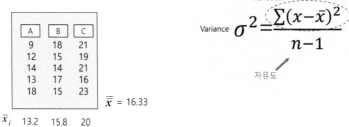

Variance Ratio 즉, V.R. = $\dfrac{\text{그룹 간 분산}}{\text{그룹 내 분산}}$

두 추정치가 같다면 '분산 비'는 1에 가까워 지고 이것은 모 평균이 같다는 가설을 지지. 1보다 커지면 모집단 평균의 동일성에 의심

[그림 1 - 17]의 개요도를 보면, 왼쪽 위에 수집한 데이터의 「기본 도표」가 있고 각 부분군은 '합리적 부분군(Rational Subgroup)'으로 가정한다. 아래쪽 엔 '항등식'과 그 바로 아래 '변동'의 명칭을 적어놓았다. 항등식 아래 '$g(n-1)$', '$g-1$'은 각 변동의 '자유도'를 구하는 식이고 여기서 'g'는 부분 군 수를, 'n'은 부분군 내 데이터 수를 나타내며 각각 '3'과 '5'에 해당한다.

오른쪽 위의 구름 모양은 보조 설명으로 '그룹 내/그룹 간 변동'이 마치 늘 계산하던 '분산 식'의 '분자'에 대응한다는 것을, 또 '분자'인 '변동'을 데이터 개수인 '자유도'로 나누면 '분산'이 됨을 연상시킨다.

최종 종착역은 맨 아래 분수로 표시한 부분이다. 'Variance Ratio', 즉 '분산 비'를 뜻하며, '그룹 내 분산'은 '분모'로, '그룹 간 분산('그룹 간 평균 제곱'으 로도 불린다)'[9]은 '분자'로 들어가 비율 값을 계산한다. 의미를 설명하면, 분 모의 '그룹 내 분산'은 '합리적 부분군'에서 유래된 분산으로 외부의 영향이 최소화된 상태에서 얻어진 산물이다. 따라서 부분군 내에서의 관측치들은 유 사한 값들로 이뤄져 있고 그들의 차이, 즉 흩어짐 정도를 대변하는 '그룹 내 변동'도 작은 상태를 유지한다. 그러나 '분산 비'의 분자인 '그룹 간 분산'은 시간차를 두고 수집된 데이터에 근거하므로 어느 날은 데이터 평균이 낮은 반 면, 어느 날은 데이터 평균이 높아질 수 있어 '총 평균'과의 차에 있어서는 '그룹 내 분산'보다 큰 값을 보인다.

본 예에서의 '부분군 A'는 평균이 '13.2', 'B'는 '15.8', 'C'는 '20.0'으로 시 차별로 평균이 등락하고 있음을 알 수 있다. 종합하면, 최적의 상황에서 수집 된 아주 작은 변동의 결과인 '그룹 내 분산' 대비 부분군의 평균 간 차이를 대변하는 '그룹 간 분산'의 비율이 '1'보다 큰 값이 되면 될수록 "적어도 하나 이상의 평균이 다른 평균과 차이가 있겠구나!" 하는 결론에 이른다.

---

9) '평균 제곱'은 'Mean Squares', 또는 줄여서 'MS'로 표기하며, '$\sum(x_i - \bar{x})^2$'을 자유도로 나눈 값이다. 즉, 변동을 평균한 개념이므로 잘 알고 있는 '분산'을 의미한다.

혹시 이해 못했을 수 있으므로 확실히 한다는 취지에서 매우 과장된 예를 들어보겠다. 현재 '합리적 부분군'으로 세 개의 부분군이 있다고 가정하고 각 부분군에 단 두 개씩의 관측치만 수집됐다고 하자. 그들은 각각 (1.1, 1.3), (5.2, 5.4), (145,363.1, 145,363.3)이다. '합리적 부분군'이므로 부분군 내 두 관측치들은 큰 차이를 보이지 않는다. 각 부분군의 평균은 '1.2, 5.3, 145,363.2'이고, '총 평균'은 '48,456.57'이다. 매우 큰 값이 있으니 당연히 전체 평균은 큰 쪽으로 기운다. '그룹 내 변동'을 계산해보면, '$(1.1 - 1.2)^2 + (1.3 - 1.2)^2 + (5.2 - 5.3)^2 + (5.4 - 5.3)^2 + (145,363.1 - 145,363.2)^2 + (145,363.3 - 145,363.2)^2 = 0.06$'이다.

　'그룹 간 변동'은 '$(1.2 - 48,456.57)^2 + (5.3 - 48,456.57)^2 + (145,363.2 - 48,456.57)^2 = 14,086,343,384.41$'이다. 예가 좀 과장되긴 했으나 상황을 설명하기 위해 도입했으니 계속 진행해보자. 설사 세 번째 부분군이 '총 평균'과 차이가 별로 없음에도, 첫 번째, 두 번째 부분군의 평균이 '총 평균'과 큰 차이를 보이는 데다 그 값에 다시 제곱을 해주었으니 매우 큰 값이 되는 것은 당연하다. 이제 데이터 개수로 나누면 분산이 되므로 '그룹 내 분산'을 계산하면 부분군 각각은 자유도가 '$1(2 - 1 = 1)$'이고 부분군 수가 세 개이므로 '자유도 = $3 \times 1 = 3$'이다. 따라서 '그룹 내 분산'은 '$0.06 \div 3 = 0.02$'이다. 세 번째 부분군이 매우 큰 값들임에도 '그룹 내 분산'은 여전히 매우 작다.

　다음 '그룹 간 분산'을 구해보자. '자유도'가 '$3 - 1 = 2$'이므로, '$14,086,343,384.41 \div 2 = 7,043,171,692.20$'이다. 예상대로 매우 큰 값이다. '분산 비'는 '$7,043,171,692.20 \div 0.02 = 352,158,584,610.17$'이다. 이 상황을 어떻게 해석하면 좋을까? '분산 비'가 '1'보다 커도 한참 크므로 "적어도 부분군 중 한 개 이상은 다른 부분군의 평균과 확실히 차이 나는 게 있겠구나!" 하고 확신할 수 있다. 이것은 앞서 설명한 바와 같이 '합리적 부분군'일 경우 각 부분군 내의 관측치들이 차이가 별로 없어 '그룹 내 분산'은 작을 것인 반면, '그룹 간 분산'은 각 부분군 간 평균의 차이가 발생하면 상대적으로 커지므로 그 비율 역시 큰 값으로 나타난다. 좀 과장된 예이지만 확실하게 이해됐으면 하는 바람이다.

지금까지 상황을 통계 패키지로 계산해보자. 미니탭으로 '분산 분석'을 수행하면 어떤 결과가 나올 것이며, 지금껏 보여준 결과와 어떻게 연결되는지 확인해보자. 과정을 설명하기 위해 앞서 보여준 '가설 검정'의 [그림 1 – 16], 즉 「분석 세부 로드맵」에 따라 전개할 것이며, 데이터는 '분산 분석에의 응용'에서 사용된 [표 1 – 26]의 A, B, C 세 개 부분군을 적용한다. 미니탭 '워크 시트'에 다음 [그림 1 – 18]과 같이 입력한다.

[그림 1 – 18] '분산 분석'을 위한 데이터

워크시트 3 ***

↓	C1	C2	C3	C4	C5	C6	C7	C8	C9	C10
	A	B	C							
1	9	18	21							
2	12	15	19							
3	14	14	21							
4	13	17	16							
5	18	15	23							
6										
7										
8										
9										

'가설 검정'의 「분석 세부 로드맵」을 보면 본 데이터가 '연속 자료'이므로 '연속 자료'로 가고, 여기서 다시 '정규성 검정'을 수행한다. '정규성 검정'은 미니탭의 「통계 분석(S)> 기초 통계(B)> 정규성 검정(N)…」에서 할 수 있지만, 한 번에 한 부분군에 대해서만 가능하므로 지금과 같이 여러 개를 검정할 때는 「통계 분석(S)> 기초 통계(B)> 그래픽 요약(G)…」에서 동시에 검정하는

것도 한 방법이다. 다음 [그림 1 – 19]는 전자의 방법으로 수행한 결과이다.

[그림 1 – 19] 정규성 검정

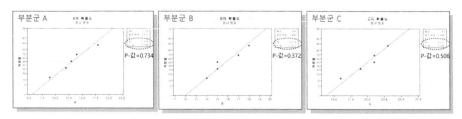

'정규성 검정' 결과 'p – 값'이 각각 0.734, 0.372, 0.506으로 모두 '정규 분포'를 따른다는 것을 알 수 있다. 다음은 '등 분산 검정'이다. 분산이 통계적으로 차이가 없어야 평균 검정의 의미가 생긴다. 그 이유는 부분군 중 하나가 다른 부분군과 흩어짐의 정도가 다르면 '그룹 내 분산'이 커질 수 있고, 이 크기가 공교롭게도 '그룹 간 분산'보다 커지면 '분산 비'를 구했을 때 평균의 차이 여부를 가릴 수 없다.

'등 분산 검정'은 비교 대상이 두 개면 'F – 검정'을, 세 개 이상이면 'Bartlett 검정'을 수행한다. 그러나 미니탭을 이용하면 비교 대상의 수에 따라 'F – 검정' 또는 'Bartlett 검정'이 자동으로 수행된다. 또, 잘 알려져 있다시피 제시된 세 개의 부분군들 모두가 '정규 분포'를 따르므로 '비정규 분포'의 '등 분산'을 검정하는 'Levene 검정'은 볼 필요가 없다. 참고로 [그림 1 – 16]의 「분석 세부 로드맵」중 '비정규 데이터' 경로로 들어가면 'Levene 검정'이 포함돼 있다. 부분군들 중 하나라도 '비정규 분포'인 상태에서 '등 분산 검정'을 해야 할 때 이용한다.

'등 분산 검정'을 수행하기 위해서는 미니탭의 「통계 분석(**S**)> 기초 통계(**B**)> 두 표본 분산(**A**)…」에서 수행하거나, 또는 「통계 분석(**S**)> 분산 분석

(**A**)> 등 분산 검정(**V**)⋯」에서 수행할 수 있다. 결과는 동일하므로 선택하면 되지만 '기초 통계'가 몰려 있는 전자의 사용 빈도가 높다. 검정 결과는 다음 [그림 1 – 20]과 같다.

[그림 1 – 20] 등 분산 검정

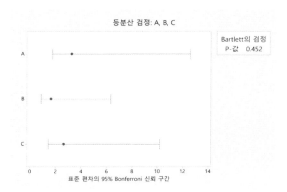

'Bartlett 검정'의 'p – 값'을 보면 '0.452'로 "세 개 부분군의 분산은 통계적으로 차이가 있다고 보기 어렵다"는 결론에 이른다. 그림상으로 각 부분군 A, B, C의 '95% 신뢰 구간'이 서로 겹쳐 있으면 통계적으로 차이가 없다는 결론이 유도된다. 이제 평균 검정을 수행하는 일만 남았는데 '가설 검정'의 「분석 세부 로드맵」을 보면, 마름모꼴의 '등 분산 여부'를 묻는데 'Yes'로 내려온 뒤, 다시 비교 대상이 몇 개인지 묻는 영역에 이른다. 두 개의 모집단은 '2 – 표본 t – 검정(2 – Sample t Test)' 쪽으로, 둘 이상의 모집단은 '일원 분산 분석'을 선택한다. 현재는 데이터의 부분군이 세 개이므로 '일원 분산 분석'을 선택한다. 미니탭 입력 과정은 다음 [그림 1 – 21]과 같다.

[그림 1 – 21] 일원 분산 분석(One – way ANOVA)

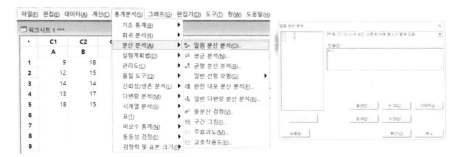

미니탭의 「통계 분석(S)> 분산 분석(A)> 일원 분산 분석(O)…」에서 "반응 데이터가 각 요인 수준에 대해 별도의 열에 있음"을 선택한다. 현재의 데이터가 세 개 열에 따로 입력돼 있기 때문이다. 검정 결과는 다음 [표 1 – 28]과 같다.

[표 1 – 28] '일원 분산 분석' 결과

일원 분산 분석: A, B, C

분산 분석

출처	DF	Seq SS	기여	Adj SS	Adj MS	F-값	P-값
요인	2	117.73	59.06%	117.73	58.867	8.66	0.005
오차	12	81.60	40.94%	81.60	6.800		
총계	14	199.33	100.00%				

모형 요약

S	R-제곱	R-제곱(수정)	PRESS	R-제곱(예측)
2.60768	59.06%	52.24%	127.5	36.04%

평균

요인	N	평균	표준 편차	95% CI
A	5	13.20	3.27	(10.66, 15.74)
B	5	15.800	1.643	(13.259, 18.341)
C	5	20.00	2.65	(17.46, 22.54)

합동 표준 편차 = 2.60768

[표 1 - 28]의 결과 중 사각 테두리로 강조한 '일원 분산 분석'에 집중하자. 각각의 항목을 설명하면, '출처' 아래에 있는 '요인'은 '그룹 간(Between Group)'에 해당한다. '오차'는 '그룹 내(Within Group)'가 되고, '총계'는 '총 (Total)'에 해당한다. 바로 옆의 'DF'는 'Degree of Freedom'으로 데이터 개수인 '자유도'를 나타낸다. [표 1 - 27]인 '분산 분석에의 응용'에서 직접 구한 결과와 정확히 일치한다. 다음 'SS'는 'Sum of Squares'로 「1 - 4. 변동」에서 설명했던 '편차 제곱합' 또는 '변동(Variation)'에 해당한다. 각각의 변동 값은 앞서 엑셀로 구한 [표 1 - 27]에서의 '그룹 간 변동' 및 '그룹 내 변동'과 정확히 일치한다. 다음의 'MS'는 'Mean Squares'로 우리말로는 '평균 제곱'이 며, 'SS'를 개수(DF)로 나누어 계산하므로, 흩어짐 정도의 평균인 '분산'에 해당한다. 따라서 'MS' 값은 위에서부터 차례로 '그룹 간 분산', '그룹 내 분산'에 대응하며 역시 엑셀로 계산한 [표 1 - 27]의 결과와 정확히 일치한다.

'F'는 '분산 비' 값으로 '그룹 간 분산÷그룹 내 분산'의 결과물이다. 이 값이 '1'보다 크면 클수록 부분군 간 적어도 하나 이상의 평균이 다른 것과 차이가 있음을 알린다. 그런데 우리가 얻은 'F - 값 = 8.66'이 어느 수준 이상돼야 평균 간 차이가 있는 것인지 값 자체만으로는 판단하기 어렵다. 이 문제는 'F - 분포'를 통해 'p - 값'으로 처리한다. 분포 이야기는 별개이므로 여기선일단 'p - 값'이 '0.05'보다 작으면 "적어도 한 개 이상의 부분군 평균이 다른 것과 차이가 있다"고 판단하는 선에서 정리하겠다.

[표 1 - 28]의 결과 예에서 'p - 값'이 '0.005'이므로 기준인 '0.05'보다 한참작다. 따라서 하나 이상의 '부분군 평균'이 다른 것과 차이가 있음을 알 수 있고, 그 아래 '평균' 영역에서 A, B, C 각각의 '평균'과 '신뢰 구간'을 통해 'A'와 'C' 간의 평균이 서로 달라 차이가 생겼음을 최종 확인할 수 있다('신뢰 구간'이 겹치지 않음).

여기까지가 '분산 분석(ANOVA)' 해석에 '첫 번째 원리'를 적용한 예이다.

물론 '분산 분석'을 수행한 후 결과의 적정성을 확인하기 위해 항상 '잔차 분석'을 하도록 돼 있으나 '가설 검정' 자체를 설명하고 있는 것이 아니므로 내용 설명은 생략한다. 리더 수준이면 이 정도 내공들은 쌓고 있어야 한다. 이제 **Analyze Phase**의 두 번째 적용 예인 '회귀 분석'에 대해 알아보자.

회귀 분석(Regression Analysis)에의 응용

 "키가 큰 아버지로부터 키가 큰 아들이 태어나는 경향(상관관계)이 있다?" 'x – 축'을 '아버지의 키', 'y – 축'을 '아들의 키'라 하고, 여러 가족의 데이터를 산포도(散布圖)로 표현한다. 즉 'x – 축'을 작은 구간으로 나눈 뒤 각 구간에 포함되는 y값을 평균하고 그들의 점을 이으면 거의 직선이 된다. 여기에서 키 큰 아버지에게서 태어난 아들의 평균 키는 아버지보다 크지 않고, 키 작은 아버지에게서 태어난 아들의 평균 키는 아버지만큼 작지 않다는 관계가 있음을 알게 된다. 좀 더 일반적으로 표현하면 부모의 신장이 크건 작건 간에 그들 2세의 평균 신장이 일반 인구의 평균치 쪽으로 복귀하는 특성이 있다는 것이다. 이를 발견한 영국의 과학자 Sir Francis Galton(1822~1911)은 1889년 이 관계에 '퇴행(退行: Reversion)'이란 이름을 붙였지만 후에 '회귀(Regression)'로 고쳐 불렀는데, 이것이 '회귀' 명칭의 기원이다. 그 뒤 다른 분야에도 적용되면서 '독립 변수'와 '종속 변수' 간 관계가 곡선이거나, 하나의 '종속 변수'에 '독립 변수'가 여러 개 있는 경우에도 '회귀 분석'이 가능하게 되었다.

 여기서 '독립 변수(Independent Variable)'는 'X'를 나타내며 임의의 모든 값이 독립적으로 선택될 수 있다는 뜻이고, '종속 변수(Dependent Variable)'는 'Y'로서, 식에서 'X'값이 선택되면 자연히 'Y'값도 결정되므로 'X에 종속적'이란 의미로 해석한다. 통상 "Y가 X에 회귀한다"고 표현하기도 한다. '독립 변수'가 하나일 때를 '단순 회귀(Simple Regression)', 둘 이상일 때를 '다중 회귀' 또는 '중 회귀(Multiple Regression)'라고 부른다. 또, 데이터로부터 'X'와 'Y'의 관계식을 만들면 '회귀 모형(Regression Model)'이라고 하며, 이러한 '회귀 모형'은 일반적으로 다음과 같이 분류한다.

① 선형 회귀 모형(Linear Regression Model)
 - 단순 선형 회귀 모형(Simple Linear Regression Model): 독립 변수가 하나인 모형. $Y = \beta_0 + \beta_1 X$
 - 다중 선형 회귀 모형(Multiple Linear Regression Model):[10] 독립 변수가 두 개 이상인 모형. $Y = \beta_0 + \beta_1 X_1 + \beta_2 X_2 + \cdots + \beta_P X_P$
② 다항식 회귀 모형(Polynomial Regression Model): 독립 변수가 제곱인 항들이 존재하는 모형. $Y = \beta_0 + \beta_1 X_1 + \beta_2 X_2^2 + \cdots + \beta_P X_P^P$
③ 비선형 회귀 모형(Nonlinear Regression Model): 독립 변수가 지수 함수 등과 관계하는 모형. $Y = \beta_0 (1 - e^{-\beta_1 X})$, $Y = e^{\beta_0 X} / (1 - e^{\beta_1 X})$

회귀 식 내에 '분산 분석(ANOVA)'이 존재하는 경우 '그룹 내 변동/그룹 간 변동'인 '첫 번째 원리'를 적용할 수 있으나 모든 회귀 모형을 다룰 경우 전개의 복잡성과 학습 범위도 고려해야 하므로 이후부터 '단순 선형 회귀 모형'만 다루기로 한다. '단순 선형 회귀 모형'은 앞에서 언급한 바와 같이 '독립 변수(X)'가 한 개만 존재하는 모형이다. 본론으로 들어가기 전에 수집한 '연속 자료'의 'X', 'Y' 데이터가 어떻게 '단순 선형 회귀 모형', 즉 식으로 만들어질 수 있는지 복습해보자. 수집된 'X', 'Y' 데이터가 다음 [그림 1-22]와 같고, 미니탭을 이용해 '산점도(Scatter Plot)'를 그려보았다([그림 1-22]의 그래프).

---

10) 이후 ②와 ③의 모형을 포함해서 한국통계학회 '통계학 용어 대조표'에는 '모형(Model)'이란 단어는 포함돼 있지 않다. 여기서는 '단순 회귀 모형'과 용어를 통일하기 위해 끝에 '~모형'을 임의로 넣어 표현하였다.

[그림 1-22] '원 데이터'와 '산점도'

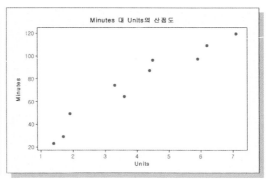

Units	Minutes
1.4	23
1.7	29
1.9	49
3.3	74
3.6	64
4.4	87
4.5	96
5.9	97
6.2	109
7.1	119

　　[그림 1-22]의 '산점도'로부터 'X'와 'Y'의 상관의 강도가 매우 높음을 알 수 있다(물론 수치적으로 확인하기 위해서는 상관분석을 수행한다). 두 값들 간 상관성 파악이 목적이면 분석은 여기서 종결되지만, 만일 확보되지 않은 'X값', 예를 들면 'Units'열에 포함되지 않은 값에서 'Y값'을 예측하려면 바로 '회귀 모형'이 필요한 시점이다('내삽'이라고 하며, '1미만'이나 '7초과'인 '외삽'의 경우는 논외로 한다). 즉 '예측(Forecasting)'의 필요성이 모형, 'X-Y 간의 관계식'을 필요로 한다. 그렇다면 어떻게 모형인 X-Y 간의 관계식을 구현할 수 있을까? 이를 위해 '최소 제곱법(Method of Least Squares)'이라는 추정 방법을 사용한다. '최소 제곱법'을 통해 [그림 1-22]의 '산점도'에 존재하는 점들을 가장 잘 설명할 수 있는 하나의 직선 식을 얻게 되며, 이 식으로부터 수집되지 않은 '임의 X값'에 대한 'Y값'을 계산한다. 물론 모형을 얻는 방법(실제로는 모형 식에 들어 있는 계수들의 추정임)은 '최소 제곱법' 외에도 '최우 추정법(Maximum Likelihood Estimation)'이 있으며, 전자는 '완전 데이터 (Completed Data)'의 '회귀 모형'을 위해, 후자는 신뢰성 분야의 '수명 평가' 때 자주 접하는 '중도 절단 자료(Censored Data)'들의 '회귀 모형'에 적용한다.

본문에서 제시한 데이터는 '완전 데이터'이다.

다음 [그림 1 – 23]은 '산점도'에서 각 점들을 가장 잘 설명할 수 있는 직선이 있다고 가정하고 그린 개요도이다. 여기서부터 시작해보기로 하자.

[그림 1 – 23] '단순 선형 회귀 모형' 개요도

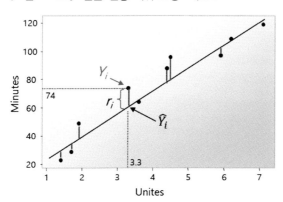

'산점도'에서 네 번째 점을 예로 들면, 'X'값 '3.3'에 대응하는 실제 측정된 Y값 '74'가 존재한다. 그런데 그림에서 모든 점들을 잘 설명할 것이란 가정하에 이상적인 직선을 긋고 있으므로 예를 든 'X=3.3'에 대해 가정된 직선이 'Y'값 '74'를 정확히 지나게 할 수는 없다. 어느 점은 직선 위에 존재할 수도 있지만, 반면에 어느 점은 직선 아래 또는 위에 존재할 수도 있다. 따라서 '실제 값('Y_i'로 표기)'과 '이상적인 값('$\widehat{Y}_i$'로 표기; Y 위의 '^'는 'hat'으로 읽으며 추정 값이란 의미로 쓰인다)'의 차이가 존재하는데 편의상 이 차이를 'r_i', 또는 '잔차(Residual)'라고 한다. 산점도에 '실제 값('Y$_i$')'과 '이상적인 값('$\widehat{Y}_i$')' 및 '잔차'를 각각 표기해놓았다($r_i = Y_i - \widehat{Y}_i$). 결국 '단순 선형 회귀 모형'을 만든다는 것은 모든 점들에 대해 이 '잔차=r_i'가 최소가 되도록 하는 직선의 '기울기'와 '절편(직선이 Y축과 만나는 값)'을 구하는 문제로 귀결된다. 설명한 바와 같이 [그림 1 – 23]의 관계로부터 다음의 항등식이 존재한다. 즉,

$Y_i - \widehat{Y_i} = r_i$ 가 되고,

'잔차(r_i)'를 최소화하는 데 관심이 있으므로 음수가 나오지 않도록 하기 위해 양변을 제곱한다(양수, 음수의 구분보다 절댓값 자체를 최소화해야 함).

$(Y_i - \widehat{Y_i})^2 = r_i^2$. 이 식은 한 점에 대한 예이고, '총 10개'의 관측치가 있으므로 '잔차'도 '10개'가 존재한다. 따라서 양변에 잔차들 모두를 더한다는 의미로 기호 '$\sum$'를 넣는다. 결과는 다음과 같다('잔차'의 총량을 최소화시킴).

$\sum(Y_i - \widehat{Y_i})^2 = \sum r_i^2$. 항등식에서 '$\widehat{Y_i}$'는 '직선 방정식'이므로 '$\widehat{\beta_o} + \widehat{\beta_1} X_i$'의 일차식을 대입하면,

$\sum \left[Y_i - \left(\widehat{\beta_o} + \widehat{\beta_1} X_i \right) \right]^2 = \sum r_i^2$. 여기서부터는 수학적인 처리 과정이 필요하므로 적절한 수준에서 설명하고 가급적 결과 위주로 표현하겠다. 최종 항등식의 좌변이 최소가 되게 하는 수학적 방법은 '미분'이며, 이를 위해 '$\widehat{\beta_o}$'와 '$\widehat{\beta_1}$' 각각에 대해 '편미분'을 수행해 우변을 '0'으로 놓게 되면 바로 '잔차'가 최소가 되는 두 식을 얻는데, 그 결과는 다음과 같다. 즉,

$\widehat{\beta_o}$에 대해, $2\sum\left\{ \left[Y_i - \left(\widehat{\beta_o} + \widehat{\beta_1} X_i \right) \right] \times (-1) \right\} = 0$

$\widehat{\beta_1}$에 대해, $2\sum\left\{ \left[Y_i - \left(\widehat{\beta_o} + \widehat{\beta_1} X_i \right) \right] \times (-X_i) \right\} = 0$

이 두 개의 방정식을 '정규 방정식(Normal Equation)'이라고 한다. 이들을 풀어 알아보기 쉽도록 정리하면,

$\sum Y_i = n\widehat{\beta_0} + \widehat{\beta_1} \sum X_i$

$\sum X_i Y_i = \widehat{\beta_0} \sum X_i + \widehat{\beta_1} \sum X_i^2$ 이며, '연립 방정식'을 풀어 '$\widehat{\beta_o}$'와 '$\widehat{\beta_1}$'을 구하면,

$$\widehat{\beta_o} = \frac{\sum Y_i - \widehat{\beta_1} \sum X_i}{n}$$

$$\widehat{\beta_1} = \frac{n \sum X_i Y_i - \left(\sum X_i \right) \left(\sum Y_i \right)}{n \sum X_i^2 - \left(\sum X_i \right)^2} \text{ 이 된다. 식에 적혀 있는 모든 표기들은}$$

수집한 X, Y 데이터로부터 직접 얻어낼 수 있음을 확인하라.

리더들을 대상으로 교육하다 보면 수준들이 높아져 이와 같은 유도 과정을 종종 질문 받는 경우가 있다. 하나하나 데이터를 입력하며 산정 과정을 보여 주진 않겠으나 엑셀로 계산한 결과와 미니탭 결과를 다음 [표 1-29]에 함께 실었다. 관심 있는 리더는 한 번쯤 엑셀 등으로 직접 계산해 미니탭 결과와 비교해보기 바란다.

[표 1-29] '최소 제곱법'을 이용한 '회귀 계수' 계산

Units	Minutes	x*x	y*y	x*y
1.4	23	1.96	529	32.2
1.7	29	2.89	841	49.3
1.9	49	3.61	2401	93.1
3.3	74	10.89	5476	244.2
3.6	64	12.96	4096	230.4
4.4	87	19.36	7569	382.8
4.5	96	20.25	9216	432
5.9	97	34.81	9409	572.3
6.2	109	38.44	11881	675.8
7.1	119	50.41	14161	844.9
40	747	195.58	65579	3557

$$\widehat{\beta_0} = \frac{\sum Y_i - \widehat{\beta_1} \sum X_i}{n}$$

$$\widehat{\beta_1} = \frac{n \sum X_i Y_i - \left(\sum X_i \right) \left(\sum Y_i \right)}{n \sum X_i^2 - \left(\sum X_i \right)^2}$$

$\widehat{\beta}0$=	10.73148
$\widehat{\beta}1$=	15.99213

Y = 10.73148 + 15.99213 * X

오른쪽 아래에 있는 'X - Y 관계식'이 최종적으로 얻어낸 '단순 선형 회귀 모형'이다. 미니탭은 「통계 분석(<u>S</u>)＞ 회귀 분석(<u>R</u>)＞ 적합선 그림(<u>F</u>)…」을 이용해 얻으며, 다음 [그림 1-24]와 같다.

[그림 1 – 24] 적합선 그림

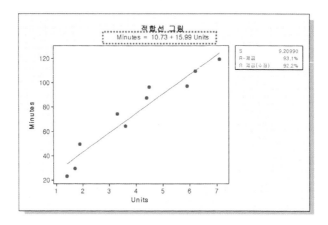

[그림 1 – 24]에서, 점선 사각형으로 표시된 부분이 미니탭이 구한 '단순 선형 회귀 모형'이며, 이 결과는 [표 1 – 29]에서 엑셀로 구한 모형과 정확하게 일치한다. 지금까지 **Analyze Phase**에서 사용 빈도가 매우 높은 '회귀 모형' 중 '단순 선형 회귀 모형'의 유도 과정에 대해 알아보았다. 이제 '단순 선형 회귀 모형'에 대한 '첫 번째 원리'의 적용에 대해 알아보자.

'첫 번째 원리'를 적용하기 위해서는 기본적으로 '부분군'들과 '총 평균'이 필요하다. 그래야 '그룹 내 변동'과 '그룹 간 변동'이 존재할 수 있고, 또, 그들을 합친 '총 변동'이 존재한다. 우선 '총 평균'은 현재 수집된 'Y 데이터'를 그냥 '평균' 내면 되므로, 값 '74.7'을 손쉽게 얻는다. 다음 [그림 1 – 25]의 '회귀 모형'에서 '부분군' 개념을 이해해보도록 하자.

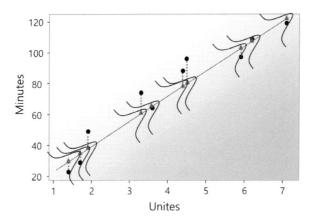

[그림 1 – 25] 회귀 모형의 '부분군' 개요도

　[그림 1 – 25]에서 검은 점은 실제로 수집된 관측치를 나타내고, 작은 빨간 삼각형 점은 이상적인 직선 위에 위치한 추정 값으로 이를 '적합 값(Fitted value)'이라고 한다. 즉 확보된 'X 데이터'에 대응되는 '실제 Y값'이 있을 것이고, 또 그들을 식으로 가장 잘 설명하는 직선을 만들었으니 그 직선상에 대응되는 '추정 Y값($\hat{Y_i}$)', 이렇게 외형상 각 'X'에 대해 두 개의 'Y'값이 존재한다. 예를 들어, 'X'가 '3.3'인 경우 실제 값은 '74'이고, '$\hat{Y_i}$'는 [표 1 – 30]에 따라 '63.5'이다. 물론 '$\hat{Y_i}$'를 통해 현재 확보하지 못한 'X'들의 'Y'값을 예측할 수도 있다(모형식이 존재하므로). 추정 값($\hat{Y_i}$)들은 [표 1 – 29]의 '단순 선형 회귀 모형'을 통해 모두 구한 뒤 [표 1 – 30]에 정리해놓았다. 'Fitted'는 실제 Y값에 '적합한' 또는 '맞춰진'이란 의미로 추정 값 '$\hat{Y_i}$'를 나타낸다. 정확한 표기는 앞서 설명한 'Fitted Value'다. 옷을 사러 갔을 때 갈아입는 공간을 'Fitting Room'으로 부르듯 직선을 '타점'들에 "맞췄음"이란 의미로 해석한다.

[표 1-30] '적합값' 계산

Units	Minutes	Fitted
1.4	23	33.1
1.7	29	37.9
1.9	49	41.1
3.3	74	63.5
3.6	64	68.3
4.4	87	81.1
4.5	96	82.7
5.9	97	105.1
6.2	109	109.9
7.1	119	124.3

다시 부분군 얘기로 돌아가 보자. [표 1-30]에서 'X'가 '3.3'인 경우의 적합 값(Fitted)은 '63.5'인데 여기서 주목할 점은 회귀 모형을 만들 때 '63.5'처럼 직 선상의 한 점은 사실은 'X'가 '3.3'일 경우 여러 번 측정된 추정 값들의 '평균' 이다. 따라서 직선을 적합시킨 [그림 1-25]의 '산점도'에서 개별 점들에 대해 작은 '정규 분포' 모양이 존재한다고 상상할 수 있으며, 이것을 '산점도'상에 표현해놓았다. 즉 임의의 'X'가 정해졌을 때 여러 번 측정된 부분군이 존재하 며, 그 부분군의 '평균'들이 하나하나 모여 '회귀 모형'의 직선을 형성한다. '단 순 선형 회귀 모형'에서 다루는 기본적 원리이다. 설명된 원리를 이용하면 '회 귀 모형'에서의 '그룹 내 변동'과 '그룹 간 변동'을 적용할 수 있다. 이를 위해 다음 [표 1-31]의 「기본 도표」를 활용한다.

[표 1-31] '단순 선형 회귀 모형'의 「기본 도표」

	A	B	C	D	E	F	G	H	I	J	총 평균 ($\bar{Y}$)
Y_i	23	29	49	74	64	87	96	97	109	119	
부분군 평균 (적합 값, Fitted, 또는 $\hat{Y}_i$)	33.1	37.9	41.1	63.5	68.3	81.1	82.7	105.1	109.9	124.3	74.7

[표 1-31]의 열 번호 'A~J'를 10개의 '합리적 부분군'으로 생각해보자. 또, 첫 번째 열 'A'는 '데이터 수', 즉 '표본 크기'가 '1개'인 부분군으로 간주하고, 이어 'Fitted'를 '합리적 부분군'의 '평균'에 대응시키면, '그룹 내 변동'과 '그룹 간 변동'의 산출이 가능하다. 「기본 도표」에서 이전 예들과 비교할 때 'X'만 'Y'로 바꿨을 뿐 변동 계산의 수식과 과정은 모두 동일하다. 마찬가지로 「기본 항등식」을 가져오면 다음과 같다.

총 변동 = 그룹 내 변동 + 그룹 간 변동 또는

$$\sum_{j=1}^{g}\sum_{i=1}^{n_j}\left(x_{ij}-\overline{\overline{x}}\right)^2 = \sum_{j=1}^{g}\sum_{i=1}^{n_j}\left(x_{ij}-\overline{x}_j\right)^2 + \sum_{j=1}^{g}n_j\left(\overline{x}_j-\overline{\overline{x}}\right)^2 \qquad (1.15)$$

총 변동 SS

글자의 회색 바탕은 세 개의 변동을 모두 사용한다는 뜻이며, '회귀 모형'과 관련한 표기는 다음 식 (1.16)과 같다. 즉,

$$\sum_{i}\left(Y_i-\overline{\overline{Y}}\right)^2 = \sum_{i}\left(Y_i-\widehat{Y}_i\right)^2 + \sum_{i}\left(\widehat{Y}_i-\overline{\overline{Y}}\right)^2 \qquad (1.16)$$

총 변동   그룹 내 변동   그룹 간 변동

이다.

각 부분군이 관측치를 하나만 가지므로 'Σ'는 상징적이고, 각 관측치와 '총 평균'의 차가 '총 변동'을, 각 관측치와 각 '부분군 평균(적합 값, $\widehat{Y}_i$)'의 차는 '그룹 내 변동'을, 각 '부분군 평균($\widehat{Y}_i$)'과 '총 평균'의 차는 '그룹 간 변동'에 대응한다. '그룹 간 변동'의 일반식에서의 'n_j'는 각 부분군의 관측치가 '한 개'이므로 생략돼 있다.

참고로 '회귀 모형'에서 각 변동을 설명하는 용어는 '총 변동'은 동일하나, 그 외의 '그룹 내 변동'과 '그룹 간 변동'은 다음과 같이 정의한다.

$$\sum {}_i (Y_i - \overline{\overline{Y}})^2 = \sum {}_i (Y_i - \hat{Y_i})^2 + \sum {}_i (\hat{Y_i} - \overline{\overline{Y}})^2$$

<table>
<tr><td>총 변동
(Total Variation) or
총 제곱 합
(Total Sum of Square, SST)</td><td>오차변동 or
오차제곱 합
(Error Sum of Squares,
SSE)</td><td>회귀변동
(Regression Sum of
Squares, SSR)</td></tr>
</table>

(1.17)

'회귀 모형'에서 자주 쓰는 용어와의 혼선을 피하기 위해 일단 '그룹 내 변동'과 '그룹 간 변동'에 대응하는 '오차 변동'과 '회귀 변동'을 기술하였다. 그러나 '첫 번째 원리'의 일관된 적용을 위해 '그룹 내 변동'과 '그룹 간 변동'을 앞으로 계속 사용할 계획이므로 용어에 대해 착오가 없기 바란다.

이전에 수행했던 과정과 동일하게 [표 1 - 31]의 「기본 도표」를 토대로 '그룹 내 변동'과 '그룹 간 변동' 및 '그룹 내 분산'과 '그룹 간 분산'을 엑셀로 각각 구해보면 다음 [표 1 - 32]와 같다. 최종으로 얻은 '분산' 부분을 강조하기 위해 굵은 점선 원으로 표시했다.

[표 1 - 32] '회귀 모형'에서의 '그룹 내 변동'과 '그룹 간 변동' 계산

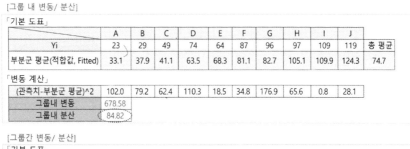

[그룹 내 변동/ 분산]

「기본 도표」

	A	B	C	D	E	F	G	H	I	J	총 평균
Yi	23	29	49	74	64	87	96	97	109	119	총 평균
부분군 평균(적합값, Fitted)	33.1	37.9	41.1	63.5	68.3	81.1	82.7	105.1	109.9	124.3	74.7

「변동 계산」

(관측치-부분군 평균)^2	102.0	79.2	62.4	110.3	18.5	34.8	176.9	65.6	0.8	28.1
그룹내 변동	678.58
그룹내 분산	84.82

[그룹간 변동/ 분산]

「기본 도표」

	A	B	C	D	E	F	G	H	I	J	총 평균
Yi	23	29	49	74	64	87	96	97	109	119	총 평균
부분군 평균(적합값, Fitted)	33.1	37.9	41.1	63.5	68.3	81.1	82.7	105.1	109.9	124.3	74.7

「변동 계산」

(부분군 평균-총평균)^2	1728.9	1352.9	1127.8	125.3	40.9	40.9	63.9	923.3	1237.8	2457.7
그룹간 변동	9099.52
그룹간 분산	9099.52

[표 1 – 32]에서 '그룹 내 분산'과 '그룹 간 분산'은 자유도 '8'과 '1'이 각각 적용됐고, 각 변동을 이들로 나누어 얻어진다. '자유도'에 대해서는 「1.4. 변동」에서 설명한 '자유도' 정의인 '자유도(df) = 사례 수(N) − 통계적 제한 조건의 수(k)'를 다시 상기해볼 수 있다. 우선 '$\sum_i (Y_i - \overline{\overline{Y}})^2$'와 같이 '총 평균'이 개입돼 있는 한 '사례 수(N)'는 관측치 개수인 '10개', '통계적 제한 조건의 수(k)'는 '$\sum_i (Y_i - \overline{\overline{Y}}) = 0$'의 제약에 따라 '1개'이며, 따라서 '총 자유도(df) = N − k = 10 − 1 = 9'이다. '$\sum_i (Y_i - \overline{\overline{Y}}) = 0$'은 '평균'이 '편차' 계산에 쓰이므로 항상 성립하고, 이때 '$\overline{\overline{Y}}$'가 다른 관측치 한 개를 대신하고 있어 전체 관측치는 '1개' 줄어든 효과로 인식된다. '그룹 내 분산'을 위한 자유도는 '사례 수(N)'의 경우 '$\sum_i (Y_i - \widehat{Y_i})^2$'와 같이 각 부분군별 1개씩 총 10개가 있는 것으로 본다. 그러나 '통계적 제한 조건의 수(k)'에 있어 추가적인 고려가 필요한데 이 부분은 회귀 모형의 계수를 얻을 때인 '최소 제곱법(Method of Least Squares)'에서 찾아볼 수 있다. 즉 10개의 관측치로부터 2개의 계수를 뽑아낸 결과인데, 이때 '통계적 제한 조건'이 결정된다. 당시 '정규 방정식(Normal Equation)'은 다음과 같다.

$$\widehat{\beta_o}\text{에 대해}, \ 2\sum\left\{\left[Y_i - \left(\widehat{\beta_o} + \widehat{\beta_1}X_i\right)\right] \times (-1)\right\} = 0, \ \text{또는} \ \sum_i r_i = 0. \qquad (1.18)$$
$$\widehat{\beta_1}\text{에 대해}, \ 2\sum\left\{\left[Y_i - \left(\widehat{\beta_o} + \widehat{\beta_1}X_i\right)\right] \times (-X_i)\right\} = 0, \ \text{또는} \ \sum_i r_i X_i = 0.$$

식 (1.18)의 오른쪽 식들은 왼쪽 식 내의 '$\left[Y_i - (\widehat{\beta_0} + \widehat{\beta_1}X_i)\right]$'가 '잔차(Residual)'이므로 그 약식인 'r_i'로 대체했고, '2'나 '−' 등은 상수이므로 제외시킨 결과이다. 이와 같이 '사례 수(N)'가 '10개'인 상황에서 계수를 얻기 위해 2개의 '제한 조건'이 나왔으므로, 결국 '그룹 내 분산'을 위한 '자유도(df) = N − k = 10 − 2 = 8'이 된다. 다음 '그룹 간 분산'을 위한 자유도는

'$\sum_i(\widehat{Y}_i - \overline{\overline{Y}})^2$'와 같이 각 '부분군 평균'과 '총 평균'과의 차이를 나타내며, 이때, '부분군 평균(회귀 용어로는 적합 값, 즉 Fitted Value이다)'이란 각 'X'에 대응되는 회귀 직선상의 값들이므로 결국 '하나의 직선에 구속된 점'들로 해석할 수 있다. 즉 이 점들을 구해진 직선으로 설명할 수 있으며, 직선은 다시 '최소 제곱법(Method of Least Squares)'을 통해 얻은 계수 '$\widehat{\beta}_o$'와 '$\widehat{\beta}_1$' 두 개 요소로 구성돼 있으므로 '사례 수(N)'는 '2'가 된다. 두 계수 중 하나가 결정되면, 다른 하나는 따라서 결정되므로 '통계적 제약 조건의 수(k)'는 '1'이며, 따라서 '그룹 간 분산'을 위한 '자유도(df) = N − k = 2 − 1 = 1'이다[11]. 일반적으로 '회귀 모형'에서 '총 자유도 = n − 1', '회귀 변동 자유도'는 '설명 변수 (X의 수) 수'인 'p', '오차 변동의 자유도 = n − p − 1'로 구한다. 참고로 '회귀 변동'은 '그룹 간 변동'에, '오차 변동'은 '그룹 내 변동'에 각각 대응됨을 설명한 바 있다.

지금까지 결과를 미니탭의 '회귀 분석 모듈'을 활용해 비교해보기로 하자. 우선 미니탭 '워크 시트'에 데이터를 입력한다. 첫 번째 열 'Units'는 'X'로, 두 번째 열 'Minutes'는 'Y'가 된다. 미니탭에서 '단순 선형 회귀 모형'을 얻는 방법엔 두 개의 경로가 있다. 하나는 「통계 분석(S)> 회귀 분석(R)> 회귀 분석(R)> 적합 회귀 모형(F)…」과 다른 하나는 「통계 분석(S)> 회귀 분석(R)> 적합선 그림(F)…」이다. 후자의 경로는 그래프가 제공되므로 상황 판단에 유리한 반면, 전자는 수치 해석에 필요한 상세 정보를 제공한다. 필요에 따라 선택해서 사용한다. 다음 [표 1 − 33]은 '회귀 분석'을 위한 '원 데이터'를 미니탭에 입력한 예이다.

---

11) '회귀 모형'에서의 '총 변동(SST)', '오차 변동(SSE)', '회귀 변동(SSR)'들에 대한 자유도는 'Applied Linear Statistical Models'(Jonh Neter 외, 3판)을 참조.

[표 1 - 33] '회귀 분석'용 데이터

분석을 위해 「통계 분석(S)> 회귀 분석(R)> 회귀 분석(R)> 적합 회귀 모형 (F)…」에 들어가 해당란에 데이터 열을 입력하고 실행하면 '세션 창'에 다음 [표 1 - 34]의 '통계 분석' 결과를 얻는다.

[표 1 - 34] '회귀 분석' 중 '통계 분석'

회귀 분석: Minutes 대 Units

분산 분석

출처	DF	Adj SS	Adj MS	F-값	P-값
회귀	1	9099.5	9099.52	107.28	0.000
Units	1	9099.5	9099.52	107.28	0.000
오차	8	678.6	84.82		
총계	9	9778.1			

모형 요약

S	R-제곱	R-제곱(수정)	R-제곱(예측)
9.20990	93.06%	92.19%	89.26%

회귀 방정식
Minutes = 10.73 + 15.99 Units

[표 1 - 34]에서 'DF'는 데이터 개수인 '자유도'를, 'SS'는 'Sum of Squares'

로 '변동'을 나타낸다. 또 '회귀'는 '그룹 간 변동'에, '오차'는 '그룹 내 변동'에 각각 대응한다. 'MS'는 잘 알고 있다시피 'Mean Squares'의 약자로 각 변동별 '분산'을 나타낸다. '그룹 내 분산=84.82', '그룹 간 분산=9099.52'로 [표 1-32]의 엑셀에서 계산한 결과와 정확히 일치하고 있음을 확인하자.

또 한 가지 짚고 넘어갈 항목이 'R-제곱=93.06%'와 'R-제곱(수정)=92.19%'다. 후자는 '다중 회귀 분석(DOE 포함)'처럼 항이 여럿인 경우에 사용하므로, 여기서는 전자인 'R-제곱(R-square)'에 대해서만 알아보자['R-제곱(수정)'은 식 (1.24) 참조]. 'R-제곱'을 이해하기 위해서는 식 (1.16)의 항등식과 다음 [그림 1-26] 간 관계도가 요긴하게 쓰인다.

[그림 1-26] '기본 항등식'과 '회귀 모형' 관계도

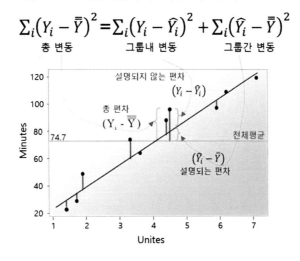

$$\sum_i \left(Y_i - \bar{Y}\right)^2 = \sum_i \left(Y_i - \hat{Y}_i\right)^2 + \sum_i \left(\hat{Y}_i - \bar{Y}\right)^2$$

총 변동   그룹내 변동   그룹간 변동

그림을 보면 항등식의 '총 변동'은 '총 편차'에 대응하는 양이고, '그룹 내 변동'은 '설명되지 않는 편차'에 대응한다. 이 양은 데이터 점들을 설명할 목

적으로 직선을 그었음에도 불가피하게 나타나는 차이인 만큼 '오차'의 개념으로 간주하며, 따라서 '설명되지 않는 편차'로 분류한다. 반면에 항등식의 '그룹 간 변동'은 '설명되는 편차'에 대응하는 양으로, 원래는 실제 점이 '총 편차'만큼 차이를 보였는데 회귀선을 그음으로써 '설명되는 편차'만큼 그 본래의 차이 값이 줄어들었음을 나타낸다. 회귀 직선 때문에 나타난 효과인 만큼 '설명되는 편차'로 분류한다. 간혹 '설명되는 편차'의 의미가 바로 파악이 안 돼 질문하는 경우가 있는데, 직선상의 점들이 점점 증가하거나 감소하는 이유가 'X'의 변화에 따라 결정되므로, 'Ŷ'의 변화는 곧 'X'의 변화로 설명된다는 의미다. 따라서 '총 변동' 대비 '그룹 간 변동'의 비는 곧 이 '회귀 모형'이 실제 점들(또는 수집한 데이터)을 얼마나 잘 설명하고 있는가를 나타내는 하나의 척도로서 활용가치가 있으며, 이 값을 백분율로 나타낸 것이 'R−제곱'이다. 식으로 표현하면,

$$
'R-square = \frac{\sum\limits_i \left(\hat{Y}_i - \overline{\overline{Y}}\right)^2}{\sum\limits_i \left(Y_i - \overline{\overline{Y}}\right)^2} \times 100'
$$

이고, 동일한 결과지만 다음으로 일반화

시켜 사용한다. 당장은 설명하지 않겠지만 향후 'R−제곱(수정)'과 함께 용도에 맞게 활용하려면 일반화된 식이 편리하다. 일반화된 식은

$$
'R-square = \left[1 - \frac{\sum\limits_i \left(Y_i - \hat{Y}_i\right)^2}{\sum\limits_i \left(Y_i - \overline{\overline{Y}}\right)^2} \right] \times 100'
$$

처럼 '오차 변동'을 사용한다. 이

제 '회귀 분석' 결과를 이용해 일반화된 식으로 'R−제곱'을 구해보자. 'R−제곱＝[1−(오차의 SS/총계의 SS)]×100'이며, 괄호 안을 계산하면 '0.0694'가 되고, '1'에서 빼주면 '0.9306', 백분율로 재표현하면 '93.06%'으로 [표 1−34]

의 미니탭 결과와 정확히 일치한다.

참고로, '세션 창'의 '통계 분석' 결과 중 '회귀'의 'p – 값'과, 'R – 제곱(수정)' 값과의 관계로부터 '회귀 모형'의 적합성을 판단하는 방법이 다음 [표 1 – 35] 에 요약돼 있다. 해석에 참고하기 바란다.

[표 1 – 35] 'p – 값'과 'R²(수정)'을 통한 '회귀 모형' 적합성 평가(해석)

	P-값 < 0.05	P-값 > 0.05
R²(adj) 크다	변동이 설명되고, 통계적으로 유의하다. [무엇인가 의미 있는 것을 찾음] X's의 효과, 규격 대비 표준 편차, 경험적/ 공학적 관점에서의 중요 정도를 확인한다.	변동은 설명되나, 통계적으로 유의하지는 않다. [더 많은 자료가 필요하다] 데이터 수가 너무 적어 발생하거나, 또는 이상점이 크게 작용할 수 있으므로 이들의 영향을 확인한다.
R²(adj) 작다	변동은 부분적으로 설명되고, 통계적으로 유의하다. [누락된 X's이 있는지 확인이 요구된다] 많은 데이터로 인해 'P-값'이 작을 수 있다. R²이 충분한지 조사하고(Y의 변동은 매우 중요해서 작은 변화라 할지라도 의미가 있다), 빠트린 다른 X's들이 있는지 확인한다.	변동도 설명되지 않고, 통계적으로 유의하지도 않다. [아무것도 아니다] 더 많은 자료를 모으고, 비선형관계가 있는지 확인한다. 또는 빠트린 다른 X's들이 있는지도 확인한다.

여기까지가 '첫 번째 원리'의 '회귀 분석에의 응용'에 대한 설명이다. 다음은 Improve Phase에서 가장 많이 활용되는 '실험 계획(DOE, Design of Experiment)' 에의 응용에 대해 알아보자.

　'개선'은 Analyze Phase에서 검정을 마친 '핵심 인자'들을 최적화시킬 수 있는 '개선 방향' 또는 개선 아이디어를 넘겨받는 것으로부터 시작된다.

　① 넘겨받은 '개선 방향'은 이후 전개를 위해 각각에 적합한 도구들을 선택해야 하는데, 도구 선택은 만일 '핵심 인자'가 통계적 처리가 가능하면 '실험계획(DOE)' 또는 '회귀 분석'의 방법을, 그렇지 않으면 '아이디어 창출'을 통해 최적화를 구현한다. 이때 통계 처리가 가능한 경우를 '제어 인자(Operating Parameter)', 아이디어 창출이 필요한 경우를 '대안 인자(Critical Element)'라 하고, 추가 고려 없이 바로 최적화로 들어갈 수 있는 경우를, '즉 실천 인자(Quick Fix)'라고 부른다. 개선에 따른 기본 계획이 수립되면,

　② '제어 인자'는 '실험 계획 → 실험 진행 → 분석 → 최적 조건 파악'의 과정을 거치거나, '대안 인자'는 '아이디어 창출 → 아이디어 종합 → 아이디어평가/선정 → 최적 대안 선정'을 거쳐 '최적화'로 진입한다. '최적화'란 현 프로세스에 새롭게 구현한 '최적 대안' 또는 '최적 조건'을 적용시켜 '개선화(化)'하는 것으로 '파워포인트'엔 개선된 모습을 시각적으로 보여줌으로써 최적화 모습을 공유한다. '최적 조건', 또는 '최적 대안'이 마무리되면,

　③ 끝으로 결과의 재현, 또는 Measure Phase에서 '현 프로세스 능력'보다 향상됐는지를 확인하기 위해 Pilot 실험, 시뮬레이션 등을 실시한다. 이때 얻어진 데이터는 다분히 단기적 성향이 강하므로 1.5시그마의 Shift는 고려하지 않고 개선된 '프로세스 능력'을 평가한다.

　Improve Phase에서 가장 접근하기 껄끄러우면서도, 반면에 효과 측면에서 매우 긍정적으로 평가되는 도구가 바로 '실험 계획', 즉 'DOE(Design of Experiment)'가 아닌가 싶다. 현업에서 부르는 '실험 계획'의 의미는 단순히

미니탭에서 '설계 표(Design Matrix)'를 만들어 순서대로 실험만 하는 것을 의미하지는 않는다. 소요 경비, 일자, 투입 인원, 방법, 측정 등 전반적인 상황을 모두 고려하는 광의의 의미로 해석하는 것이 좋을 듯하다. 그렇게 짜인 '실험 계획' 속에서 미니탭을 이용한 협의의 '실험 계획', 즉 'DOE'가 수행되는 것이 바람직하다.

실험 계획(DOE, Design of Experiment)에의 응용

'실험 계획'은 1850년대 영국에서 농업 생산성 향상을 목적으로 시작되었다. 초기엔 토양에 적합한 비료 선정을 위한 실험에서 출발해, 1919년 이후 약 7년간 이 분야 실험법의 선구자인 R. A. Fisher가 '실험 계획'의 기본 원리와 '분산 분석' 연구에 매진한 끝에 1935년 「The Design of Experiments」를 출간함으로써 비로소 하나의 학문으로 발전하였다. '실험 계획'이 농업과 생물학 분야에서부터 발전했지만 오늘날은 특히 공업 분야에서 최적화를 위한 필수 도구로 많이 활용되고 있다. 첫 번째 원리인 '그룹 내 변동/그룹 간 변동'을 응용하기 전에 '실험 계획'에 대한 기본 지식이 반드시 요구되므로 이전 Measure 와 Analyze Phase의 개요 설명보다 좀 더 깊이 있는 수준에서 사전 학습 진행이 요구된다. 우선 '실험 계획'의 종류와 위계는 다음과 같다.

① 시행착오(Trial and Error): 사전적 의미는 "사람이나 동물이 새로운 문제를 해결하기 위해 선천적 또는 후천적으로 이미 알고 있는 여러 가지 동작을 반복하다가 우연히 성공한 뒤, 되풀이하던 무익한 동작을 배제하게 되는 일"이다. 한마디로 목적하는 수준을 얻을 수 있을 때까지 시도해보는 방법으로 위계가 가장 낮은 '실험 계획'이다. 또는 반대로 해석하면 이런 수준의 실

험을 운영하기 위해서는 '제어 인자'들에 대한 풍부한 사전 지식이나 뛰어난 프로세스 관리 능력을 보유하고 있어야 '시행착오'적 운영이 가능한 것으로도 볼 수 있다. '제어 인자'들에 대한 충분한 지식이 없는 상태에서 문제가 발생할 때마다 임기응변식으로 대응하는 것은 자칫 감당하기 어려운 대가를 치를 수 있다는 점도 명심해야 한다.

② OFAT(One Factor at a Time): 한 번에 한 인자씩 조정해가는 '실험 계획'이다. 즉 다른 인자들은 모두 고정하고 한 인자만 조금씩 조정해나가다 Y값이 최적이 되면 고정하고, 다른 인자 하나를 또 조정하는 식이다. 실험을 실시하는 목적 중 하나가 인자들 간 '상호작용(Interaction)'을 확인하는 데 있다. '상호작용(또는 교호작용)'은 두 개 이상의 '제어 인자'들이 복합적으로 작용해 'Y'의 값을 결정할 때, 그들 중 2개 이상의 인자들 효과가 합쳐져 Y값을 예측하기 어렵게 만드는 현상이다. 'www.isixsigma.com' 사전은 "한 인자에 의해 얻어진 반응이 다른 인자의 특정 수준에 의존할 때 일어나는 것"으로 정의하고 있다. '상호작용'은 3개 인자가 합쳐진 경우 'Y'에 미치는 영향이 매우 미미한 것으로 경험상 알려져 있다. 따라서 실험에 중요한 '상호작용'은 두 개 인자들의 영향인 '이 요인 상호작용(Two – factor Interaction)'12)에 관심이 쏠린다. 'OFAT'은 두 인자 간 '상호작용'이 존재할 경우 그 영향을 파악하기 어려우므로 위계가 낮은 '실험 계획'이라 할 수 있으며, '시행착오'는 역으로 높은 수준의 관리 능력이나 기술력을 축적한 상태에서 운영할 수 있는 실험법으로도 볼 수 있다.

③ 부분 요인 설계(Fractional Factorial Design): 'Fractional'은 '단편적인', '아주 작은'의 뜻이며, 'Factorial'은 '요인적인'의 뜻으로 '인자(Factor)'의 형용사적 표현이다. 연결해서 의역하면 "요인 실험을 하되 아주 적은 수로 하

---

12) 미니탭에서는 '2원 상호작용'으로, 또 출처에 따라 '2원 교호작용' 등으로 표현하고 있으나 한국통계학회 '통계학 용어 대조표'에는 '이 요인 상호작용'으로만 돼 있어 그대로 옮겼다.

겠다"로 해석한다. 만일 Analyze Phase에서 '핵심 인자(Vital few X's)'를 찾아냈는데 그 개수가 '5개 이상'이면, '실험 계획'을 수행하는 데 많은 제약이 따른다. 인자 수가 많아지면 그만큼 '실험 수'가 증가하기 때문이다. 통상 실험은 수준이 '2개'인 것을 기본으로 하며, 이때 실험 수는

'실험 수 = (수준 수)$^{인자 수}$ = 2$^{인자 수}$'로 알 수 있는데 만일 '제어 인자'가 '5개'이면 '2^5 = 32회'의 실험이 필요하다. 물론 인자 수가 '6개', '7개' 등으로 늘어나면 실험 수도 '64회', '128회' 등으로 증폭된다. 따라서 인자 수를 줄일 필요가 있는데 이때는 'Y'를 최적화시킬 목적보다 영향이 적은 인자를 인위적인 실험 상황을 거쳐 걸러내겠다는 의도가 강하므로 '부분 요인 설계'지만 따로 구분해 '선별 설계(Screening Design)'라고 부른다.

다음 [그림 1-27]은 미니탭에서 '선별 설계'에 어떤 것들이 있는지 확인할 수 있는 화면이다. 위치는 미니탭 '통계 분석(S)> 실험 계획법(D)> 요인(F)> 요인 설계 생성(C)…'에서 '사용 가능한 설계 표시(V)…'로 들어간다. 그림 중 녹색의 '완전'이 바로 본문에서 설명할 '완전 요인 설계'를 나타내고, 그 외 것들이 '부분 요인 설계'이다. 빨강, 노랑, 녹색은 '부분 요인 설계'를 할 때 정보를 잃어버리는데, 그 정도를 구분해놓은 것이다. 예를 들어, '녹색'은 '완전(즉 모든 실험 수를 진행)'을 항상 포함하며, 대부분의 유용한 정보를 얻어낼 수 있는 반면, '빨강'으로 가게 되면, 중요한 정보를 놓칠 수 있음을 암시한다. '노랑'은 그 중간 정도다. 경제적 측면에선 실험 수가 줄어들면 효과적이지만, 정보 수집 측면에선 결과에 미치는 일정 부분의 손실을 감수해야 한다. 정보의 손실이 무엇인지에 대한 구체적인 설명은 이어지는 '완전 요인 설계'에서 다루고 있다.

[그림 1 – 27] 요인 설계(Factorial Design)

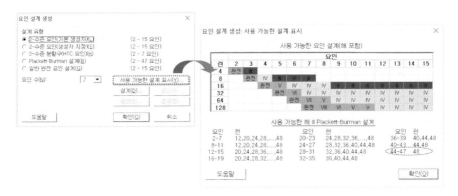

[그림 1 – 27] 중 오른쪽 표 하단의 '사용 가능한 해 Ⅲ Plackett – Burman 설계'는 인자 수가 최대 '47개'일 경우 실험 수는 '48회'로 할 수 있다는 표시로 역시 '선별 설계'의 일종이다. 그 외에 인자들 간 '상호작용'을 미리 알고 있거나(논문, 과거 실험 결과, 전문가 의견 등), 실험 수를 줄여도 '최적 조건'을 충분히 달성할 수 있는 상황이면 굳이 실험을 전부 다 해야 하는 '완전 요인 설계'보다 '부분 요인 설계'를 통해서도 소기의 목적을 달성할 수 있다.

④ 완전 요인 설계(Full Factorial Design): '부분 요인 설계'가 정해진 실험 수를 다 수행하지 않는 대신 '완전 요인 설계'는 말 그대로 정해진 실험을 전부 수행한다. 물론 경제적인 측면에서 돈과 시간, 노력이 더 드는 반면, '실험 계획'에서 얻을 수 있는 모든 정보를 확보할 수 있다. '실험 계획'의 기본 원리에 익숙지 않은 리더들을 위해 '정해진 실험 수'와 '얻을 수 있는 정보'가 무엇인지 한 단계 더 들어가 보자. 이 과정은 '첫 번째 원리'의 '실험 계획에의 응용'에 도움을 줄 것이다. '정해진 실험 수'는 '부분 요인 설계'에서 설명했던 바와 같이 인자별 두 개 수준을 기본으로 하므로, 3인자는 '실험 수=2^3=8회'가 되며, 따라서 이 횟수를 전부 수행하면 '완전 요인 설계'이다. '얻을

수 있는 정보'가 무엇인지 알아보기 위해 3개의 인자인 '온도', '압력', '농도' 를 가정하고, 「통계 분석(S)> 실험 계획법(D)> 요인(F)> 요인 설계 생성(C)⋯ 」에 들어가 다음 [그림 1 – 36]처럼 '설계 표(Data Matrix)'[13]를 생성한다.

[표 1 – 36] '요인 설계'의 '설계 표' 생성

왼쪽은 부호(Coded)화, 오른쪽은 '실제 값(Uncoded)'으로 표현됐을 뿐 결과 해석에는 차이가 없다. '정보의 수준'을 알아보려면 '부호'화가 용이하므로 이 를 활용해보자. '설계 표(Data Matrix)'의 굵은 사각으로 강조된 부분이 해당 '처리(Treatment)'로부터 얻어진 'Y'값들로 편의상 소수점 없이 양의 정수만으 로 표현하였다.

'실험 계획'을 수행하는 가장 기본적인 목적은 각 인자들의 'Y'에 미치는 영향(Effects)을 파악하기 위함이다. 데이터 정렬상 세 번째 열에 배치된 '농 도'의 영향을 확인하는 것이 편리하므로 '농도'열을 이용해 먼저 'Y'에 미치는 영향을 산정하면 다음 [표 1 – 37]과 같다.

---

13) '설계 표(Data Matrix)'의 국문 / 영문 표기는 한국통계학회 '통계학 용어 대조표'에 포함돼 있지 않아, 미 니탭 정의를 따름.

[표 1-37] '농도'의 '효과' 계산

온도	압력	농도	Y
-1	-1	-1	1
1	-1	-1	5
-1	1	-1	10
1	1	-1	3
-1	-1	1	8
1	-1	1	11
-1	1	1	14
1	1	1	5

(A: 처음 4행, B: 나중 4행)

$$\text{'농도' 효과(Effect)} = \frac{8+11+14+5}{4} - \frac{1+5+10+3}{4} = 4.75$$

[표 1-37]에서 '농도'의 '1'은 실제 값 '30%', '-1'은 '10%'를 대변하며, 'Y'에 미치는 '영향(Effects)'은 '1'의 'Y'값 '8, 11, 14, 5'의 평균에서 '-1'의 '1, 5, 10, 3'의 평균을 뺀 값이다. 즉 '4.75'로 이 값은 '농도'가 낮은 값 '10%'에서 높은 값 '30%'로 증가하면 'Y'는 양의 방향으로 '4.75'만큼 증가한다는 뜻이다. 그런데 의문이 생긴다. 'Y'란 '온도', 압력', '농도'의 수준들의 조합을 통해 얻어진 값인데, 어째서 '농도'만 떼어 효과를 산출한단 말인가? 그 이유는 그림 왼편의 'A'와 'B' 영역을 보면 쉽게 알 수 있다. 'A' 영역의 첫 줄은 '-1, -1'의 조합이며, 이것은 'B' 영역의 첫 줄인 '-1, -1'과 일치한다. 동일하게 'A' 영역의 두 번째 줄과, 'B' 영역의 두 번째 줄 역시 일치한다. 즉 'A'에서 'B' 영역으로 이동할 때, 실제적으로 변화하는 것은 '농도'가 '-1 수준(10%) 4개'에서 '1 수준(30%) 4개'로 바뀔 뿐 나머지 조합은 위아래가 동일하다. 즉 순수하게 '농도'의 영향만을 추출해냄을 알 수 있다. 이것은 '설계 표(Data Matrix)'가 '균형(Balance)'과 '직교성(Orthogonality)'으로 구성된 데 기인하는 것으로 각각에 대한 용어 정의는 다음과 같다.

- **균형(Balance)** (ww.isixsigma.com) All factor levels(or treatment groups) have the same number of experimental units(or items receiving a treatment). 모든 인자의 수준들이 동일한 수의 실험 단위를 갖는 경우. '실험 단위'는 '높은 수준(1)'이나 '낮은 수준(- 1)'을 각각 의미하며, '균형'은 한 인자 관점에서 파악한다. 즉 한 인자 내에 '높은 수준(1)'과 '낮은 수준(- 1)'이 동일한 수만큼 존재하면 "균형 잡혀 있다"라고 한다. 이것은 '효과'에 대한 수학적 계산을 용이하게 해준다.[14]

- **직교성(Orthogonality)** (알기 쉬운 다구찌기법, 이상복 저, 상조사, pp.125~128). '직교'라는 용어의 기본 개념은 하나이나 분야별로 해석에 약간의 차이를 두고 있다. 예를 들면 '수학'에서는 '직각(두 선분이 90도로 만나는 경우)'으로, '대수'에서는 '내적이 0인 경우'로, '실험 계획'에서는 '어느 수준에 다른 요인의 수준이 똑같은 횟수로 만나는 경우'로써 설명된다. '실험 계획'에서의 '직교'는 두 인자 관점에서 파악된다. 다음 [표 1 - 38]의 단순화한 '설계 표(Data Matrix)'를 보자.

[표 1 - 38] '직교성' 개요

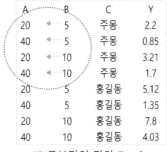
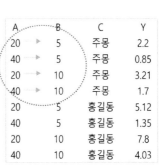

['B'로부터의 기여 Zero]   ['A'로부터의 기여 Zero]

---

14) 출처에 따른 용어 정의 기술 외에 저자의 보충 설명이 포함돼 있다.

‘A, B’ 인자가 “직교한다”는 의미를 자세히 알아보면, [표 1－38]의 왼쪽 ‘설계 표’에서 ‘B 인자’의 각 수준 ‘5’, ‘10’이 ‘A 인자’의 각 수준 ‘20’, ‘40’과 동일한 횟수만큼 만나고(‘B’로부터의 기여가 ‘Zero’), 또 거꾸로 오른쪽 ‘설계 표’에서 ‘A 인자’의 각 수준 ‘20’, ‘40’이 ‘B 인자’의 각 수준 ‘5’, ‘10’과 동일한 횟수만큼 만나는 경우(‘A’로부터의 기여가 ‘Zero’)를 ‘실험 계획’에서는 “직교한다”고 한다. 이 기본 원리는 실험의 처리 배열을 부호화(Coded)했을 때, 대수에서의 ‘직교’ 정의처럼 각 수준들의 곱을 모두 합하면 ‘0’이 되는 특징이 있다. 또, 인자끼리의 ‘상호작용’을 쉽게 표현할 수 있도록 도와주는데, 각 부호화된 인자의 수준을 서로 곱하면 ‘상호작용’ 배치가 얻어진다. 미니탭의 ‘설계 표(Data Matrix)’에는 ‘A*B’, ‘A*C’ 같은 ‘상호작용’은 안 나타나지만 분석 후 ‘세션 창’ 화면엔 출력된다. 다음 [표 1－39]는 ‘상호작용’을 인위적으로 표현한 예이다. 각 ‘상호작용’들의 수준 배치는 ‘수준(1)’과 ‘수준(－1)’이 동일한 수만큼 있어 ‘균형(Balance)’을 이루며, 각 ‘상호작용’별 수준들의 합(대수의 ‘내적’에 대응)도 ‘0’이 됨을 알 수 있다(예로써 ‘A*B’ 경우 $1 + (-1) + (-1) + 1 + 1 + (-1) + (-1) + 1 = 0$)

[표 1－39] ‘상호작용’의 수준 배치

A	B	C	Y	A*B	A*C	B*C	A*B*C
-1	-1	-1	2.2	1	1	1	-1
1	-1	-1	0.85	-1	-1	1	1
-1	1	-1	3.21	-1	1	-1	1
1	1	-1	1.7	1	-1	-1	-1
-1	-1	1	5.12	1	-1	-1	1
1	-1	1	1.35	-1	1	-1	-1
-1	1	1	7.8	-1	-1	1	-1
1	1	1	4.03	1	1	1	1

[표 1－39]에서 실험 설계를 하면 미니탭 '워크 시트'엔 '열 A, B, C, Y'만 보이나 실제는 '상호작용' 열들이 숨겨져 있다. '이 요인 상호작용, A*B'는 'A열'의 부호와 'B열'의 부호들 쌍을 행으로 각각 곱해 얻어진다. 또 '삼요인 상호작용'도 비슷하게 'A열 부호', 'B열 부호', 'C열 부호'별 각 쌍들을 행으로 곱해 얻어진다([표 1－41] 참조).

다시 [표 1－37]로 돌아가 '농도 효과' 외에 다른 인자인 '온도'와 '압력'의 '효과(Effect)'도 동일한 방법으로 산출해보자. 다음과 같다.

$$
\begin{aligned}
'온도'\,효과\,(Effect) &= \frac{5+3+11+5}{4} - \frac{1+10+8+14}{4} = -2.25 \\
'압력'\,효과\,(Effect) &= \frac{10+3+14+5}{4} - \frac{1+5+8+11}{4} = 1.75
\end{aligned}
\tag{1.19}
$$

참고로 '온도' 효과인 '－2.25'는 '음수'인데 온도가 '20℃'에서 '40℃'로 변하면, 'Y'의 변화량은 '8.25[＝(1＋10＋8＋14) /4]'에서 '6.0[＝(5＋3＋11＋5) /4]'으로 '2.25'만큼 감소한다는 것을 뜻한다. 다시 말해, 적어도 '20～40℃' 구간에서 '온도'가 증가하면 'Y'는 계산된 양만큼 점점 감소한다.

다음 [표 1－40]은 미니탭 「통계 분석(S)> 실험 계획법(D)> 요인(F)> 요인 설계 분석(A)…」에 들어가 지금까지 수행된 실험을 분석한 결과이다. '세션 창'에 표시된 '효과' 난을 보면 앞에서 수작업으로 각 인자별로 계산한 값들과 미니탭이 계산한 값들이 정확히 일치함을 확인할 수 있다. 물론 각 인자별 '효과'들 중 그 절댓값이 가장 큰 '농도'의 경우가 'Y'에 미치는 영향 정도가 가장 크다는 것도 예견할 수 있다.

[표 1-40] '주 효과' 계산 결과

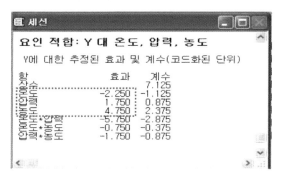

그런데 '세션 창' 결과 화면의 '주 효과(Main Effects: 온도, 압력, 농도)' 아래에 있는 '상호작용의 효과(온도*압력, 온도*농도, 압력*농도)'는 어떻게 얻어질까? 앞서 [표 1-39]를 보면 '상호작용'들의 '설계 표(Data Matrix)'에도 실험 인자들인 '온도', '압력', '농도'들과 마찬가지로 '높은 수준(1)'과 '낮은 수준(-1)'이 '균형'을 이루고 있으므로, '효과' 계산 역시 '주 효과'와 동일하다. 'A*B', 'A*C', 'B*C', 'A*B*C'들의 '설계 표'는 '직교성' 설명 중 [표 1-39]에 포함돼 있으니 참고하기 바라고, 'A*B'에 대해서만 다음 [표 1-41]에 그 산출 과정을 표기해놓았다.

[표 1-41] '상호작용'의 수준 배치

온도(A)	압력(B)	농도(C)	Y	A*B	A*C	B*C	A*B*C
-1	-1	-1	1	(-1) * (-1) = 1	1	1	-1
1	-1	-1	5	(1) * (-1) = -1	-1	1	1
-1	1	-1	10	(-1) * (1) = -1	1	-1	1
1	1	-1	3	(1) * (1) = 1	-1	-1	-1
-1	-1	1	8	(-1) * (-1) = 1	-1	-1	1
1	-1	1	11	(1) * (-1) = -1	1	-1	-1
-1	1	1	14	(-1) * (1) = -1	-1	1	-1
1	1	1	5	(1) * (1) = 1	1	1	1

이 결과를 토대로 '상호작용 효과(Effect)'를 각각 계산하면, 다음과 같다[자세한 원리는 『Be the Solver_실험 계획』편 '1.3.5' 참조].

$$'온도(A)*압력(B)' 효과 = \frac{1+3+8+5}{4} - \frac{5+10+11+14}{4} = -5.75 \qquad (1.20)$$

$$'온도(A)*농도(C)' 효과 = \frac{1+10+11+5}{4} - \frac{5+3+8+14}{4} = -0.75$$

$$'압력(B)*농도(C)' 효과 = \frac{1+5+14+5}{4} - \frac{10+3+8+11}{4} = -1.75$$

'상호작용'인 '온도(A)*압력(B)*농도(C)'도 동일하게 구할 수 있으나 계산과정은 생략한다. 다음 [표 1 – 42]는 미니탭 결과이며, 굵은 점선 사각형 내의 결과가 수작업으로 계산한 식 (1.20)과 정확히 일치함을 알 수 있다.

[표 1 – 42] '상호작용 효과' 계산 결과

⑤ 반응 표면 설계(Response Surface Design): '반응 표면 설계'는 2차 방정식을 얻기 위한 실험 방법이다. 앞서 설명한 '완전 요인 설계'는 최종적으로 얻게 되는 함수가 'Y = 7.125 − 1.125A + 0.875B + 2.375C − 2.875A*B − 0.375A*C − 0.875B*C(단, A = 온도, B = 압력, C = 농도)'와 같이 1차 항으로만 구성돼 있

어 만일 'X'와 'Y'의 관계가 곡률이면 원하는 최적화를 구현할 수 없다. 그러나 초기 실험에서 'X'와 'Y'가 곡률의 관계인지 알 수 없으므로, 바로 '반응 표면 설계'로 들어가는 것은 바람직하지 않다. 왜냐하면 실험 수도 늘어날뿐더러 인자들의 수준도 변경이 불가피하기 때문이다. 또, 직선 관계로 충분히 설명할 수 있는 것을 불필요한 2차식을 유도할 필요는 더더욱 없다. 따라서 정보가 부족한 상황이면 우선 '완전 요인 설계'를 하되, '중심점(Center Point)'을 추가시켜 곡선성 여부를 확인하는 것이 정법이다. 만일 'X'와 'Y'가 곡선의 관계로 판명나면 '반응 표면 설계'의 진행은 불가피하다. 다음 [그림 1 - 28]은 '완전 요인 설계'에서 곡률 여부를 탐지하기 위한 '중심점' 추가와, '설계 표(Data Matrix)'에 '중심점'이 반영된 모습을 보여준다.

[그림 1 - 28] '중심점' 추가 및 '설계 표' 반영 결과

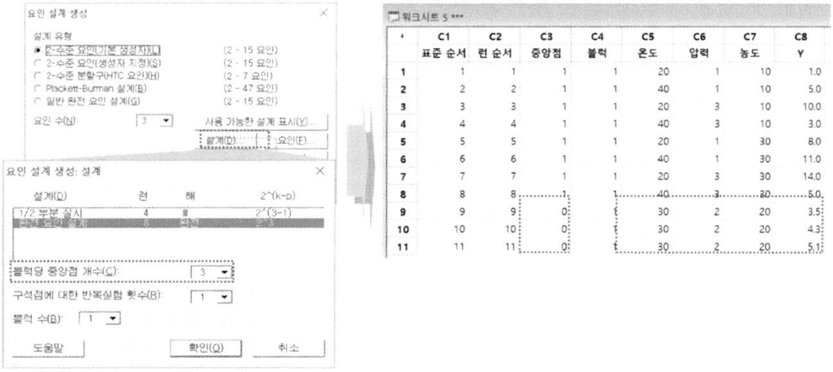

[그림 1 - 28]의 왼쪽 '대화 상자'에서 '중심점' 3개가 포함됐으며, 그 결과가 '워크 시트' 내 '중앙점' 열엔 '0'이, 각 인자의 수준은 '높은 수준'과 '낮은 수준'의 중간 값인 '온도＝30', '압력＝2', '농도＝20'으로 설정되었다. 설계에

서 '중심점'을 3개 넣었으므로, 실험은 '중심점'에서 3회 반복한다. 「통계 분석(S)> 실험 계획법(D)> 요인(F)> 요인 설계 분석(A)…」와 「통계 분석(S)> 실험 계획법(D)> 요인(F)> 요인 그림(F)…」에서 분석 결과와 '주 효과도(Main Effect Plot)'를 얻으면 곡률 관계 여부를 판단할 수 있다.

[그림 1 – 29] '중심점'의 'p-값'과 '주 효과도'에서의 '중심점' 효과

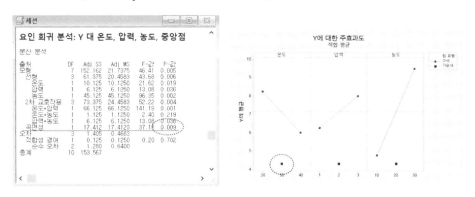

[그림 1 – 29]의 왼쪽 결과에서 'Ct Pt(Center Point의 약어)'의 'p – 값'이 '0.009'로 유의함을 알 수 있고, 오른쪽 '주 효과도'를 보면 각 인자별 양쪽 수준 사이에 타점(중심점 'Y 값')이 직선으로부터 떨어져 있음이 관찰된다. 즉 '온도'의 경우 '20℃'에서 '40℃'로 서서히 상승하면 'Y'는 감소하는 패턴이고, 이때 선형적으로 감소하는 것이 아니라 '중심점'까지 감소했다가 '40℃' 근처에서 다시 상승하는 경향을 보인다. 이 결과로부터 현재 얻은 선형 모형은 'Y'를 최적화시킬 'X'들의 '최적 조건'은 구할 수 있으나 신뢰성은 떨어질 것으로 예상된다. 왜냐하면 'X'와 'Y'의 관계가 곡선으로 연결됨에도 '직선 방정식'으로 예측 값을 내놓기 때문이다. 따라서 이 단계에서 할 수 있는 판단은 'X'와 'Y'의 관계를 곡률로써 연결해줄 '반응 표면 설계'로 실험 방향을

트는 것이다. 그러나 본문에서 '반응 표면 설계'를 논하는 것은 주제에서 너무 벗어나므로 관심 있는 독자는 관련 문헌이나 서적을 참고하기 바란다.

⑥ 혼합물 실험(Mixture Experiment): '혼합물 실험'은 실험의 대상이 여러 성분(Components)들의 혼합으로 이루어져 있고, 'Y'를 최소 또는 최대로 만들 최적의 '혼합 비율(Mixing Proportion)'에 관심이 있을 경우 수행된다. 혼합물 실험은 여기서 논할 필요는 없으나 다른 '실험 계획'들과 용어나 활용에 차이가 많아 바탕 개념을 요구하는 경우가 많다. 따라서 반드시 알아두면 좋을 기본적인 내용 위주로 포함시켰으니 참고 수준에서 활용하기 바란다.

[그림 1 – 30] '혼합물 실험' 개요도

- 제약조건; k개의 성분의 혼합에 있어서 x_i를 i 번째 성분의 혼합비율 이라 하면,

    $x_1 + x_2 + x_3 + \cdots + x_i = 1$, $x_i \geq 0$, $i = 1, 2, \cdots, k$

- k-1 차원의 심플렉스(Simplex): $x_1 + x_2 + x_3 + \cdots + x_i = 1$,

    $x_i \geq 0$, $i = 1, 2, \cdots, k$ 을 만족하는 점들의 집합

혼합물   혼합비율

성분 1 X_1
성분 2 X_2
성분 3 X_3

제약조건; $X_1 + X_2 + X_3 = 1$

[그림 1 – 30]의 왼쪽 정의에서 '제약 조건'이란 기본적으로 실험 대상에 들어가는 성분들을 모두 섞어놓았을 때 그들의 혼합 비율은 '1'이 된다는 것이다. 물론 비율이 '0'이나 '음수'가 나오는 경우는 없으므로 '$x_i \geq 0$'이 성립한다. '혼합물 실험'에서 자주 마주치는 '심플렉스(Simplex)'란 용어가 있다. 다른 '실험 계획'과 비교해 생소한 단어가 여럿 등장하므로 정확한 정의를 알아두면 해석 때 유용하다.

- 심플렉스(Simplex) (Wikipedia) In geometry, a simplex(Plural simplexes or simplices) or n-simplex is an n-dimensional analogue of a triangle. Specifically, a simplex is the convex hull of a set of (n+1)···(skip)··· For example, a 0-simplex is a point, a 1-simplex is a line segment, a 2-simplex is a triangle, a 3-simplex is a tetrahedron and a 4-simplex is a pentachoron···(skip). 기하학적으로, '심플렉스' 또는 'n-심플렉스'란 n-차원의 삼각형 유사체를 의미한다. 특히, 하나의 심플렉스에는 'n+1'개의 꼭짓점이 존재한다.···(중략)··· 예를 들어, '0-심플렉스'는 '한 점'이, '1-심플렉스'는 하나의 '직선'이, '2-심플렉스'는 '삼각형'이, '3-심플렉스'는 '사면체' 등이 각각 대응된다···(중략).

'심플렉스'를 설명하기 전에 이 '심플렉스'가 '완전 요인 설계'에서의 '입방체도'에 대응하므로 먼저 이에 대해 알아보자. '완전 요인 설계'에서는 기본적으로 각 인자별 2개 수준에서 설계하므로, 실험 점을 시각적으로 나타내기 위해 '입방체도(Cubic Plot)'를 사용한다. '입방체도'는 해석을 목적으로 하기보다 실험 점에 'Y'도 함께 배치되므로 실험의 전반적인 상황을 한눈에 파악하기에 매우 용이하다. 이때 인자가 2개면 실험 점 4개($=2^2$)의 표현을 위해 '정사각형'을 사용하고('정방체도'라고 한다), 3개면 실험 점 8개($=2^3$)를 위해 '정육면체'를 사용한다('입방체도'라고 한다). 또, 인자가 4개면 실험 점이 '총 16개($=2^4$)'이므로 2개의 '정육면체'를 사용한다.

상황이 머리에 잘 안 떠오를 수 있으므로 미니탭 기능을 활용해보자. 위치는 「통계 분석(S)> 실험 계획법(D)> 요인(F)> 입방체도(B)···」로 들어가 '인자 수'별로 '입방체도'를 그려본다. '인자 수'가 2, 3, 4개인 경우의 '입방체도'는 다음 [그림 1-31]과 같다.

[그림 1 – 31] 입방체도(2인자는 '정방체도'라고 함)

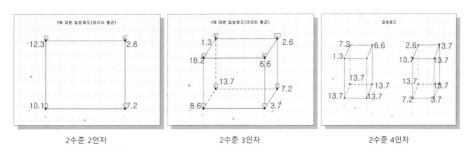

2수준 2인자   2수준 3인자   2수준 4인자

[그림 1 – 31]의 각 꼭짓점은 실험을 위한 수준들의 조합(또는 처리: Treatment) 이며 'Y'가 기록돼 있어 어느 조건에서 원하는 'Y'가 얻어졌는지 쉽게 알 수 있다. 다시 '혼합물 실험'으로 돌아와 2개의 성분들이 있고, 목표 값 'Y'를 얻 기 위한 최적 혼합비를 결정하려 할 때 '입방체도'처럼 시각화에 대해 생각해 보자. 두 성분은 '0'부터 '1'까지 무한히 많은 값들이 가능하며 조합은 그보다 훨씬 더 많다. 심플렉스의 정의에 따라 이 상황은 '1 – 심플렉스(1차원 심플렉 스)'에 해당하며, 다음 [그림 1 – 32]와 같이 '선분'으로 나타낸다.

[그림 1 – 32] 1차원 심플렉스

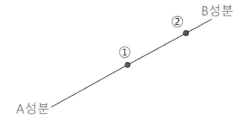

[그림 1-32]에서와 같이 '선분'은 2 꼭짓점(=n+1=1+1)을 갖고 있으며, 임의 위치를 정하면 각 성분의 혼합비를 표현할 수 있다. 예를 들어 '①'의 경우, 'A성분=0.5, B성분=0.5'가 될 것이고, '②'의 경우는 'A성분=0.8, B성분=0.2' 등이다. 만일 성분이 3개면 심플렉스 정의에 따라 2-심플렉스(2차원 심플렉스)인 '정삼각형'이 될 것이고, 미니탭의 『통계 분석(S)> 실험 계획법(D)> 혼합물 설계(X)> 심플렉스 설계도(P)…』에 들어가 표현한 결과는 다음 [그림 1-33]과 같다.

[그림 1-33] 2차원 심플렉스 설계도

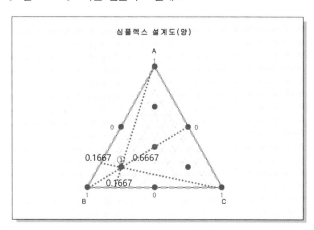

[그림 1-33]에서 각 선분 위의 중간 세 점('0'으로 표시돼 있음)은 연결된 두 성분이 각각 '0.5'의 비율에 해당하고, 삼각형 내, 예를 들면 '①' 위치는 'A성분=0.1667, B성분=0.667, C성분=0.1667'이다. '①' 위치를 '설계 표(Data Matrix)'로 옮기면 다음 [표 1-43]과 같이 강조된 영역의 성분들 조합에 해당한다.

[표 1 – 43] 성분 조합 '설계 표'

	C1 StdOrder	C2 RunOrder	C3 PtType	C4 블럭	C5 A	C6 B	C7 C	C8 Y
1	5	1	2	1	0.50000	0.00000	0.50000	4
2	1	2	1	1	1.00000	0.00000	0.00000	5
3	10	3	-1	1	0.16667	0.16667	0.66667	2
4	6	4	2	1	0.00000	0.50000	0.50000	7
5	2	5	1	1	0.00000	1.00000	0.00000	8
6	9	6	-1	1	0.16667	0.66667	0.16667	5
7	7	7	0	1	0.33333	0.33333	0.33333	6
8	4	8	2	1	0.50000	0.50000	0.00000	4
9	3	9	1	1	0.00000	0.00000	1.00000	12
10	8	10	-1	1	0.66667	0.16667	0.16667	3

'혼합물 실험'은 기본 실험법인 '심플렉스 중심 설계(Simplex Centroid Design)'
와 '심플렉스 격자 설계(Simplex Lattice Design)'가 있으며, 삼각형 내부 점
포함 여부에 따라 '확대(Augmented)', '확대 없음(Unaugmented)'[15]으로 구분
한다. 실험 방법은 미니탭 「통계 분석(S)> 실험 계획법(D)> 혼합물 설계(X)」의
'도움말'을 다음 [그림 1 – 34]의 위치에서 참고하기 바란다.

[그림 1 – 34] '혼합물 실험' 방법들 '도움말' 위치

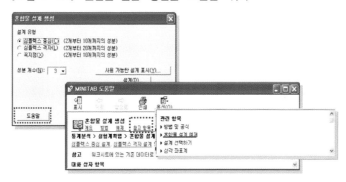

---

15) 한국통계학회 '통계학 용어 대조표'에는 포함돼 있지 않으나 'Augmentation'을 '확대'로, 'Augmented
matrix'를 '확대행렬' 등으로 표기하고 있어, 이에 따라 'Augmented'를 '확대'로 정의함. 참고로 '미니탭
ver.14'에서는 'Unaugmented'를 '증대 전', 'Augmented'를 '증대 후'로 표기하고 있음.

지금까지 '혼합물 실험'과 관련한 기본 내용들을 알아봤으며, 실험 과정이나 분석에 대해서는 책의 범위를 벗어나므로 관심 있는 리더들은 관련 서적을 참고하기 바란다. 이 외에 '다구치 방법(Taguchi method)'이 있으나 동일한 이유로 내용에서 제외한다. 업무 관련성이 있는 독자는 「Be the Solver_실험 계획」 편을 참고하기 바란다.

실험 방법에 대해 개념이 잡혔으면 다음으로 '실험 계획'에서 사용하는 기본 원리 다섯 개에 대해 간단히 알아보자. 본 내용은 '첫 번째 원리의 응용'에 직접적 관련성이 없으므로 내용을 잘 아는 리더라면 뛰어넘어도 좋다.

① 랜덤의 원리(Principle of Randomization): 실험에 사용될 '제어 인자' 외에 다른 외부의 영향으로 결과가 왜곡되는 것을 방지한다. 표본을 불규칙적으로 배치하거나 실험 순서를 불규칙하게 배열하는 방법 등이 있으며, 후자는 미니탭에서 기능을 제공한다. 다음 [그림 1 – 35]는 「통계 분석(S)> 실험 계획법(D)> 요인(F)> 요인 설계 생성(C)…의 '옵션(P)'…」에서 실험 순서를 불규칙(랜덤)하게 지정하는 위치와 실행 결과를 보여준다.

[그림 1 – 35] 랜덤의 원리

② 반복의 원리(Principle of Replication): 인자들의 수준 조합을 반복하는 실험법이다. 수준의 조합에서 딱 한 번 실험해 얻은 Y값은 외부 영향에 의해

치우침이 발생할 가능성이 높으므로 동일 조합에서의 반복 실험을 통해 그 '평균'을 사용하면 오류 위험은 현저히 줄어든다. 즉 실험 결과의 정밀도를 향상시킬 수 있다. 그러나 반복에 따른 실험 횟수 증가로 비용, 시간, 자원의 추가적인 고려가 필요하다. 다음 [그림 1-36]은 「통계 분석(S)> 실험 계획법(D)> 요인(F)> 요인 설계 생성(C)…의 '설계(D)'」에서 2수준 2인자, 2회 반복의 예를 나타낸다.

[그림 1-36] 반복의 원리

③ 블록화의 원리(Principle of Blocking): 실험을 하루에 다 수행할 수 없거나 두 개 이상의 공간에서 동시에 진행할 때 실험 전체를 몇 개 부분으로 나눠야 한다. 이때 시간적 혹은 공간적으로 분할하여 블록을 만들어주면 각 블록 내에서는 실험 환경이 균일하게 되어 어느 정도 좋은 결과를 얻을 수 있다. 이 원리를 이용한 대표적인 실험 계획법이 난괴법(Randomized Block Design)으로 '실험일' 등을 블록으로 나누어 하나의 인자로 잡아준 뒤 진행된다. 다음 [그림 1-37]은 미니탭에서 블록을 설정하는 방법과 그 결과를 보여준다. 실험은 '2수준 3인자'로 이틀에 걸쳐 실험이 진행된다고 가정한다.

[그림 1-37] 블록화의 원리

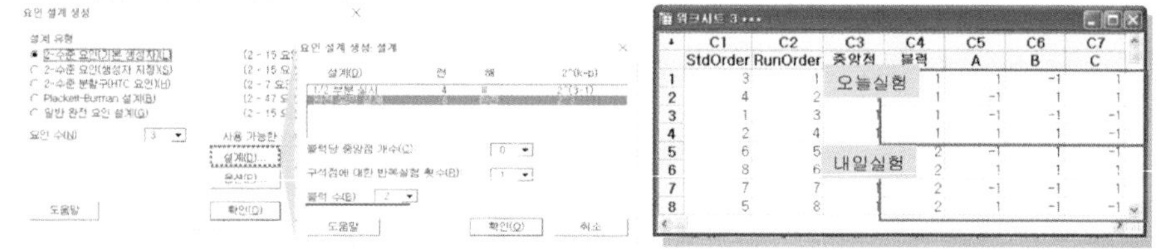

　　'랜덤의 원리', '반복의 원리' 및 '블록화의 원리'를 설명하기 위해 교육 중 자주 쓰는 예가 있다. 총알을 파는 네 개 업체가 있다고 하자. 가장 품질이 좋은 총알을 찾아 납품받을 목적으로 뛰어난 사수를 고용해 각 사(社)의 총알을 한 개씩 쏴보도록 했다. 중심에서 떨어진 거리를 측정했을 때 'B>C>D>A사' 순서로 평가돼 'B사'를 최종 선정한다면 어떻게 될까? 아마도 C, D, A사에서 한 개는 우연히 잘 맞출 수 있지 않겠느냐고 항변할지 모른다. 무슨 대안이 있을까? 각 사별로 총알 100개씩 쏘도록 한 뒤 중심에서 떨어진 거리를 평균한다. 즉 '**반복의 원리**'를 적용한다. 이를 수행하기 위해 사수가 A사 100개, B사 100개, C사 100개, D사 100개를 연속으로 쏴 결과를 냈을 때, 또 무슨 항변이 있을까? 아마도 사수가 100개씩 연속해서 쐈다면 나중에 쏘게 되는 C사나 D사, 특히 D사의 경우는 사수의 집중력을 문제 삼을지 모른다. 아무래도 뒤에 배치된 업체는 불리할 가능성이 매우 높다. 무슨 대안이 있을까? 모든 업체의 총알을 색 등으로 구분한 뒤 뒤죽박죽 섞어버린다. 이렇게 하면 집중력이 좋은 초기 때도 각 사의 제품이 포함될 것이고, 집중도가 떨어지는 시점에서도 각 사의 제품이 골고루 섞여 있을 테니 나중에 업체별로 결과를 취합해 중심으로부터의 거리를 평균하면 외부 환경의 영향이 공통으로 들어 있어 결과 해석이 용이하다. 즉 '**랜덤의 원리**'를 적용한 예이다. 다시 새로운 상황을 추가해보자. 만일 사수가 하루 동안 혼자 계속해서 실험을 수행하는 데

한계가 있다든가, 사격장을 사용하는 시간이 정해져 있다든가 해서 이틀에 걸쳐 평가하는 경우를 가정해보자. 또, 평가 결과를 얻는 데 대기의 수분에 영향을 받는다면 어떻게 될까? 첫날은 맑았는데 둘째 날은 습기가 많은 경우를 생각할 때, 아무리 무작위로 섞어놨다 하더라도 첫날에 특정 회사의 총알이 좀 더 많이 포함됐다든가 하면 습기의 영향 여부에 따라 특정 회사의 결과 값이 불리하게 나올 수도 있다. 가장 좋은 방법은 각 사별로 50개씩은 첫날에 배치하고, 나머지 50개씩은 둘째 날에 배치한다. 각 실험 일에 포함된 총알들은 '랜덤의 원리'를 적용해 뒤섞어놓음은 물론이다. 이렇게 배치해서 최종 데이터를 각 사별로 취합한 뒤 평균을 내면 역시 외부 영향이 공통으로 들어가므로 우열을 가리는 합리적 판단을 할 수 있다. 이것이 '**블록화의 원리**'다. 이 예의 경우 미니탭 분석에서 실험일별로 데이터에 차이가 있는지 통계적으로 확인이 가능하며, 본 예 경우 날짜 간 차이가 없음을 내심 기대하므로 블록의 '$p-$값'이 '유의 수준, 0.05'보다 큰 값을 원한다. '날짜'는 의미 없는 '변량 인자(Random Factor)'이기 때문이다. 참고로 '변량 인자'엔 날짜와 같은 '블록 인자(Block Factor)', 측정만 해뒀다가 필요할 때 정보를 이용하는 '보조 인자(Supplementary Factor)', '우연 원인'인 '오차 인자(Error Factor)'가 있다. 반대로 의미 있는 인자를 '모수 인자(Fixed Factor)'라고 한다.

④ 교락의 원리(Principle of Confounding): '실험 계획'을 하다 보면 '교락'이란 단어를 많이 접한다. 참 이해하기 어려운 말이다. '교락'은 영어로 'Confound', 즉 "혼란에 빠뜨리다"라는 뜻이다. 무엇을 혼란에 빠뜨린다는 말인가? 주로 실험 수를 줄이는 '부분 요인 설계'에서 발생하므로 2수준 3인자의 총 8회 실험을 4회인 반으로 줄이는 경우를 예로 들어보겠다. 다음 [표 1-44]는 미니탭 결과를 보여준다.

[표 1 - 44] 2^{3-1} 부분 요인 설계 '설계 표'

	C1	C2	C3	C4	C5	C6	C7	C8	C9	C10	C11
	StdOrder	RunOrder	중앙점	블럭	A	B	C	Y	A*B	A*C	B*C
1	1	1	1	1	-1	-1	1	1	1	-1	-1
2	2	2	1	1	1	-1	-1	7	-1	-1	1
3	3	3	1	1	-1	1	-1	5	-1	1	-1
4	4	4	1	1	1	1	1	8	1	1	1

[표 1 - 44]에 설명이 쉽도록 평상시엔 출력되지 않는 'A*B', 'A*C', 'B*C'를 계산에 포함시켰다. 이전 '완전 요인 설계'에서, '효과(Effect)'를 얻는 방법에 대해 설명한 바 있다. [표 1 - 44]와 같이 '8회'의 실험을 반으로 줄였을 때의 '설계 표(Data Matrix)'를 갖고 실험을 진행해 'Y'값을 얻은 뒤, 각 항(Terms)별 '효과'를 얻으면, 'A 인자 효과'의 경우 '높은 수준'의 'Y'값 평균에서 '낮은 수준'의 'Y'값 평균을 뺀다. 즉 '(7 + 8) /2 - (1 + 5) /2 = 4.5'이다. 그런데 문제가 있다. 'B*C'의 배치를 보면 'A 인자'와 동일하게 ' - 1, 1, - 1, 1'의 순서이며, 만일 '효과'를 계산하면 배치가 같으므로 '효과'도 같은 값인 '4.5'가 나온다. 그렇다면 '4.5'는 'A 인자'의 '효과'일까? 아니면 'B*C'의 '효과'로 봐야 할까? 혼란에 빠지게(Confound) 되는데 이와 같은 상황을 '교락'이라고 한다. 특히 실험에서 중요하게 생각하는 '주 효과(Main Effect)'와 '이요인 상호작용(Two - factor Interaction)'이 분리가 안 되므로 "분해가 가장 안되는 심각한 상황이다" 해서 로마수로 'Ⅲ'을 표기한다. 미니탭은 심각성을 부각시키기 위해 다음 [그림 1 - 38]에서와 같이 해당 실험에 '빨강'으로 표시한다. 그 외에 '연두색'은 설사 실험이 줄더라도 '주 효과'와 '이 요인 상호작용의 효과'를 분리할 수 있는 실험이다(로마 수 Ⅴ, Ⅵ). '노랑'은 '주 효과'의 구분이 가능한 실험이다(로마 수 Ⅳ).

[그림 1-38] 해상도

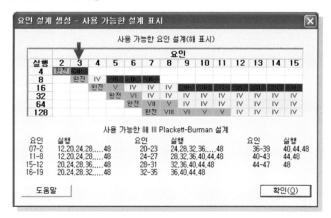

'교락' 현상은 'A 인자'에만 국한된 문제는 아니다. [표 1-44]를 보면 'B 인자'는 'A*C'와, 'C 인자'는 'A*B'와 교락 관계에 있음을 확인할 수 있다. 실험 수를 줄여 경제적인 반면 주요 정보를 얻지 못하는 반대급부가 생긴다. 또, 교락 관계의 항들은 배치가 동일하므로 본명(本名) 이외의 것들이다 해서 '별명(Alias)'이라고도 불린다. 예를 들어 'B*C'는 'A 인자'와 교락 관계이면서, 'A 인자의 별명'이 되는 셈이다. 그러나 실험을 줄여 양질의 정보를 얻지 못한다고 반드시 잘못된 실험법이라 할 순 없다. 특정 인자 간 '상호작용'을 과거 경험이나 문헌 등을 통해 사전에 인지하면 교락을 이용해 실험 수를 줄일 수 있기 때문이다. 따라서 실험 전 가능한 많은 정보를 수집하는 습관이 매우 중요하다. 이 외에 효과(Effects)가 없거나 무시할 수 있는 항을 '블록'과 교락시킴으로써 실험의 효율을 높이는 '교락법'이 있다.

⑤ 직교화의 원리(Principle of Orthogonality): 앞서 '직교성(Orthogonality)'에서 자세히 설명했으므로 여기서는 그 외에 일반적인 사항들에 대해 간단히 기술하도록 하겠다. 요인 간에 직교성을 갖도록 실험 배열을 구성하면 동일한

실험횟수라도 '검정력(Power of Test)'이 더 좋은 검정을 할 수 있고, 정도가 더 높은 추정을 할 수 있는 것으로 밝혀져 있다. '상호작용' 가운데 기술적으로 무시될 수 있는 것을 '주 효과'와 교락시켜 실험의 크기를 줄일 수 있도록 고안된 표를 '직교 배열 표'라고 하며, '직교 배열 표'는 요인 간의 직교성을 이용해 만들어놓은 표이다. '부분 요인 설계(Fractional Factorial Design)'에서 '직교 배열 표'는 매우 유용하게 사용된다. 미니탭에서 DOE를 수행하면 기본적으로 '직교 배열'로 구성된다. 좀 더 깊이 있는 학습을 원하는 독자는 『Be the Solver_실험 계획』편을 참고하기 바란다.

지금까지 '실험 계획'의 개요에 대해 알아보았다. 이제부터 '첫 번째 원리'의 응용으로 돌아와 '실험 계획'의 경우도 이전과 동일하게 「기본 도표」와 「기본 항등식」을 이용해 해석해보자. 이를 위해 미니탭으로 구성된 '설계 표(Data Matrix)'를 다음 [표 1 – 45]에 준비했다. 2수준(Level), 3인자(Factor)의 구성을 'Coded'와 'Uncoded'로 나누어 보여주고 있다.

[표 1 – 45] 2^3 – 완전 요인 설계의 '설계 표(Coded, Uncoded)'

[표 1 – 45] 왼쪽의 'Coded' 경우는 수준을 부호화, 즉 '–1'과 '1'로 표현하고, 오른쪽의 'Uncoded'는 수준을 부호화하지 않은 실제 값, 즉 'A(20, 40)', 'B(5, 10)', 'C(주몽, 홍길동)'으로 표현하고 있다. '최적 조건'을 찾기 위한 결론은 동일하므로 전개가 다소 수월한 'Coded'를 기본으로 사용하면서 필요 시

'Uncoded'를 중간 중간 활용하도록 하겠다.

「기본 도표」를 작성하려면 우선 인자들의 '수준'이 달라질 때 'Y'의 변화에 어느 정도 기여하는가를 가늠해볼 수 있도록 구성해야 한다. 예를 들면 'A 인자' 경우 '20'에서 '40'으로 수준이 바뀌면 'Y'가 얼마만큼 변화하는가 하는 문제이다. 만일 '20'으로 맞추었을 때 'Y'가 '5'로 측정됐는데, '40'으로 맞추니 'Y'가 '60'이 됐다면 효과는 '60 − 5 = 55'이다. 그런데 'C 인자'의 경우 '주몽'이 참여하면 'Y'가 '10'인데, 홍길동이 참여해도 'Y'가 '11'이면, 'C 인자'는 'Y'에 미치는 영향이 상대적으로 작을 것임을 예상할 수 있다. 이렇게 인자별로 'Y'를 얼마나 흔들어대는가를 평가하기 위해 앞서 사용했던 '변동'이라는 양을 도입할 필요가 있다.

3개 인자가 존재할 때 각각의 '변동' 계산 과정은 동일할 것이므로 그들 중 'A 인자' 경우만 우선 계산 과정을 자세히 소개하고, 나머진 요약 정도로 기술한다. 그리고 최종적으로 계산된 '변동' 결과와 미니탭 결과를 비교할 것이다. 물론 '상호작용'도 동일한 방법으로 '변동' 계산이 이루어진다.

'A 인자'는 수준이 '− 1(20)'과 '1(40)'로 구성돼 있고, 각각 4회씩 동일한 수만큼 존재한다. 이렇게 한 인자에 '낮은 수준'과 '높은 수준'이 동일한 수만큼 존재하는 경우를 '균형(Balance)'이라고 했다. 또, 이것은 수학적 계산을 쉽게 해준다고 설명한 바 있다. '설계 표(Data Matrix)'를 보면 '− 1'에서 실험한 결과가 네 번이므로 'Y'도 똑같이 네 번 있게 되고, 이들은 '2.2, 3.21, 5.12, 7.80'이며, 대푯값인 '평균'으로 대신하면 '4.58'이다. 또 '1'에서 실험한 결과도 네 번이며, 대응하는 'Y'는 '0.85, 1.70, 1.35, 4.03'이 되고 역시 '평균'은 '1.98'이다. 이렇게 'A 인자'를 대표하는 두 값 '4.58'과 '1.98'이 'Y'를 얼마나 흔들어대는지 알아보려면 Y의 대푯값인 '총 평균, 3.28'과의 차이를 제곱하면 된다. 이 과정을 「기본 도표」로 나타내면, 다음 [표 1 − 46]과 같다.

[표 1-46] 'A 인자'의 「기본 도표」

	A		
	-1	1	
1	2.20	0.85	
2	3.21	1.70	
3	5.12	1.35	
4	7.80	4.03	총 평균
부분군 평균	4.58	1.98	3.28

「기본 항등식」을 가져오면 다음과 같다.

총 변동 = 그룹 내 변동 + 그룹 간 변동, 또는

$$\sum_{j=1}^{g}\sum_{i=1}^{n_j}\left(x_{ij}-\overline{\overline{x}}\right)^2 = \sum_{j=1}^{g}\sum_{i=1}^{n_j}\left(x_{ij}-\overline{x}_j\right)^2 + \sum_{j=1}^{g}n_j\left(\overline{x}_j-\overline{\overline{x}}\right)^2 \qquad (1.21)$$

총 변동 SS

식 (1.21)에서 회색 바탕은 '실험 계획' 경우 '그룹 간 변동'만 사용한다는 것을 강조한 것이다. 'A 인자'의 '변동'을 엑셀로 계산하면 다음 [표 1-47]과 같다.

[표 1-47] 'A 인자'의 '그룹 간 변동' 계산

「기본도표」

	A		
	-1	1	
1	2.20	0.85	
2	3.21	1.70	
3	5.12	1.35	
4	7.80	4.03	총 평균
부분군 평균	4.58	1.98	3.28

「변동계산」

(부분군 평균-총평균)^2	1.69	1.69
그룹간 변동	13.52	
그룹간 분산	13.52	

부분군 '−1'의 경우, (부분군 평균−총 평균)^{2}은 '$(4.58 − 3.28)^2 = 1.69$'가 되고, '그룹 간 변동'은 데이터 개수가 네 개이므로 '$4×(1.69 + 1.69) = 13.52$'이다. '자유도'는 '$n − 1 = 2 − 1$'이므로 '1'이며, '그룹 간 분산'까지 구해버리면 '1'로 나누게 돼 동일한 값인 '13.52'를 얻는다. 계속해서 'B 인자'와 'C 인자'를 구해보면 다음 [표 1 − 48]과 같다.

[표 1 − 48] 'B 인자', 'C 인자'의 그룹 간 변동 계산

「기본도표」	B	
	-1	1
1	2.20	3.21
2	0.85	1.70
3	5.12	7.80
4	1.35	4.03	총 평균
부분군 평균	2.38	4.19	3.28

「변동계산」		
(부분군 평균-총평균)^2	0.81	0.81
그룹간 변동	6.52	
그룹간 분산	6.52	

「기본도표」	C	
	-1	1
1	2.20	5.12
2	0.85	1.35
3	3.21	7.80
4	1.70	4.03	총 평균
부분군 평균	1.99	4.58	3.28

「변동계산」		
(부분군 평균-총평균)^2	1.67	1.67
그룹간 변동	13.36	
그룹간 분산	13.36	

인자 A, B, C 세 개를 묶어서 '주 효과(Main effects)'라고 하며, '주 효과'가 'Y'에 미치는 변동을 모두 합치면 '$13.52 + 6.52 + 13.36 ≒ 33.40$'이 며, 이 값은 미니탭 '실험 계획'의 '분산 분석' 경우 'SS(Sum of Square)'로 나타난다. 미니탭 위치는 「통계 분석(S)> 실험 계획법(D)> 요인(F)> 요인 설계 분석(A)…」에서 수행한다. '세션 창'에 나타난 결과를 옮기면 다음 [표 1 − 49]와 같다.

[표 1－49] 2^3－완전 요인 설계의 'A, B, C 인자'들 변동 결과

요인 회귀 분석: Y 대 A, B, C

분산 분석

출처	DF	Adj SS	Adj MS	F-값	P-값
모형	6	37.6728	6.2788	1962.12	0.017
선형	3	33.4005	11.1335	3479.22	0.012
A	1	13.5200	13.5200	4225.00	0.010
B	1	6.5161	6.5161	2036.27	0.014
C	1	13.3645	13.3645	4176.39	0.010
2차 교호작용	3	4.2723	1.4241	445.03	0.035
A*B	1	0.0032	0.0032	1.00	0.500
A*C	1	2.7378	2.7378	855.56	0.022
B*C	1	1.5313	1.5313	478.52	0.029
오차	1	0.0032	0.0032		
총계	7	37.6760			

코드화된 계수

항	효과	계수	SE 계수	T-값	P-값	VIF
상수		3.2825	0.0200	164.13	0.004	
A	-2.6000	-1.3000	0.0200	-65.00	0.010	1.00
B	1.8050	0.9025	0.0200	45.13	0.014	1.00
C	2.5850	1.2925	0.0200	64.63	0.010	1.00
A*B	-0.0400	-0.0200	0.0200	-1.00	0.500	1.00
A*C	-1.1700	-0.5850	0.0200	-29.25	0.022	1.00
B*C	0.8750	0.4375	0.0200	21.88	0.029	1.00

모형 요약

S	R-제곱	R-제곱(수정)	R-제곱(예측)
0.0565685	99.99%	99.94%	99.46%

[표 1－49]는 '2수준 3인자 완전 요인 설계'의 미니탭 분석 결과이다. 가장 먼저 나오는 '분산 분석'은 전체 통계량들의 요약 표이다. 복잡해 보이지만 'A, B, C' 각 인자들이 'Y'를 얼마나 흔들어대는지 각 항들의 'SS(Sum of Square)'를 통해 가늠할 수 있다. 원형 점선으로 강조된 부분이 앞서 [표 1－47]과 [표 1－48]에서 「기본 도표」와 「기본 항등식」을 통해 얻은 '변동'들이며, 당시 값들과 정확히 일치한다. 또 세 개 인자들의 '변동'을 합친 값은 '33.4005'로 '선형'의 '변동'란에 위치한다.

참고로 [표 1－49]에서 '코드화된 계수'는 각 인자들의 수준 변화 폭 대비 'Y'의 변화 폭, 즉 '효과'를 나타낸다. 'p－값'을 통해 요인별 유의성 검정이 가능하며, '유의 수준, 0.05'를 기준했을 때 '상호작용, A*B'의 'p－값=0.500'으로 풀링 대상이다. 다음 [그림 1－39]는 미니탭에서 인자별 '변동'을 확인할 수 있는 또 다른 모듈이다. 위치는 「통계 분석(S)> 분산 분석(A)> 일반 선형 모형(G)> 일반 선형 모형 적합(F)…」이며 참고하기 바란다.

[그림 1-39] 개별 인자들의 '변동'을 얻는 또 다른 모듈(일반 선형 모형)

[그림 1-39]의 결과는 다음 [표 1-50]과 같다.

[표 1-50] '일반 선형 모형'의 '주 효과' 계산

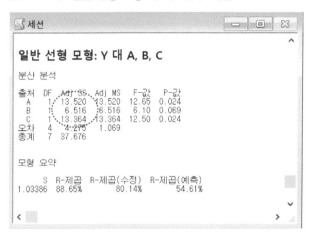

[그림 1-39]처럼 '일반 선형 모형(GLM)'을 활용할 경우 '변동' 내용이 간 단히 출력돼 편리하다. 엑셀 및 [표 1-49]와 정확히 일치함을 알 수 있다. '분산 분석' 결과 중 'F'값과 'P'값을 구하는 과정은 Analyze Phase에서 언

급한 '분산 분석에의 응용' 설명과 동일하므로 별도의 설명은 생략한다. 지금까지 '주 효과'에 대해서만 언급했으나 '상호작용(Interaction)'의 '변동'에 대해서도 알아보자.

'상호작용'은 '실험 계획'의 개요 단계에서 정의 정도만 소개했으나 사실 '실험 계획'에 처음 입문하는 기업인이나 혹은 업무에 '실험 계획'을 활용하고 있는 리더더라도 정확한 원리를 알고 있는 경우는 매우 드문 것 같다. 각 '상호작용 효과'도 '주 효과'를 계산하는 과정과 동일하며, '변동' 역시 동일한 방식으로 얻는다. 'A*B' 하나만 엑셀로 계산한 결과가 다음 [표 1-51]에 나타나 있다.

[표 1-51] 'A*B'의 '그룹 간 변동' 계산

「기본도표」

	A*B		
	-1	1	
1	0.85	2.20	
2	3.21	1.70	
3	1.35	5.12	
4	7.80	4.03	총 평균
부분군 평균	3.30	3.26	3.28

「변동계산」

(부분군 평균-총평균)^2	0.0004	0.0004
그룹간 변동	0.0032	
그룹간 분산	0.0032	

다른 '상호작용'의 '변동' 계산도 과정은 동일하므로 별도의 설명은 생략한다. 다음 [그림 1-40]은 '이 요인 상호작용'들의 '변동'을 '일반 선형 모형'으로 얻기 위한 입력 '대화 상자'이다('통계 분석(S)> 분산 분석(A)> 일반선형모형(G)').

[그림 1 – 40] '상호작용'의 변동 계산(일반 선형 모형)

[그림 1 – 40]이 개별 인자들의 경우인 [그림 1 – 39]와 다른 점은 '상호작용' 입력을 ' 모형(M) '에서 한다는 점이다. '세션 창' 결과는 다음 [표 1 – 52]와 같다. [표 1 – 51]에서 계산한 'A*B'의 '0.0032'와 정확히 일치한다.

[표1 – 52] '상호작용'의 변동 계산(일반 선형 모형)

‘실험 계획’에서 ‘주 효과’와 ‘상호 효과’들의 ‘변동’이 어떻게 얻어지는지 ‘첫 번째 원리’를 적용해보고, 미니탭으로 확인도 해보았다. 이제 예시로 했던 ‘설계 표(Data Matrix)’를 이용해 ‘실험 계획’의 전체 결과를 미니탭으로부터 얻어 본 뒤, 종합적인 결론을 내리는 과정을 학습해보자. 다음 [표 1 - 53]은 ‘세션 창’에 나타난 ‘실험 계획’ 결과이며, 해석은 항상 ‘분산 분석’부터 하는 것이 정석이다. 결과는 미니탭 「통계 분석(S)> 실험 계획법(D)> 요인(F)> 요인 설계 분석(A)…」에 들어가 얻는다([표 1 - 49]를 다시 옮겨옴).

[표 1 - 53] 2^3 완전 요인 설계 결과

요인 회귀 분석: Y 대 A, B, C

분산 분석

출처	DF	Adj SS	Adj MS	F-값	P-값
모형	6	37.6728	6.2788	1962.12	0.017
선형	3	33.4005	11.1335	3479.22	0.012
A	1	13.5200	13.5200	4225.00	0.010
B	1	6.5161	6.5161	2036.27	0.014
C	1	13.3645	13.3645	4176.39	0.010
2차 교호작용	3	4.2723	1.4241	445.03	0.035
A*B	1	0.0032	0.0032	1.00	0.500
A*C	1	2.7378	2.7378	855.56	0.022
B*C	1	1.5313	1.5313	478.52	0.029
오차	1	0.0032	0.0032		
총계	7	37.6760			

코드화된 계수

항	효과	계수	SE 계수	T-값	P-값	VIF
상수		3.2825	0.0200	164.13	0.004	
A	-2.6000	-1.3000	0.0200	-65.00	0.010	1.00
B	1.8050	0.9025	0.0200	45.13	0.014	1.00
C	2.5850	1.2925	0.0200	64.63	0.010	1.00
A*B	-0.0400	-0.0200	0.0200	-1.00	0.500	1.00
A*C	-1.1700	-0.5850	0.0200	-29.25	0.022	1.00
B*C	0.8750	0.4375	0.0200	21.88	0.029	1.00

모형 요약

S	R-제곱	R-제곱(수정)	R-제곱(예측)
0.0565685	99.99%	99.94%	99.46%

분산 분석: ‘Y’에 대한 ‘분산 분석’에서 우선 ‘주 효과’는 ‘DF(자유도)’, 즉 그 개수가 ‘세 개’이며, 이것은 인자 A, B, C를 의미한다. 따라서 ‘Adj. SS’값 ‘33.4005’는 세 개 인자의 변동을 합한 결과다. ‘2차 상호작용’ 역시 세 개의 ‘상호작용’ 변동을 합한 값이다. 이들은 모두 ‘첫 번째 원리’를 응용해 산출했었다. ‘오차’인 ‘0.0032’는 애초 ‘삼요인 상호작용’을 항에서 제외했으므로 ‘A*B*C’의 ‘변동’을 나타내며, 통상 ‘삼요인 상호작용(Three - factor Interaction)’은 경험적

으로 'Y'에 미치는 영향이 거의 없는 것으로 알려져 있어 '항(Terms)'에서 제외시킨다('오차'에 포함). 'MS(Mean Square)'와 'F', 'P' 등은 '분산 분석에의 응용'에서 설명한 바 있다.

모형 요약: 'S = 0.0565685'는 '오차의 표준 편차'로 '분산'인 'Adj MS', 즉 '0.0032'를 제곱근해서 얻는다. 오른쪽 '코드화된 계수' 중 각 '항'들의 'T'값을 구하는 데 이용된다.

'R – 제곱 = 99.99%'는 '분산 분석에의 응용'에서 설명한 바와 같이, 기본 식이 'R – 제곱 = [1 − (오차의 SS/총계의 SS)] × 100'이며, 괄호 안을 계산하면 '0.0032 /37.676 = 0.000085'가 되고, '1'에서 빼주면 '0.999915', 백분율로 나타내면 '99.99%'가 됨을 알 수 있다.

'R – 제곱(수정) = 99.94%'는 'R – 제곱'을 보완한 수치로, 가령 '항(Terms)' 중에서 'Y'에 미치는 영향이 미미한 것들을 제외시키면 이들의 변동은 '오차'로 옮겨지는데 이때 '오차'의 'DF', 즉 '자유도'도 증가한다. 이런 작업을 '풀링(병합: Pooling)'한다고 하며 영향이 없는 항을 계속해서 풀링하게 되면 '오차' 역시 계속해서 증가한다. 이때, 'R – 제곱' 산식의 분자인 '오차의 SS'가 커지므로 결국 'R – 제곱'은 자꾸 작아지는 경향을 보인다. 이를 보완하기 위해 'SS'값 대신 'MS'값을 사용하면 항들의 이동에 다소 덜 흔들리는 안정한 'R – 제곱' 값을 얻을 수 있다. 이 값을 'R – 제곱(수정)'이라고 한다.

$$R^2 = 1 - \frac{SS_{Error}}{SS_{Total}} \qquad (1.22)$$

풀링(Pooling)할수록 분자가 계속 늘어나 R^2이 계속 작아지는 결과 초래.

'R – 제곱'은 풀링을 하면 할수록 'SS_{Error}'가 증가하므로 'R – 제곱'은 크게 변동하는 반면, 'R – 제곱(수정)'은 상대적으로 안정하다. 다음을 보자.

$$R^2_{adj} = 1 - \frac{MS_{Error}}{MS_{Total}} = 1 - \frac{\dfrac{SS_{Error}}{DF_{Error}}}{\dfrac{SS_{Total}}{DF_{Total}}} \qquad (1.23)$$

풀 링 (Pooling) 해 도 SS_{Error}와 DF_{Error}가 동 시에 늘어나므로 R^2은 일정 비율을 유지.

'총 분산'은 항상 일정 (Constant).

식 (1.23)의 R – 제곱(수정)은 '분산 비'를 이용해 계산하므로, 풀링을 많이 하더라도(물론 유의하지 않은 항들에 대해서만 진행함) 'MS_{Error}'를 구성하는 분자 값 'SS_{Error}'와 'DF_{Error}'가 함께 증가해 그 비는 그나마 일정한 상태를 유지한다(이때 분모인 'MS'은 상수). 따라서 '풀링'이라는 환경 변화에 상대적으로 안정한 상태를 유지한다. 이것이 '풀링' 빈도가 높은 다항식에서 'R – 제곱(수정)'을 사용하는 이유이다.

'R – 제곱(수정)' 수식에 직접 수치를 넣어 계산하면 99.94055%가 나오며, '실험 계획' 미니탭 결과 값과 정확히 일치함을 알 수 있다.

$$R-\text{제곱}(\text{수정}) = \left[1 - \frac{\dfrac{0.0032}{1}}{\dfrac{37.676}{7}} \right] \times 100 = 99.94055 \qquad (1.24)$$

코드화된 계수: [표 1 – 53]의 오른쪽(항, 효과, 계수, SE계수, T, P 존재)은 각 '항'들의 통계적 유의성 여부를 판단하는 곳으로 일단 'A*B'항의 'p – 값' 이 '0.500'으로 '유의 수준, 0.05'보다 매우 크다. 따라서 다음 [표 1 – 54]와 같이 풀링을 통해 '오차'에 '병합(Pooling)'한다. 따라서 'Y'에 의미 있는 항들

은 'A, B, C, A∗C, B∗C'가 되며, 이를 함수로 표현하면 '계수' 값들을 사용해 다음으로 정리된다. → 즉, $Y = 3.2825 - 1.3A + 0.9025B + 1.2925C - 0.585A*C + 0.4375B*C$.

[표 1 - 54] '2^3 - 완전 요인 설계' 'A∗B' 풀링 결과

현재 '통계를 지배하는 첫 번째 기본 원리'에만 한정하고 있어, 혹시 '실험 계획'에 목말라할 독자는 『Be the Solver_실험 계획』편을 참고하기 바란다. 본문의 '요인 설계'와, '다구찌 방법'인 '강건 설계'를 기업인 눈높이에 맞춰 심도 있게 다루고 있어 갈증 해소에 큰 도움을 줄 것이다. 다음은 '관리에의 응용'에 대해 알아보자.

'관리'는 Improve Phase에서 '결과 검증'을 통해 확인된 내용을 실제 프로세스에 접목하는 활동이다. '관리(Control)'의 의미는 'X'들에 적용되는 용어로 특히 'Y'들에 대해서는 '모니터(Monitor)'란 용어를 사용한다. 즉 'Y'는 'X'들만 꽉 쥐고 있으면 종속돼 있으므로, 관리 대상은 'X'들이고 대신 'Y'는 쳐다보는 대상, 즉 '모니터링'한다고 표현한다.

① '개선'에서의 '결과 검증'은 최적의 환경에서 이뤄지는 관계로 그 최적화된 내용을 실제 프로세스에 바로 적용하면 예상치 못한 대형 문제를 야기할 수 있다. '관리(Control Phase)'는 최적화 내용을 실제 프로세스에 적용하는 단계이다. 따라서 예상치 못한 문제에 대응하기 위한 '잠재 문제 분석(Potential Problem Analysis)'이 선행돼야 한다. '최적화 내용' 적용을 위한 장애 요인들이 도출되면 우선순위화한 뒤 '실수 방지(Mistake Proofing)'를 통해 시스템적으로 완전 차단토록 조치한다.

② '실수 방지'를 통해 장애 요인들이 제거된 후 시간이 지나면서 다시 개선 전으로 회귀하지 않도록 철저한 관리가 필요하다. 이때 필요한 작업이 '관리 계획(Control Plan)'의 수립이다. 최적화 내용이 잘 적응하고 있는지, 또는 문제를 야기하는지를 바로바로 알아낼 수 있어야 그만큼 조치도 빨라진다. 따라서 '관리 항목' 도출과 함께 '기록 방법'으로서 '관리도(Control Chart)'의 사용을 적극 권장한다.

③ '관리 계획'이 마련되면 그 계획을 프로세스에 적용한다. 이후는 '관리 계획'대로 운영하면서 만약에 야기될 수 있는 문제점을 관찰하고 우려하는 바가 실제 발생하면 즉 조치해나간다. 이 과정을 약 3∼4주 정도 진행해야 향후 장기적인 프로세스 능력을 예측할 정도의 데이터가 확보되므로 특별한 활동이 없더라도 이 기간만큼은 확보/유지되도록 일정을 안배한다. 이것이 Control

Phase을 위해 절대적 한 달가량이 필요한 이유다. 그러나 대부분의 과제가 Improve Phase와 Control Phase를 뭉쳐 처리하고, 그것도 Control Phase는 양식 몇 장으로 대체하는 일이 다반사인데 좀 더 유의해야 할 사항이 아닌가 싶다. 예상한 결과대로 프로세스가 안정 상태로 접어들면 수집된 데이터를 이용해 '장기 프로세스 능력'을 평가한다. 이 결과에 '1.5 Shift'를 고려한 뒤 Measure Phase에서의 '현 프로세스 능력' 및 Improve Phase에서의 '결과 검증'과 비교해 과제의 목표 달성 여부를 최종 확인한다.

④ 향상된 'Y 지표'만큼 금전적 효과가 얼마인지 파악하고 그 외에 무형 효과 등도 고려해 완료 보고서를 작성하고 필요한 공식화 절차를 밟는다. 이 때 과제 진행 중 자원 부족이나 시간 제약으로 그냥 지나쳤던 미진한 부분들을 언급함으로써 차기 리더들이 프로세스 개선 과제를 찾는 데 일조할 수 있도록 기록을 남긴다.

Control Phase에서 가장 핵심적인 통계 도구는 당연히 '관리도(Control Chart)'라 할 수 있다. 관리도는 1924년에 벨연구소의 Walter A. Shewhart에 의해 개발되었다. 연속형과 이산형 두 종류가 있으며, 데이터 종류에 따라 선택해 사용한다. 특히 연속형 중에는 '$\overline{X}-R$ Chart', '$I-MR$ Chart'가 많이 쓰이며, 전자는 한 번 표집에 '표본 크기'가 여러 개일 때, 후자는 한 개일 때 사용한다. 특히 한 번에 추출하는 '표본 크기'가 9개(출처에 따라 차이가 있음) 이상이면 '$\overline{X}-R$ Chart' 대신에 '$\overline{X}-S$ Chart'를 사용하는데, 이는 수집된 데이터의 산포도를 '범위(Range)'로 나타낼 것인지 아니면 '표준 편차(Standard Deviation)'로 나타낼 것인지의 차이만 있을 뿐이다. 본문에서는 '$\overline{X}-S$ Chart'를 언급하고 나머지는 별도 학습 영역으로 남겨둔다.

어느 상황에 어떤 관리도를 사용할 것인가는 기본적으로 '관리도 선정 로드맵'이 제공되므로 미니탭 같은 통계 패키지만 있으면 수집된 자료로부터의 결과 확인은 그리 어렵거나 복잡한 일이 아니다.

통상 '**연속형 관리도**'는 수집된 부분군의 '평균'과 '산포도(범위 또는 표준편차)'를 시간의 흐름에 따라 시각화시킨 그래프이며, 특히 '관리 상한/하한'을 나타냄으로써 특성 값의 이상 발생 여부를 실시간(?)으로 파악하도록 돕는다. 대표적인 관리도가 '$\overline{X} - R$ 관리도'이므로 가장 먼저 학습한 뒤 다른 관리도로 확대해나간다. 본문은 '첫 번째 원리' 설명에 적합한 '$\overline{X} - S$ 관리도'를 소개한다.

반면 '**이산형 관리도**'는 '불량(Defectives)'과 '결점(Defects)'을 구분하여 'p', 'np'와 'c', 'u' 관리도로 나뉘며, 이들의 용법에 대해서는 별도의 품질 교육 과정이나 『Be the Solver_통계적 품질 관리(SQC) - '관리도/프로세스 능력' 중심』편을 참고하고, 여기서는 가급적 「첫 번째 원리」와 관련된 '연속형 관리도'에 집중할 것이다. 그렇다고 '이산형 관리도'와 전혀 동떨어진 내용이 아니라는 점도 명심하자. '이산형 관리도'의 '관리 한계' 설정 등은 모두 '연속형 관리도'에서의 방식을 그대로 따르고 있기 때문이다.

「관리도 선정 로드맵」을 다음 [그림 1 - 41]에 실었으니 참고하기 바란다. 세 개의 관리도($I - MR$, $\overline{X} - S$, $\overline{X} - R$)는 '연속형 관리도'를, 왼쪽의 두 개 관리도(EWMA, CuSum)는 '특수 목적의 관리도', 오른쪽의 관리도(p, np, c, u)는 '이산형 관리도'를 각각 나타낸다.

[그림 1 - 41] 관리도 선정 로드맵

관리도 선정 로드맵

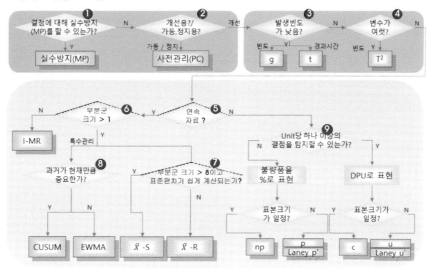

지금까지 '첫 번째 원리'를 적용하는 데 「기본 도표」와 「기본 항등식」을 사용하였다. 그러나 '관리도'는 이상 발생을 확인하기 위한 '중심선(CL, Center Line)', '관리 상한(UCL, Upper Control Limit)', '관리 하한(LCL, Lower Control Limit)'을 계산할 뿐 '분산 분석'과 같은 과정은 포함돼 있지 않다. 따라서 「기본 도표」와 「기본 항등식」은 요구되지 않는다. 그러나 「기본 항등식」에 포함된 '그룹 간 변동'과 '그룹 내 변동'을 계산하지 않는 대신 그들(그룹 내 변동/그룹 간 변동)의 시간적 변화를 그래프로 표현한다. 따라서 이 역시 「첫 번째 원리」로 정확히 설명된다.

관리도를 작성하기 위해 가장 먼저 해야 할 일은 바로 '데이터 수집'이다. 관리도 운영 목적이 프로세스 현황을 파악하는 데 있으므로 이전에 정의했던

'합리적 부분군' 개념의 표집 과정이 요구된다. 이제 매일 '10개씩'의 '합리적 부분군'을 프로세스로부터 추출한다고 가정하자. 따라서 부분군에 포함된 값들 (10개)끼리의 차이는 최소화돼 있고, 또 부분군 간 '평균'의 차이는 시간에 따라 변동하거나, 경우에 따라 큰 차이를 보일 수 있다. 다음 [표 1-55]는 '15일간' 하루 '10개씩' 수집된 임의 특성에 대한 '연속 자료'를 나타낸다.

[표 1-55] '$\overline{X}-S$ 관리도'용 데이터

1일	2일	3일	4일	5일	6일	7일	8일	9일	10일	11일	12일	13일	14일	15일
16.5	13.2	11.9	12.9	16.9	11.5	9.1	12.2	20.7	15.4	10.0	17.8	11.4	10.9	16.2
11.1	12.7	10.0	6.8	12.9	11.3	14.6	8.0	16.0	12.2	15.3	11.0	12.3	13.4	13.3
15.4	13.5	11.1	15.0	16.0	13.4	11.6	11.9	19.2	14.6	11.8	13.3	9.5	10.3	13.1
8.0	10.7	13.7	13.7	12.7	8.6	9.2	9.6	15.7	9.2	11.3	8.0	12.8	10.1	10.8
12.6	9.7	12.4	10.9	15.9	13.0	12.1	13.0	18.4	13.7	8.6	11.7	16.2	12.1	11.3
13.2	7.8	11.8	16.9	12.7	9.1	14.6	10.3	12.7	16.8	14.3	13.4	13.6	9.1	15.3
17.3	12.0	8.6	8.2	10.8	8.7	11.6	11.8	16.7	13.6	7.9	10.2	14.6	10.4	11.1
11.6	10.3	12.1	20.8	13.5	11.4	8.4	11.8	11.4	13.7	7.9	7.8	11.1	8.5	12.2
10.6	13.9	13.5	7.8	13.1	12.4	11.1	9.5	16.7	16.2	7.6	12.9	13.5	14.0	8.9
14.0	13.9	12.6	17.5	13.0	6.7	14.9	14.4	18.1	14.4	11.5	16.9	11.9	16.6	11.8

참고로 [표 1-55]는 미니탭의 「계산(C)> 랜덤 데이터(R)> 정규 분포(N)…」에서 '평균 12', '표준 편차 2.3'의 무작위 데이터를 만든 결과이다. 그들 중 설명력을 높이기 위해 한 개 부분군의 '평균'과 '표준 편차'를 임의로 변경해 놓았다. [그림 1-41]의 「관리도 선정 로드맵」에 따르면 [표 1-55]의 데이터는 한 부분군의 크기가 '9개 이상'이고 각각이 정규성을 띠며, '표준 편차' 계산도 용이함에 따라 '$\overline{X}-S$ 관리도'를 선택할 수 있다.

미니탭에서 관리도를 그리기 전에 데이터를 '쌓기(Stack)'로 전환해야 분석이 용이함에 따라 '데이터(A)> 쌓기(K)> 열(C)…'에서 한 개 열로 통합하였다.

관리도는 「통계 분석($\underline{S}$)> 관리도($\underline{C}$)> 부분군 계량형 관리도($\underline{S}$)> $X_{bar} - S(\underline{A})\cdots$」에서 다음 [그림 1 – 42]와 같이 입력한 후 실행한다.

[그림 1 – 42] '$\overline{X} - S$ 관리도' 미니탭 위치

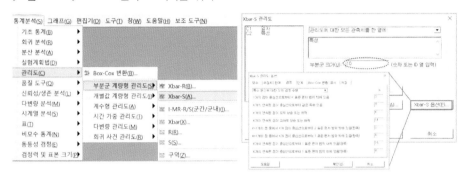

[그림 1 – 42]에서 '부분군 크기'가 매일 '10개씩' 수집됐으므로 '10'이 입력돼 있고, ' Xbar-S 옵션($\underline{P}$)... '에서 '검정'탭 내의 항목 '8개'를 전부 선택하였다. 이 '검정' 항목들은 각각의 설명된 현상이 실제 관찰되면 관리도상에 번호를 붙여 지적된 사건의 발생 여부를 알려준다. '검정 항목'을 자세히 관찰하면 'K'를 조정할 수 있게 돼 있다. 예를 들어 첫 검정 항목인 "1개의 점이 중심선으로부터 K 표준 편차 범위 밖에 있음: K=3"에 대해 경우에 따라 'K=2'의 설정도 가능하다. 현재는 '검정 항목'이 '8개'가 일반적이나 분야나 관리 상태에 따라 몇 개의 '검정 항목'을 적용할 것인지, 또 'K'는 얼마로 설정할지 등은 사실 정해진 바가 없다. 이것을 '결정 규칙(Decision Rules)'이라고 하며 현재까지 다양한 설정 안이 제시돼 있다(자세한 내용은 『Be the Solver_통계적 품질 관리(SQC) - '관리도/프로세스 능력' 중심』편 참조). '대화 상자'의 실행 결과는 다음 [그림 1 – 43]과 같다(규격 12.0±3.0).

[그림 1-43] '$\overline{X}-S$ 관리도' 결과

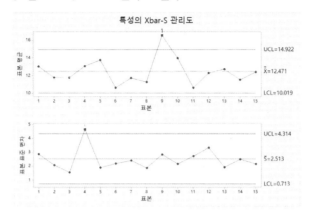

「첫 번째 원리」를 적용하기 전에 관리도를 보는 방법에 대해 간략히 알아보자. 기본적으로 다음의 세 가지 관점에서 관리도 결과를 검토한다.

① $\overline{X}$, S의 불안정성(Instability): 매일매일의 평균을 타점하면서 '검정'의 여덟 항목 중 하나 이상이 관찰되면 "불안정하다"라고 판단한다. [그림 1-43]의 결과에서 '9일째' 수집된 데이터가 다른 일의 데이터에 비해 평균이 상승했음을 알 수 있다('UCL'을 벗어났고, '1'이 표기돼 있음). 또, 매일의 '표준 편차'로 타점을 구성한 'S-관리도'에서도 '4일째'에 이상 변동이 보이며, 이때 수집된 데이터의 '평균'은 다른 일과 유사한 반면 '표준 편차'만 커졌음을 알 수 있다. 이 역시 "불안정하다"로 판단하고 산포가 갑자기 증가한 요인을 찾아 시급히 개선되도록 조치한다.

② 중심치 이탈(Off-target): 관리도의 '중심선(CL, Center Line)'은 관리도를 만드는 데 들어간 모든 데이터의 평균이므로, 이 값이 규격의 중심 값과 얼마나 차이를 보이는가가 중심치 이탈의 척도가 된다. 만일 벗어난 정도가

수용할 수 없는 수준이면, 당연히 데이터들의 전체 평균이 규격 중심 값에 오도록 프로세스 내에서의 합당한 개선이 요구된다. [그림 1 – 43]의 관리도 예에서 중심 값이 '12.471'로 규격 중심에서 '0.471(= 12.471 – 12.0)' 벗어났으며, 프로세스 관리 차원에서 수용 여부를 판단한 뒤 조치 여부를 결정한다.

③ 산포의 문제(Variation): 'UCL/LCL'은 데이터로부터 자동 계산되므로 수집된 데이터에 따라 그 크기가 변화한다. 그런데 만일 'UCL/LCL'이 특성의 '규격(USL/LSL)'보다 바깥쪽에 위치하면 산포가 크게 증가한 것으로 판단한다. 즉 규격은 고정된 값이므로 가변적인 'UCL/LCL'이 그에 비해 안쪽에 있는지 바깥쪽에 있는지에 따라 산포 문제 여부를 판독할 수 있다. 관리도 예에서 규격 범위는 '9 ~ 15(폭 15 – 9 = 6)'인 반면, '관리 한계' 범위는 '10.019 ~ 14.922(폭 14.922 – 10.019 = 4.903)'로 '규격 폭 6'이 '관리 한계의 폭=4.903' 보다 커 산포 문제는 크지 않다고 결론짓는다. 이제 「첫 번째 원리」를 적용해 보기 위해 「기본 항등식」을 가져와 보자.

총 변동＝그룹 내 변동＋그룹 간 변동 또는

$$\sum_{j=1}^{g}\sum_{i=1}^{n_j}\left(x_{ij}-\overline{\overline{x}}\right)^2 = \sum_{j=1}^{g}\sum_{i=1}^{n_j}\left(x_{ij}-\overline{x}_j\right)^2 + \sum_{j=1}^{g}n_j\left(\overline{x}_j-\overline{\overline{x}}\right)^2 \qquad (1.25)$$

총 변동 SS

'$\overline{X}-S$ 관리도'에서 고려될 「기본 항등식」의 항은 '그룹 내 변동'과 '그룹 간 변동'이다. '그룹 내 변동'을 시각화시킨 결과가 'S – 관리도'이고, '그룹 간 변동'에 대응하는 차트가 '$\overline{X}$ – 관리도'이다. 미니탭은 이들을 따로 얻거나, 함께 나타낼 수 있도록 지원하나 보통은 후자를 이용한다. 이해를 돕기 위해

'$\overline{X} - S$ 관리도'를 '$\overline{X}$ – 관리도'와 'S – 관리도'로 나눈 뒤 '그룹 간 변동' 및 '그룹 내 변동'을 적용해보자. 우선 '$\overline{X}$ – 관리도'와 「기본 항등식」의 '그룹 간 변동'을 [그림 1 – 44]에 함께 표현하였다.

[그림 1 – 44] '기본 항등식'과 '그룹 간 변동' 관계도

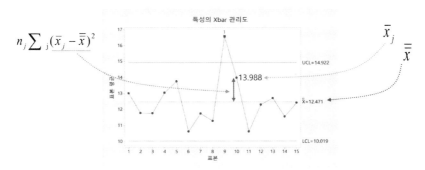

'15개' 타점들 중 편의를 위해 '10번째' 타점만 보자. 그래프에 화살표로 표시된 '10일 차 관측치(10개의 평균)'는 '13.988'로 이 값은 '$\overline{x}_j$'에 해당한다. '총 평균'인 '$\overline{\overline{x}}$'는 '$\overline{x}$ – 관리도'의 '중심선(CL)'으로 '12.471'로 표기돼 있다. 그렇다면 이 두 값의 차이는 무엇을 의미할까? 바로 「기본 항등식」 중 '그룹 간 변동' 항을 나타낸다. 이는 왼쪽 상단의 변동식16)이 지시하는 부분(상하 굵은 화살표로 표시된 폭)이다. 따라서 '총 평균'과 멀어지거나 특히 'UCL/LCL'을 벗어날 정도로 튀는 평균은 그 시점의 불안한 프로세스 상태를 대변한다. 다음 [그림 1 – 45]는 'S – 관리도'와 「기본 항등식」의 '그룹 내 변동'을 함께 나타낸 예이다.

---

16) 변동 식 중 'n_j'는 부분군 수가 모두 '10개'로 동일함에 따라 'Σ' 밖으로 빼놓은 상태다.

[그림 1 - 45] '기본 항등식'과 '그룹 내 변동' 관계도

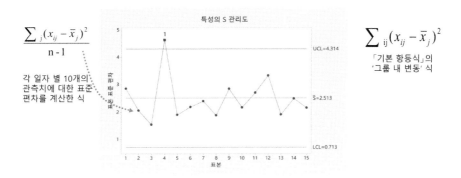

[그림 1 - 45]의 왼쪽 상단에 있는 식은 'S - 관리도'의 각 타점을 계산할 때 쓰이며 잘 알고 있다시피 '표준 편차'식(제곱근해야 함)이고, 우측 상단의 식은 「기본 항등식」의 '그룹 내 변동'을 나타내는 식으로 상수 'n - 1'을 제외하면 '표준 편차'식과 동일하다. 즉 매일 표집된 '10개' 관측치끼리의 흩어짐 정도를 표현하는 차트로 'UCL/LCL'을 벗어나는 '4일째' 경우 프로세스 내에 단기적 변동이 있었음을 알 수 있다.

표현에 약간씩 차이가 있을 뿐 기본적으로 '$\overline{X}-R$ 관리도'나, 한 개 관측치만으로 처리되는 '$I-MR$ 관리도' 등도 동일한 개념으로 해석할 수 있다. 즉 '연속형 관리도'는 '그룹 내 변동'과 '그룹 간 변동' 모두를 실시간으로 관찰할 수 있음을 알 수 있다. Measure Phase에서의 '현 프로세스 능력'이 모든 데이터를 모아 한 번에 평가하는 것과 달리 '관리도'는 분해해서 시계열로 보여주므로 둘을 같이 관찰하면 좀 더 심도 있는 '프로세스 수준'을 파악할 수 있다.

지금까지의 내용을 요약하면, 관리도는 프로세스의 안정성을 평가하는 용도 외에 그 분석의 심도를 '그룹 내'와 '그룹 간'으로 분해함으로써 한 차원 더

깊은 분석적 정보를 실시간으로 제공하며, 이로부터 근본 문제에 대해 조치할 수 있는 훌륭한 기회를 제공한다고 볼 수 있다.

통계를 지배하는 '첫 번째 원리'를 설명하기 위해 「기본 도표」와 「기본 항등식」을 사용했으며, 이를 기반으로 Measure Phase에서 '측정 시스템 분석'과 '현 프로세스 능력 평가'에, Analyze Phase는 '분산 분석(ANOVA)'과 '회귀 분석'에, 또 Improve Phase는 'DOE'에, 끝으로 Control Phase에서는 '관리도'에 각각 응용하는 방법과 내용을 설명하였다. 적어도 리더라면 이 기본 원리를 중심으로 MAIC를 한 번에 꿰뚫어 본 뒤, 그 외의 통계 도구들에 관심을 갖는다면 훨씬 더 빠르고 많은 정보를 획득할 수 있다.

다음은 통계를 지배하는 두 번째 원리인 '중심 극한 정리'에 대해 그 이론적 배경과 응용에 대해 학습해보도록 하자.

모집단과 표본집단과의
비밀스러운 내부 거래
(중심 극한 정리)

통계를 접할 때 가장 어려워하는 영역이다. 하지만 기본 원리인 '중심 극한 정리'를 학습하면 그동안 모호하게 보였던 모든 통계 도구들이 형체를 드러내기 시작한다. 수준이 한 단계 높아지는 것을 경험할 수 있다. 이를 위해 '정규 분포'의 가장 기본적인 사항부터 시작할 것이다. 숙련된 리더라도 가능하면 처음부터 정독해나갈 것을 권장한다.

모집단과 표본집단과의
비밀스러운 내부 거래
(중심 극한 정리)

[그림 2-1] 두 번째 원리 개요도

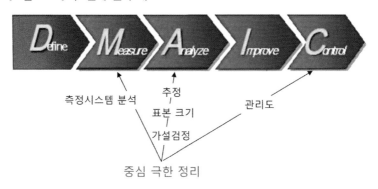

'문제 해결' 분야에 처음 입문하는 리더들에게 '중심 극한 정리(Central Limit Theorem)'라는 용어는 '시그마(σ)'라는 용어와 함께 "아! 이건 내 관심사가 아니지" 하고 돌아서게 만드는 장본인이기도 하다. 그만큼 별로 와 닿지도 않을 뿐더러 도대체 교육 중에 왜 이런 얘기를 하는지, 아니면 그나마 좀 나은 경

우로 학습 교재에 언급은 돼 있지만 까만 건 글씨요, 하얀 건 종이일 뿐 그냥 그렇구나 하고 넘어가기 일쑤다. 사실 이것을 몰라도 데이터를 분석해 결과를 얻기까지 크게 불편하거나 필요성을 절실히 느끼는 것도 아니다. 단지 요즘 기업들처럼 품질 인증 시험이 토익 시험처럼 보편화된 상태에선 그나마 시험에 합격하기 위해 어느 정도 이해를 하고 넘어가야 하는 지경에 이르렀다는 것쯤이 하나의 변화라면 변화다. 필자 역시도 한동안 '중심 극한 정리'를 극복하기 어려운 하나의 관문으로 느껴왔던 게 사실이다. 필자뿐만 아니라 통계학이나 산업공학을 전공했으면 몰라도(간혹 이해 못하거나 너무 오래돼서 기억하지 못하는 전공자도 보곤 했지만) 이 역시 우리 영역이 아니라는 데는 이의를 달기 어렵다. 적어도 기업 혁신 활동이 기업인들 눈앞에 나타나기 전까지는 말이다.

그러나 이제 강산도 변한다는 십수 년을 넘기는 기간 동안 기업 경영 혁신 활동이 연연히 이어져오고 있음을 간과해선 안 된다. 4년제 대학 수회 입학해서 졸업할 수 있는 기간이며 그 정도 시달렸으면 이 시점에서 '중심 극한 정리'의 실체를 이해할 만한 위치에 있어야 하는 것은 아닐까? 모르긴 몰라도 문제를 바라보는 수준도 한 단계 업그레이드할 수 있는 여건이 되었고 또 그렇게 해야 하는 성숙된 분위기도 조성돼 있기 때문이다. 원천 기술을 통해 응용 기술의 발전이 있듯이, 가장 기본적인 원리를 이해해야 마음껏 응용력을 펼쳐 나갈 수 있다. 피해 다니기보다 정면 돌파하는 승부수를 한번 던져보자. 그렇다고 처음에 언급한 것처럼 통계학 자체를 논하고자 하는 것은 아니다. 역시 눈높이를 최대한 맞춰서 진행할 것이며, 기업인이 통계학 전공자가 아니라는 점도 감안해야 한다.

통계를 지배하는 '두 번째 원리'는 [그림 2 - 1]에서처럼 Measure Phase의 '측정 시스템 분석(MSA, Measurement System Analysis)'과, Analyze Phase의 '추정(Estimation)', '표본 크기' 결정 및 '가설 검정(Hypothesis Testing)', 그리고 Control Phase의 '관리도(Control Chart)'와 직·간접적으로 관계한다.

Measure Phase에서는 '현 프로세스 능력'을 평가하는 것이 가장 주요한 활동이며, 이를 위해 기본적으로 '기초 통계'가 필요하다. 따라서 컨설팅 회사 또는 기업의 혁신 운영 사무국별로 약간의 차이는 있지만 '기초 통계'라는 것이 Measure Phase의 적정한 시점에 삽입되는 것이 일반적이다. 내용으로는 '평균', '산포', '정규 분포', '그래프 분석' 등이 들어가며 전개하는 방법, 분량, 대상 등에 따라 약간의 차이만 있을 뿐이다. 또, 이후에 이어지는 Analyze Phase는 '가설 검정' 위주로 '정량적 분석'에 초점을 맞추는 관계로 '기초 통계'의 위력이 십분 발휘된다고 할 수 있다. 이를 위해서도 Measure Phase에서 '기초 통계'를 논한 뒤, Analyze Phase를 시작하는 시점에 '가설 검정'과 관련된 내용을 다루는 것이 기본 교안이며, 기업 내 어느 교재를 보든지 유사성을 띠고 있다.

앞서 이미 '첫 번째 원리'를 설명하면서 가장 기본이 되는 '평균'이나 '산포' 등에 대해 자세히 알아본 바 있다. '두 번째 원리'에서는 Analyze Phase의 '가설 검정'을 논하기 위해 '정규 분포'를 이해하는 것이 필수이므로 설명의 시작은 '정규 분포의 이해'에 먼저 초점을 맞출 것이다. 모든 설명이 '정규 분포'를 기반으로 하기 때문이다. 그다음 '정규 분포'와 관련된 기본 용어인 '신뢰 수준(Confidence Level)', '신뢰 구간(Confidence Interval)'에 대해 알아본 뒤, 이들을 아우르는 '중심 극한 정리'에 대해 논할 것이다. 이어 응용을 설명하는 단계에서 Measure Phase의 '측정 시스템 분석(MSA, Measurement System Analysis)에의 응용'을, Analyze Phase의 '추정(Estimation)에의 응용'과 '가설 검정(Hypothesis Testing)에의 응용'에 대해 설명을 이어갈 것이다. 자, 이제부터 차근차근 그 진저리 났던 통계의 깊은 늪으로 빠져들기 위해 첫발을 내딛어 보자.

1. 정규 분포의 이해

성경에 가장 많이 나오는 단어는 무엇일까? '사랑'으로 알고 있는 사람도 있지만 사실은 '여호와'가 가장 많이 나온다고 알려져 있다. '사랑'은 614번 나오는 데 반해 '여호와'는 무려 6,977번이 나온다고 한다. 그렇다면 '문제 해결'관련 교육이나 과정 중에 가장 많이 언급되는 단어는 무엇일까? 아마 이에 대해서는 설왕설래할 수도 있다. 모든 회사가 똑같은 교재를 사용하고 있지도 않을뿐더러 시점마다 자주 사용되는 용어도 다를 수 있기 때문이다. 그러나 굳이 대답을 해야 하는 상황이면 필자는 '정규'라고 답하고 싶다. 그런데 Measure Phase부터 Control Phase까지 전 영역을 넘나드는 이 '정규'라는 녀석은 이상하게도 그 실체가 잘 알려져 있지 않다는 데 문제가 있다. 아니 그 실체를 정확하게 이해하는 사람이 드물다는 게 맞을 듯싶다. 과제를 수행하면 주변에서 늘 맴돌지만 그래서 친근하게 들리기도 하지만 막상 그 내면으로 들어가면 머리가 굳어지고 생각하기 싫어지기 일쑤다. 예를 들면, '표준 정규 분포'라든가 '신뢰 수준' 또는 '신뢰 구간', '구간 폭', 'Box-Cox 변환' 등등 파생되는 단어까지 합하면 우리를 들볶는 녀석들이 대부분 '정규'라는 단어와 연결돼 있음을 부인할 수 없다. 다행스러운 것은 '정규'는 명확한 태생적 근본(사람으로 치면 본적이나 부모 정보!)을 갖고 있고, 또 확실한 수학적 정의를 갖고 있으므로 우리는 그것들을 정확하게 익히기만 하면 된다. 다시 말해 '정규의 실체'는 우리가 받아들여야 할 '정보의 양' 관점에선 한마디로 '유한'하다는 것이다. 유한한데 시작도 하기 전에 벌써 스스로 포기할 순 없지 않은가? 자신의 역량과 능력을 믿고 자, 그럼 이제 슬슬 시작해 보자.

1-1. 정규 분포의 역사

　80년대 초 필자는 대학에서 물리학을 전공하고 있었다. 다른 학과도 마찬가지였겠지만 늘 물리 공식에 시달리고 있었는데(사실은 그냥 무시하기가 일쑤였지만), 그래서 그런지 시험을 보면 교과에 있는 전개 과정이나 예문의 경우는 맞출 수 있어도 조금만 벗어나 응용화될라치면 몇 단어 적지도 못하고 대부분 백지를 내곤 했다. 하루는 수레바퀴에 묻어 있는 진흙 한 덩어리가 바퀴의 회전에 따라 공중으로 튀어 올라간 후 낙하 수평 거리가 얼마인지를 풀어야 하는 일반 역학 교재의 예제 문제 하나를 만나게 되었다. 보기도 없고 전개에 필요한 아무런 정보도 없이 그냥 글로만 기술돼 있어 인쇄가 잘못되었나 싶었고(지금 생각해보면 한심하기 짝이 없는!), 해서 미리 경험을 했었을 대학원 선배를 찾아가 물어보았다. 선배는 그 자리에서 옆의 아무 종이 한 장을 집어 들더니 자기가 '바퀴의 초기 속도는 'v'로 놓고 미분 어쩌구' 하면서 급기야는 필자가 그동안 외우고 있던 수평 도달 거리 공식을 유도해놓고 또 그걸 가지고 문제 상황에 맞는 새로운 식으로 전개해놓는 게 아닌가! 거참 신기하게만 느껴졌다. 공식은 외우는 줄로만 알았지 그게 유도해서 나오리라곤 꿈에도 생각하지 못한 일이었다. "어떻게 한 겁니까?" 물었더니, 선배 왈 "푼 거 잖아!" 휘갈겨 놓은 과정을 따라가면 이해가 될 듯도 싶었지만 또다시 유사 문제를 풀 수 있을지는 의문이었다. 해서 "어떻게 공부해야 하는 겁니까?"라고 물었더니 마치 공자 같은 한마디를 던진다. "역사책 읽어봐!" 물론 그 이후로 드라마틱하게 물리학의 거두가 되지는 못했지만 어쨌든 당시 서점에 나와 있는 몇 권의 '자연사 개론'이나 '물리학 발전사' 등을 읽으면서 식은 외우는 게 아니라 유도된다는 것을 확신할 수 있었고, 또 하나 다행스럽게도 필자가 덜떨어지지 않았다는 것을 발견한 일인데, 그것은 하나의 식이 완성되기까지 필자가 알고 있는 유명한 천재들이 짧게는 수년에서 길게는 평생을 바치거나 또는 그 이후 몇 사람을 거쳐서야 완성된 것들이 대다수란 것이었다. 조금씩 수정되면서 말이다. 아니! 그렇다면 문제를 해결하는 기업인 모두가 그 짓(?)을 해야만 한단 말인가? 아이고 그랬다간 이 책이 전공 서적이 되거나 역사책이 돼야 하므로 그건 절대 아니다. 적어도 '정규 분포'를 논하는 자리니 그 완성 배경을 한 번쯤 알아두면 이해하는 데 훨씬 도움을 받지 않을까 하는 긍정의 힘을 염두에 둔 것이다. 공교롭게도 기업의 대다수 학습 교재는 첫머리부터 복잡한 수학식만 덩그러니 나오니 일단 거들떠보지 않게 되는 이유이기도 하다. 따라서 발생 배경을 시간 순으로 전개하는 일부터 시작해보자.

17세기에 제임스 베르누이(James Bernoulli: 1654~1705)란 학자가 있었다. 스위스 수학자로 우리가 어떤 일을 벌여놓으면 나오는 결과가 딱 두 개인 경우에 대한 수학적 체계를 만든 사람이다. 예를 들면, 동전을 던졌을 때 앞면, 뒷면이나 또는 어떤 실험에서 죽든지 살든지, 합격인지 불합격인지 등등의 흔히 볼 수 있는 두 가지 결과만을 다루는 예들이 해당한다.

예를 들어보자. A 고등학교를 막 졸업한 학생들이 있다고 가정하자. 그 학교 대학 진학률이 평균 85%라고 할 때, 필자가 그 졸업생 중 한 명을 지금 선택했다면 이 학생은 대학에 합격했을까 아니면 불합격했을까? 결과야 어떻든 이렇게 **딱 한 번** 확인하는 활동을 했다면 이를 '베르누이 시행(Bernoulli Trial)'이라고 한다. 이 과정을 **반복해서** 정해진 횟수만큼 지속하면 이를 '베르누이 과정(Bernoulli Process)'이라고 한다. 이 '베르누이 과정'에는 다음과 같은 기본 조건이 있는데, 즉 첫째로 매 시행에 서로 다른 결과 중 한 개가 나온다는 것이다. 당연하다. 예를 들면 선택된 그 졸업생은 '합격' 아니면 '불합격' 딱 둘 중 하나의 결과만을 갖게 된다. 둘째로, 표기의 약속인데 '합격'할 확률을 'p'라고 한다면, '불합격' 확률은 'q(또는 1 − p)'라고 정한다. 물론 그 반대로 정해도 상관은 없다. A 고등학교의 예를 본다면 '합격' 확률은 '전체 졸업생 대비 합격한 학생의 비'이므로 여기서 'p'는 '0.85'가 될 것이다. 따라서 'q'는 '0.15(＝1－0.85)'임은 당연하다. 셋째로, 각각의 시행은 서로 독립적이라는 것이다. 즉 필자가 졸업생들을 대상으로 한 명씩 '합격' 여부를 확인해 간다면(베르누이 과정) 처음 학생이 '합격'이라고 해서 두 번째 확인한 학생이 첫 학생의 영향을 받아 '합격'이 되거나 '불합격'이 될 일은 없어야 한다. 뭐 시험 볼 때 슬쩍 답안을 보여줘서 둘의 당락이 독립적이지 않은 경우를 제외하면 말이다.

여기까지 용어에 대한 기본적인 이해가 생겼으면 자, 개념을 조금 더 확장해 보도록 하자. 만일 A 고등학교처럼 수년간의 평균 합격률이 85%인 집단에서 필자가 5명을 뽑았을 때 2명의 합격자가 나올 가능성은 얼마나 될까? 다음 [그림 2-2]에 미니탭으로 계산하는 과정을 실어놓았다. 「계산(C)> 확률 분포(D)> 이항 분포(B)…」에서 수행한다.

[그림 2-2] '이항 분포'를 이용한 확률 계산

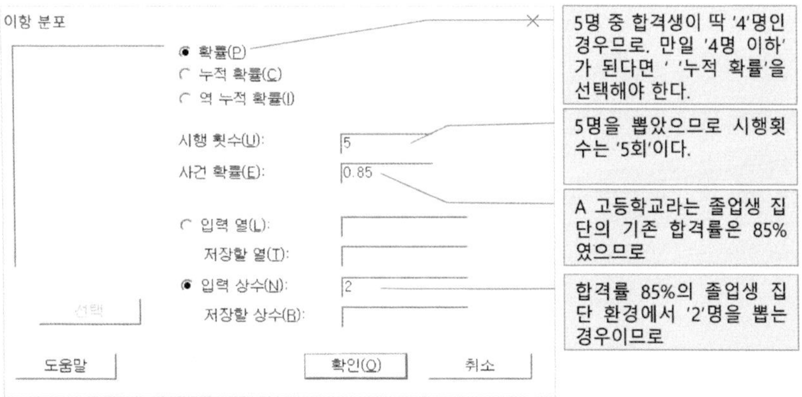

[표 2-1] 이항 분포 확률 계산 결과

확률밀도함수
이항 분포(n = 5, p = 0.85)

x   P(X = x)
2   0.0243844

　　미니탭 입력 과정은 [그림 2-2]에 설명해놓은 정도로 넘어가고 [표 2-1]의 결과만을 보면, 85%라는 합격률을 자랑하는 A고등학교 졸업생들 집단에서 5명을 뽑을 때 2명만이 대학에 진학했을 가능성, 즉 확률은 [표 2-1]에 따라 '약 0.024(2.4%)'로, 이런 일이 실제 발생할 가능성은 그리 크지 않음을 알 수 있다. 지금까지의 과정을 식으로 계산하면 어떻게 표현해야 할까? 다음의 설명이 불필요할 수도 있겠으나 목표로 하는 '정규 분포의 충분한 이해'라는 최종 종착점을 염두에 두고 조금 인내하며 더 들어가 보자.

　　앞의 예로 돌아가서, 필자가 5명을 뽑아 2명이 합격될 확률을 계산하는 문제이므로 우선 맨 처음 한 명을 무작위로 선택한다. 이 첫 학생에게 직접 묻기 전에는 합격 여부를 알 수 없으나 일단 이 학생이 85%의 합격률을 자랑하는 집단에서 나왔다는 정보로부터 '합격생일 확률'이 '0.85'라는 것을 알 수는 있다. 이제 첫 학생에게 합격 여부를 물었더니 '합격생'이라는 말을 들었다. 다시 두 번째 학생을 무작위로 선택한 후 똑같이 묻기 전 판단하건대 이 학생 역시 합격생일 가능성이 '0.85'라고 짐작할 수 있다. 역시 확인한 결과 '합격생'이었다면, 이제 남은 세 명은 모두 불합격생이 돼야만 현재의 설정에 맞아떨어진다. 즉 세 번째 학생이 무작위로 뽑힌 순간 필자가 원하는 5명 중 2명이 합격인 확률 상황으로 가려면 세 번째 학생은 불합격생이 돼야 하고, 따라서 그 값은 0.15(1 - 0.85)이다. 나머지 두 명도 모두 불합격생이 돼야 하고 각각의 확률은 동일하게 '0.15'이다. 따라서 '베르누이 과정' 결과는 '합합불불불'로 나타난 것이고 이런 결과를 재해석하면 첫 학생이 합격생이<u>고</u>, 두 번째 학생도 합격생이<u>고</u>, 세 번째 학생은 불합격생이<u>고</u>, 네 번째 학생도 불합격생이<u>고</u>, 다섯 번째 학생도 불합격생인 결과에 해당하며, 이때의 총 발생 확률은 각각 독립적 사건이므로 각 확률을 모두 곱한 것에 해당한다(확률의 곱셈 법칙: Multiplication Law of Probability). 즉 '0.002438($= 0.85^{2 \times} 0.15^3$)'이다. '고'자를 강조한 이유는 사건이 'And'로 묶인다는 뜻이고, 이 경우 최종 확률은 개별 확률을 곱해서 얻어진다. 이전 사건이 발생하고, 이어서 다음 사건도 발생하려면 그 가능성은 자꾸 줄어들 것이다. 이것은 확률 값은 늘 '1 이하'이고, '1 이하'인 값을 계속 곱하면 결과는 자꾸 작아지는 것과 같은 이치다.

그런데 5명 중 2명의 합격생이 나올 확률을 계산할 때, 현재 예와 같이 항상 '합합불불불'인 하나의 순서 경우만 나타날까? 아니다. '합불합불불', '불불합불합' 등 그 종류가 몇 가지가 더 있다. 따라서 5명 중 2명의 합격생이 나올 가능성은 이런 가짓수 각각의 확률을 구한 뒤 모두 합한 결과 값에 해당한다(확률의 덧셈 법칙: Addition Law of Probability).[17] 그럼 이 경우 몇 가지가 존재할까? 순서에 관계없이 배열 수를 계산하는 방법을 '조합(Combination)'이라 하고, 식은 다음과 같다.

$$\binom{n}{r} = \frac{n!}{r!(n-r)!} \cdot \binom{5}{2} = \frac{5!}{2!(5-2)!} = \frac{5!}{2!3!} = \frac{1 \times 2 \times 3 \times 4 \times 5}{1 \times 2 \times (1 \times 2 \times 3)} = 10 \qquad (2.1)$$

여기서 'n'은 '총 대상 수'로서 예에서는 '5'이고, 'r'은 '선택되는 수'로 예에서는 '2'이다. 계산 결과 값은 '10'개의 가짓수가 나온다는 얘기다. 앞서 계산한 '합합불불불'의 한 경우의 확률이 '0.002438'이었으며, 경우의 수가 10개

---

17) '확률의 덧셈 법칙'은 한국통계학회 '통계학 용어 대조표'에 없어 '대한수학회' 용어 정의를 따름.

이므로 모두 더하거나 또는 '0.002438'에 '10'을 곱하면 '0.02438'이 된다. 이 값은 이미 미니탭에서 구한 [표 2 – 1]과 정확히 일치함을 알 수 있다.

지금까지 진행된 결과는 바로 '이항 분포(Binomial Distribution)'에 대한 설명이다. 즉 '베르누이 시행 → 베르누이 과정 → 이항 분포'로 진행돼 온 것이며, '이항(二項)'이란 '항'이 '두 개'란 뜻이다. 즉 '이항 분포'란 "'불량' 또는 '합격' 등 두 개의 결과만을 기대하는 과정이나 실험에서 다루는 분포"란 의미로 해석한다. 다음 식 (2.2)는 '이항 분포 함수'를 나타낸다.

$$f(x) = \begin{cases} \binom{n}{r} p^r q^{n-r} & , \ r = 0, 1, 2, ..., n \\ 0 & , \ \text{그 이외의 경우} \end{cases} \tag{2.2}$$

[참고] $'f(x)'$는 '확률'이므로 통상 $'P(X)'$의 표현도 자주 쓴다.

지금까지의 기나긴 설명이 도대체 앞으로 설명할 '정규 분포'와 어떤 관계가 있단 말인가? 누군가 의문을 제기할 수도 있다. 그러나 그에 대한 답변은 간단하다. 만일 앞서 예인 '5개 중 2개의 선택'이 아니라 '1,000개 중' 또는 '10,000개 중' 몇 개를 선택하는 문제가 발생하면 어떻게 될까를 생각해보자. '1,000개 중 50개'를 선택하는 문제의 예를 보면, 식 (2.2)의 이항식은 '조합'을 계산할 때 분자는 '1,000'이 될 것이고, 이는 1부터 1,000까지를 곱하라는 얘기가 되므로 계산기나 컴퓨터가 없으면 엄청난(?) 애를 써야 한다. 그런데 만일 우리 주변에 컴퓨터가 없다면? 누군가가 다시 물을 것이다. "그런 억지 가정이 어디에 있습니까?" 그런데 이것은 억지가 아니다. 적어도 18세기에는….

통계학자이자 도박꾼들의 컨설턴트 역할을 하던 드모아브르(Abraham de

Moivre: 1667~1754)는 동전을 많이 던져 앞면이 나올 확률 계산과 같이 시행 수가 증가할 때의 이항식 결과를 얻어 달라는 요청을 주변으로부터 자주 받게 된다. 이를 해결하기 위해 노력하던 그는 1733년 한 노트에(이후 5년 뒤인 1738년에 그의 저서 *The Doctrine of Chances*, 즉 '우연론' 2판에 다시 올림), 동전을 2회, 4회, 6회,…, 100회 등으로 증가시키면서 앞면이 나올 확률을 그래프로 표현한 결과, 그 모양이 부드러운 곡선 형상에 접근해 가는 것을 발견하고, 이 곡선의 방정식을 얻어 해석한다면 원하는 결과를 얻을 수 있지 않을까 하는 내용을 소개했다. 다음 [그림 2-3]과 [그림 2-4]는 동전을 두 번 던졌을 때 앞면이 나오는 확률과 12번 던졌을 때 앞면이 나오는 확률을 구한 뒤 그래프로 비교한 결과이다. 그림의 미니탭을 따라 그래프를 그려보기 바란다.

[그림 2-3] '시행 횟수'가 '2'인 경우, 앞면이 나올 확률 및 그래프

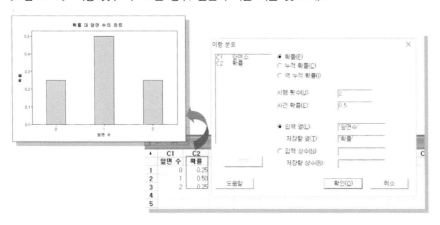

[그림 2-4] '시행 횟수'가 '12'인 경우 앞면이 나올 확률 및 그래프

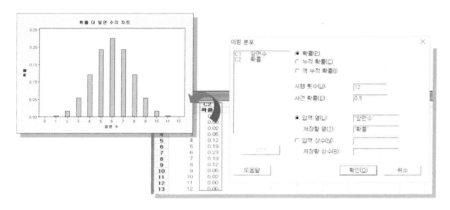

[그림 2-3]과 [그림 2-4]의 확률 계산은 미니탭「계산(C)> 확률 분포(D)> 이항 분포(B)…」에서 수행하되, '대화 상자'의 '사건 확률(E):'에는 동전을 무한히 던졌을 때 앞면이 나올 확률의 기댓값인 '0.5'를 입력한다. 참고로 그래프는「그래프(G)> 막대 차트(R)…」에서 [그림 2-5]를 통해 작성했다.

[그림 2-5] '막대 차트' 그리기

시행 횟수가 증가할수록 앞면이 나올 확률 값들의 '막대 차트'는 종 모양에 가까워짐을 알 수 있다. 드모아브르는 이 막대들의 끝을 이은 매끈한 곡선의 수학적 표현(또는 밀도 함수)을 알아내기 위해 '우연론' 2판(1738)과 3판 (1756)에 영문으로 '이항 분포'를 급수로 전개해 '정규 분포'화하는 방법을 소개했다. 그가 발견한 곡선은 현재 '정규 곡선(Normal Curve)'으로 불린다.

'정규 곡선'의 형상은 자연 상태에서 관찰되는 많은 측정값들에서 발견되곤 했는데, 특히 천체 관측 분야에서 두드러졌다. 천체 분야의 관측 값들은 불완전한 측정 장비나 관찰자들에 의해 값들의 편차가 생겼는데, 17세기 갈릴레오 (Galileo Galilei: 1564~1642)는 이러한 편차(Errors)들이 대칭적이며, 또 크게 차이가 나는 값들보다도 훨씬 더 자주 발생한다는 것에 주목하였다. 1812년에 프랑스 천문학자인 라플라스(Laplace, Pierre Simon de, 1749~1827)는 1774~ 1786년 사이의 연구 결과를 실은 그의 저서 '*Analytical Theory of Probabilities*' 에서 드모아브르의 결과를 더욱 확장시킨 내용을 발표한다. 그는 '중심 극한 정리(Central Limit Theorem)'를 유도할 때 '정규 분포'를 발견한 것으로 알려져 있다. 라플라스는 대량 현상에 나타나는 법칙성은 완전히 이 분포에 의해 설명할 수 있다고 믿었다. '이항 분포'의 극한 분포로서 발견된 드모아브르와 라플라스의 결과는 현재 **De Moivre – Laplace의 정리**로 알려져 있다. 즉 'n'이 충분히 클 때, 앞서 언급한 '이항 분포'는 식 (2.3)과 같이 점근됨을 알게 된 것이다.

$$_nC_rp^rq^{n-r} \cong \frac{1}{\sqrt{2\pi}\sqrt{npq}}e^{-(r-np)^2/2npq} \tag{2.3}$$

지금의 '정규 분포 함수'와 흡사한 구조를 갖고 있음을 알 수 있다. 1808년에 수학자 아드리안(Adrian)과 독일의 수학자 가우스(Carl Friedrich Gauss: 1777~1855)는 각각 '정규 분포' 공식을 발전시키는데, 특히 가우스는 라플라스와는 별개로 '이항 분포'의 극한 분포가 아닌 '오차 분포'로서의 '정규 분포'를 제시하였다. 즉 관측 값들의 '오차'란 '0'을 중심으로 좌우대칭과 중심으로의 수렴을 가정할 수 있으며, 이를 바탕으로 식 (2.4)의 함수를 제시하였다.

$$\phi(\triangle) = \frac{h}{\sqrt{\pi}} e^{-h^2 \triangle^2} \tag{2.4}$$

여기서 'h'는 '관측의 정도'에 따라 결정된다고 생각했고, 이 식은 편차(Errors)를 설명하는 데 매우 적합한 것으로 판명되었다. 사실 가우스는 1794년부터 '정규 분포'를 사용해왔다고 주장했으나 1809년에 와서야 그의 논문에서 정당성이 입증되었다.

'정규 분포(Normal Distribution)'의 명칭은 1872년에 'Jouffret'에 의해 'Bell Surface'로 처음 불리다 다시 'Bell Curve'로 불리기도 했으며, 1875년경 Charles S. Peirce/Francis Galton과 Wilhelm Lexis 각각에 의해 신조어로서 처음 만들어졌다. 아마도 19세기 초 라플라스, 가우스에 의해 그동안 수집된 천문, 자기, 측지학 분야의 방대한 관측 결과가 '정규 분포'에 잘 적합 된다는 경험적 사실로부터 '참값'에서의 편차는 가우스의 오차 분포, 즉 '정규 분포'에 의하여 표현될 것이라는 '정규 분포 신앙'이 19세기 초부터 지배적이었는데, 이것은 모든 데이터는 발견된 정규 하나의 분포로 해석될 수 있다는 의미의 'Normal', 즉 '표준'의 명칭이 부여된 것으로 생각된다. 이러한 의식은 19세기 후반에 이르러서야 비대칭분포도 존재한다는 것이 여러 분야에서 알려지면서 '정규 분포 신앙'이 무너지기 시작하는 전기가 마련되기도 한다.

리더들을 대상으로 한 '기초 통계' 교육 중에 지금까지의 '정규 분포' 역사에 대해 다음 [그림 2 - 6]과 같이 「Y자 흐름도」로 시각화시켜 내용을 전달해 주곤 한다.

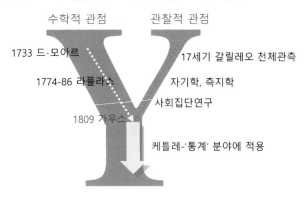

[그림 2-6] '정규 분포' 역사에 대한 「Y자 흐름도」

수학적 관점   관찰적 관점

1733 드-모아르   17세기 갈릴레오 천체관측

1774-86 라플라스   자기학, 측지학

사회집단연구

1809 가우스

케틀레-'통계' 분야에 적용

    [그림 2-6]은 수식적인 체계가 발전한 축(수학적 관점)과, 실제 자연환경에서 얻어지는 관측 값들 대부분이 종 모양의 정규성으로 관찰되는 축(관찰적 관점)이 각기 76년간 이어오다, 1809년에 이르러 대부분의 관측치들이 '정규 분포'로 설명될 수 있음이 가우스의 '오차 분포'에 의해 알려졌다. 이론과 실측치의 결합이 이뤄진 것이다. 다소 논란이 있을 수도 있는 표현(?)이지만 이해를 돕기 위한 강의의 스킬로서 너그럽게 받아주었으면 한다.

1-2. 정규 분포의 확률화

    드모아브르와 라플라스에 의해 '이항 분포의 극한'으로 생겨난 '정규 분포'든, 가우스의 '오차 분포'로서의 '정규 분포'든 기본적인 분포의 형태는 유사하며(똑같이 종 모양을 설명하려는 시도였으므로), 지금은 모든 분야에서 '정규 분포 곡선'을 설명하는 밀도 함수로서 다음 식 (2.5)를 활용한다. 가우스 분포와 비교하기 위해 오른편에 '오차 분포 함수'를 추가하였다.

$$f(x) = \frac{1}{\sigma\sqrt{2\pi}} e^{-\frac{(x-\mu)^2}{2\sigma^2}}, \qquad \phi(\triangle) = \frac{h}{\sqrt{\pi}} e^{-h^2\triangle^2} \qquad (2.5)$$

[현재의 정규 분포 함수]   [가우스의 오차 분포 함수]

식 (2.5)을 보면 'h'는 '$1/\sigma\sqrt{2}$'에, 그리고 '$\triangle$'는 '$(x-\mu)$'에 대응함을 알 수 있다. '정규 분포'를 통계에 처음 적용한 사람이 벨기에의 천문학자이자 통계학자인 케틀레(Quetelet, Lambert Adolphe Jacques, 1796~1874)로 알려져 있지만 사실 식을 확률 통계 분야에 적용하기 위해서는 그 식이 이루는 모든 넓이가 '1'이 되도록 설정돼야 한다. 확률에서는 모든 사건이 발생한 경우를 '1'로 보기 때문이다. 따라서 현재 쓰고 있는 종 모양의 '정규 분포' 역시 전체 면적이 '1'이 돼야 하며, 이를 위해 다음 식 (2.6)과 같은 과정이 있었음을 짐작게 한다. 다음과 같다.

나누어 줌

$$f(x) = Ce^{-\frac{(x-\mu)^2}{2\sigma^2}}, \qquad \int_{-\infty}^{+\infty} f(x)dx = C\int_{-\infty}^{+\infty} e^{-\frac{(x-\mu)^2}{2\sigma^2}} dx = 1$$

$$C = \frac{1}{\displaystyle\int_{-\infty}^{+\infty} e^{-\frac{(x-\mu)^2}{2\sigma^2}} dx} = \boxed{\frac{1}{\sigma\sqrt{2\pi}}} \qquad (2.6)$$

식 (2.6)의 왼쪽 함수에 임의의 상수가 있다고 가정한다('C'로 표기돼 있음). 왼쪽 식을 확률 통계 분야에서 사용하려면 오른쪽 위의 식과 같이 그 곡선 아래 넓이를 전부 합했을 때 '1'이 돼야 한다.[18] 다시 오른쪽 아래에서 '상수'만 남기고 계산된 적분 항을 넘기면 계산 값은 '$1/\sigma\sqrt{2\pi}$'이 된다.[19] 즉 상수 값이 식 (2.5)에 들어가 있음으로 해서 전체 넓이를 계산할 때(또는 사건이 모두 발생하면) 항상 '1'로 만들어지도록 역할을 하게 된다. 이 상수를 '정규화 상수(Normalizing Constant)'라고 한다(사실 'σ'가 결정돼야 하므로 그 전까진 정확히 '상수'는 아니다).

지금까지 '정규 분포'가 탄생하게 된 배경을 학습했고, 그 과정이 드모아브르부터 가우스까지 약 76년 정도 소요됐음을 알았다. 또 완성된 '정규 분포 함수'가 확률 통계 분야로 들어오도록 하기 위해 '정규화 상수'가 필요했으며, 좀 어려웠지만 이의 유도 과정을 학습해보았다. 단시간 내에 '정규 분포'를 확실하게 이해하지 못하는 이유가 바로 여기에 있다고 본다. 뛰어난 학자들이 76년간 고민해서 만들어놓은 산물을 어떻게 우리가 단 몇 시간의 교육만으로 이해할 수 있겠는가! 아직도 머릿속에 개념이 명확하게 잡히지 않으면서 맴도는 느낌이 들더라도 당연한 현상이다. 그러나 내 것으로 만들겠다는 열정만큼은 유지하자.

여기까지 기본 내용에 대한 이해의 폭을 넓혔으면 이제 '정규 분포'의 실체를 파악하기 위해 그동안 덮여 있던 베일을 한 꺼풀 더 벗겨내 보도록 하자.

---

18) 면적을 전부 합한다는 것은 수학적으로 적분 기호인 '$\int_{-\infty}^{+\infty}$' 를 사용한다. 확률은 이 전체 넓이, 또는 전체 사건이 '1'이 되는 경우이다.

19) 실명된 적분은 계산을 위한 수학적 절차가 있지만 과정은 생략하고 결과만 적었다.

「1-1. 정규 분포의 역사」맨 끝 「Y자 흐름도」에서 '수학적 관점'과 '관찰적 관점'의 구분이 있었으며, 지금까지 '정규 분포'는 주로 전자의 관점을 중심으로 설명이 이뤄졌다. 이제부터 후자인 '관찰적 관점'에서의 '정규 분포'에 대해 알아보자. 교육 중에 '정규 분포'를 너무 통계적이고 수학적인 측면에서 다루다 보니 정작 리더들이 속해 있는 프로세스에서의 자료와 바로 연결시켜 생각해보는 능력이 떨어지는 단점이 있다. 즉 '히스토그램'이나 '평균' 또는 '표준 편차' 등을 구해놓고 '정규 분포'에 대입해 2차 정보를 얻어내는 작업을 등한시하는 경향이 그것이다. 이런 문제점은 바로 「Y자 흐름도」의 '관찰적 관점'처럼 프로세스 자료로부터 정규의 모양을 통찰하려는 노력과, '정규 분포 함수'와 결부시켜 2차 정보를 얻어내는 능력을 배양함으로써 극복할 수 있다.

'정규 곡선(Normal Curve)'[20]이 어떻게 형성되는지 그 과정을 알아보기 위해 주변에서 쉽게 접할 수 있는 '신장' 자료를 사용해보자. 우선 특정 집단에 속해 있는 성인들 키의 분포를 알아보기 위해 그 집단에서 무작위로 '50명'을 추출하여 신장을 측정했고, 그 결과가 다음 [표 2-2]와 같다고 하자. 이 데이터는 미니탭의 「계산(C)> 랜덤 데이터(R)> 정규 분포(N)…」에서 '산술 평균=175', '표준 편차=5'를 입력한 뒤 얻은 값들이다. 작업이 원활히 이뤄지도록 작은 키부터 큰 키순으로 정렬했고, 소수점 이하는 임의로 제거하였다.

---

20) '정규곡선'은 한국통계학회 '통계학 용어 대조표'에 포함돼 있다. (네이버 국어사전)에는 "좌우대칭의 종모양의 곡선. 정규분포를 따르는 확률변수의 확률밀도함수 그래프이다"로 정의하고 있다. 특히, '정규분포 곡선', '정상곡선' 등과 동의어로도 설명돼 있다. 추가로 (네이버 백과사전)의 '정규분포' 용어 설명에서는 '정규곡선' 대신 '가우스 곡선'이나 '오차곡선', '케틀러 곡선'과도 동의어로 기술하고 있다. 이 중 '가우스 곡선(Gaussian curve)'은 '통계학 용어 대조표'에 포함돼 있다. 정리하면 '정규곡선=정규분포 곡선=정상곡선=가우스 곡선=오차곡선=케틀러 곡선'이다.

[표 2-2] '히스토그램' 작성을 위한 '신장' 데이터

신장(키)				
164	171	175	178	182
165	171	176	178	184
166	172	176	180	184
166	173	176	180	184
167	173	176	181	185
167	173	176	181	185
168	174	177	181	186
170	174	177	181	186
170	174	177	182	186
171	175	177	182	188

위와 같이 순서대로 나열해 자료 상태를 파악할 수도 있으나 좀 더 합리적이고 쉬운 판단을 위해 몇 개의 구간으로 나눈 뒤 집계하는 방법을 시도해보자. 일정한 간격으로 나눠진 구간을 '계급(Class)'이라고 한다. 이때 [표 2-2]를 몇 개 '계급'으로 나눌지 직감이나 경험으로 판단하기에는 현실성이 떨어진다. 매번 자료 수나 값들 간 차이가 제각각이기 때문이다. 따라서 자료의 성향을 반영해 판단할 수 있는 여러 방법들 중 '스터지스의 법칙(Sturges'rule)'을 적용해보자. 물론 미니탭이나 엑셀을 이용해 자동으로 얻을 수 있으나 학습하는 차원에서 직접 수작업으로 하나씩 만들어보자. 다음은 '계급'을 몇 개로 정할지 결정해주는 '스터지스의 법칙'이다.

$$k = 1 + 3.322(\log_{10}n) \tag{2.7}$$

'n'은 수집된 '표본 크기'이며 [표 2-2] 경우 '50개'이므로 식에 대입해 'k'를 얻으면, 약 '6.644'이다. 즉 [표 2-2]을 위한 '계급'의 필요 개수는 '7

개'이며, 이 정도면 모든 데이터를 적절하게 집계할 수 있다는 뜻이다.

그런데 문제가 생겼다. '계급'은 '7개'로 정해졌는데 각 '계급'의 시작과 끝을 알아야 해당 데이터를 가져다 하나하나 할당할 수 있지 않을까? [표 2−2] 중 최솟값이 '164'이고, 최댓값이 '188'이므로 '범위'는 '24(=188−164)'이다. 따라서 '범위÷계급의 개수'를 하게 되면 개개 '계급'의 '평균 크기'가 나오는데 이것이 '계급의 크기(구간의 너비에 해당)'이다. [표 2−2]의 신장 자료 경우 '약 3.43(=24÷7)'이다. 편의상 '계급의 크기'는 '3.43'을 반올림한 '3'으로 정해보자. 자료의 최솟값이 '164'이므로 최초 구간은 이 값이 포함될 수 있도록 '162'로 정한 뒤 '계급의 크기'인 '3'을 더해가면서 '계급'들을 완성한다.

지금까지의 과정을 글로 설명하자니 좀 복잡한데, 다음 [표 2−3]을 보면 상황을 쉽게 이해할 수 있다. '신장' 값을 해당 구간에 '/'로 정리한다.

[표 2−3] 도수분포표

계 급	도수분포	도수
162~165	/ /	2
166~169	/ / / / /	5
170~173	/ / / / / / / / /	9
174~177	/ / / / / / / / / / / / / /	14
178~181	/ / / / / / / /	8
182~185	/ / / / / / / /	8
186~189	/ / / /	4

표에서 '도수(Frequency)'는 "각 계급에 속하는 자료의 개수"며, 이 표를 '도수분포표'라고 한다. 여기서 도수분포를 왼쪽으로 90도 돌리면 낯익은 '정규 분포' 형상을 관찰할 수 있다. 17세기부터 관찰돼온 천체 관측 자료들을

[표 2-3]처럼 집계했을 때 지금의 '정규 분포' 모양이 된다는 사실은 이미 '정규 분포의 역사'에서 언급한 바 있다.

[표 2-3]을 이용해 좀 더 확률·통계론적으로 해석해보자. 이때 식 (2.6)에서 지적했던 바와 같이 모든 발생 사건은 '1'이어야 하므로 각각의 '도수'를 전체 개수로 나누어 다음 [표 2-4]와 같은 '상대 도수(Relative Frequency)의 분포 표'를 만든다.

[표 2-4] '상대 도수의 분포 표' 계산

계 급	도수분포	도수	상대 도수
162~165	/ /	2	0.04
166~169	/ / / / /	5	0.10
170~173	/ / / / / / / / /	9	0.18
174~177	/ / / / / / / / / / / / / /	14	0.28
178~181	/ / / / / / / /	8	0.16
182~185	/ / / / / / / /	8	0.16
186~189	/ / / /	4	0.08
합 계		50	1.00

[표 2-4]의 '도수'와 '상대 도수'를 이용해 엑셀로 그래프를 그리면 다음 [그림 2-7]을 얻게 되며, 이를 '히스토그램(Histogram)'[21)이라고 한다. 출처에 따라 '히스토그램'은 '도수다각형', '도수곡선'과 함께 '도수 분포도'의 한 요소로 분류된다.[22) 다음 [그림 2-7]은 [표 2-4]의 '히스토그램'으로, 둘 다

---

21) 'QC 7가지 도구' 중 하나로 품질 개선을 위해 사용 빈도가 매우 높다.
22) '도수다각형', '도수곡선' 들은 '통계학 용어 대조표'에 포함돼 있다. (네이버 백과사전 / 국어사전) 등에서 전자는 '도수분포 다각형', '도수 꺾은선' 등으로, 후자는 '도수분포 곡선'으로도 정의하고 있다.

모양은 동일하나(동일한 숫자로 처리된 것이므로), 'y – 축' 눈금이 차이가 남을 알 수 있다('y – 축'이 하나는 '도수'고, 다른 하나는 '상대 도수'다).

[그림 2–7] 히스토그램(도수 분포, 상대 도수 분포)

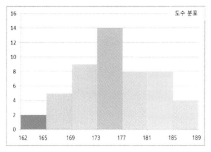
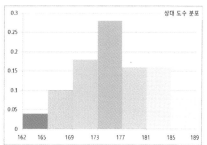

[그림 2–7]에서 '상대 도수'로 그린 히스토그램이 확률론에 적합한데 그 이유는 앞서 언급한 대로 모두 발생한 경우가 '1'이기 때문이다. 본 예에서도 각 막대의 높이를 모두 합하면 '1'이다(이후 '정규 곡선' 형성 시 히스토그램의 막대 높이는 '(상대 도수)/(계급의 크기)'로 재작성). 참고로 '계급'을 [그림 2–7]의 'x – 축'에 나타내면 막대 사이에 공백이 생기는데 엑셀 기능을 이용해 이들을 없앴다. 그러나 별도의 설명은 생략한다. 간혹 '정규 분포' 형성 과정에 열을 내며 설명하는 것보다 위의 '히스토그램'처럼 엑셀에서 막대 사이의 공간을 없애는 기능을 소개할 때 오히려 교육 만족도가 높아지곤 한다(또는 바로 그 자리에서 감탄사를 연발하기도 한다). 그럴 때면 웃자고 한마디 한다. "자! 정신들 원위치해주세요!" 하고.

다음은 '정규 곡선'을 만들 차례다. '정규 곡선'은 히스토그램의 각 막대 중간을 서로 연결해 완성한다. 다음 [그림 2–8]은 곡선 만들기의 첫 시도이다.

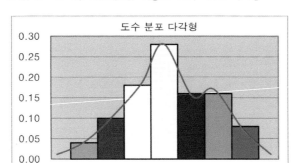

[그림 2-8] '히스토그램'을 이용한 '도수 분포 다각형'

　[그림 2-8]과 같이 '히스토그램'의 중간점을 연결해 작성한 그림을 '도수 분포 다각형'이라고 한다. 만일 'x-축'의 '계급 크기'를 줄여나가면 막대 폭도 줄어들어 '도수 분포 다각형'은 '도수 분포 곡선'을 형성한다.

　현재로선 '도수 분포 다각형(또는 곡선)'이 매끈해 보이지 않으나 자료의 추가 등 '도수 분포 곡선'을 더욱 발전시켜 나가면 부드러운 곡선, 특히 현재의 상태로 볼 때 '정규 곡선'에 근접해 갈 것이다. 또 선분 밖으로 나간 막대의 넓이와 선분 안으로 들어온 넓이가 동일하다고 볼 때 '막대 도표' 대신 '정규 곡선'만으로 표현해도 전체 넓이는 '1'로 변화가 없다. '정규 곡선'이 완성되면 선분상의 값들은 '확률 밀도'라고 부른다. 만일 작업이 더 진행돼 '정규 곡선'을 설명할 수 있는 '함수'가 존재하면 신장이 '160 이하인 경우' 또는 '169와 178 사이의 점유율' 등을 쉽게 산출할 수 있다. '히스토그램'이면 '막대 넓이(이때 y-축은 '상대도수/계급의 크기'임)'를 단순히 더하면 되겠지만 만일 '정규 분포 함수'로 관찰하면 정해진 구간의 넓이를 구하는 문제가 돼 '적분'이라는 수학 체계가 요구된다.

　지금까지의 과정을 논리적 수순으로 정리하면 다음과 같다.

① 도수분포표 → ② 히스토그램 → 도수 분포 다각형 → 도수 분포 곡선 → ③ 정규 곡선 [또는 → ④ 정규 분포] → ⑤ 정규 분포 확률 밀도 함수

데이터를 수집한 뒤 의미 있는 분석을 위해 일정 구간으로 나눈 후 그 구간에 속한 빈도를 집계한다(도수분포표). 이어 곧바로 확률적 개념을 확보하기 위해 '상대 도수'로 변환한다. 다음, '상대 도수'를 이용해 '히스토그램'과 '도수 분포 다각형' 및 '도수 분포 곡선'을 완성한다. 이때 'x - 축'의 눈금은 연속적인 값으로 간주해도 좋다. 자료 수를 늘리고, '계급의 크기'를 줄이면 '종 모양'의 패턴이 형성된다(정규 곡선). 물론 현시점에 정확한 '정규 곡선'이 나오지 않더라도 익숙한 '좌우대칭 종 모양'의 분포를 얻는 것은 확실하다(정규 분포).

여기까지가 [그림 2 - 6]에서 설명했던 「Y자 흐름도」의 '관찰적 관점'이라면, 바로 '정규 곡선'을 설명할 '함수'를 대응시킬 시점이 되었다. '함수'란 「Y자 흐름도」 중 '수학적 관점'의 종점에서 얻어진 최종 산출물이다. 본 예에서 '함수'의 정확한 호칭은 '정규 분포 확률 밀도 함수(Probability Density Function of Normal Distribution)'이며, 줄여서 '정규 분포 함수'로도 불린다.

'수학적 관점'과 '관찰적 관점'이 '함수'로 합쳐져(현상을 함수로 설명할 수 있게 됐다는 뜻임) 한 방향으로 전진하는 계기가 마련되었다. 그리고 '정규 분포 확률 밀도 함수'가 만들어지기까지의 '②~⑤' 전 과정과 항목 명칭을 모두 한 곳에 모아놓은 그림이 다음 [그림 2 - 9]이다. 보는 방법은 '원 번호' 순서를 따라가되 그림과 설명을 함께 읽어나가기 바란다. 전체를 정리하는 데 도움 받을 수 있다.

[그림 2-9] '히스토그램'~'정규 분포 확률 밀도 함수' 간 관계

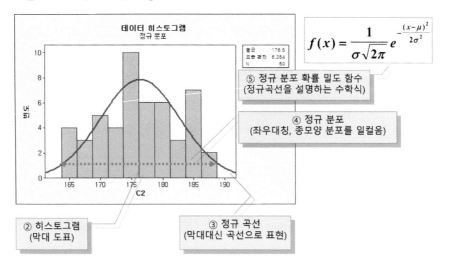

이상으로 '정규 곡선'과 '정규 분포' 및 '정규 분포 확률 밀도 함수'의 형성 과정을 「Y자 흐름도」라는 역사적 흐름에 맞춰 알아보았다. 아직까지 머릿속에 확실한 논리가 서지 않고 혼란스러운 리더가 있으면 요약된 내용을 다시한 번 잘 음미해보고 다음 주제로 넘어가기 바란다. 다음은 '확률 밀도 함수(Probability Density Function)'와 그 안에 존재하는 '매개 변수(Parameter)'에 대해 알아보자.

1-4. 정규 분포 '매개 변수'

이쯤에서 용어에 대한 정의를 언급해야 할 것 같다. 앞서 수집된 자료인 [표 2-2]의 분포가 좌우대칭 종 모양의 '정규 분포'임을, 또 그를 결정짓는

곡선이 '정규 곡선'인 것도 확인했다. 그리고 자세한 설명은 없었으나 '정규 곡선'을 수학적으로 나타낼 함수인 '확률 밀도 함수'를 언급했었다. 여기서 '함수'란 "변수 x와 y 사이에 x의 값이 정해지면 따라서 y값이 정해지는 관계가 있을 때, y는 x의 함수"라고 정의한다.[23] 통상 'y' 대신 '$f(x)$'를 주로 사용한다. 정의에 따르면, '정규 분포'의 예에서 '정규 곡선'을 설명하는 함수는 다음과 같다.

$$ f(x) = \frac{1}{\sigma\sqrt{2\pi}} e^{-\frac{(x-\mu)^2}{2\sigma^2}} \tag{2.8} $$

'x'에 따라 '$f(x)$'도 변하며, 특히 'x'가 임의 구간으로 설정되면 '$f(x)$'값과의 폐회로가 형성돼 '밀(빽빽할 密)'자를 써서 '밀도 함수'라고 한다. 또 'x'가 무한 영역에서 무작위로 선택될 수 있는 '확률 변수'이므로 이를 고려해 '확률'을 추가한 '확률 밀도 함수'[24]로 명명한다. 논하는 자료가 '정규 분포'를 따르든, '와이블 분포'나 '로그 정규 분포'를 따르든 이들을 설명할 수 있는 'x'와 'y[또는 $f(x)$]'의 관계가 존재하면 각각을 '확률 밀도 함수'라고 한다. 물론 수학에서 '밀도 함수'를 정의하는 수리적 조건이 있으나 자세한 설명은 생략한다. 이제 '확률 밀도 함수' 중 '정규 분포'로 돌아와 그 안의 'μ'와 'σ'를 보자. 이것을 '매개 변수(Parameter)'라고 하는데 정의는 다음과 같다.

---

23) 네이버 백과사전의 정의이며, 이어지는 별도 내용은 생략하였다.

24) (네이버국어사전) 확률밀도함수는 '확률변수 x가 임의구간 (a, b)에서 취할 확률이 $P_r(a < x < b) = \int_b^a f(x)dx$ 인 적분으로 표시되는 함수'로 정의된다. 풀어쓰면, x의 두 값 사이의 넓이를 구하면, 그 값이 확률이 되는데 이때 관여된 f(x)를 확률밀도함수라고 한다.

> - **매개 변수(Parameter)** (네이버 국어사전) 두 개 이상의 변수 사이의 함수관계를 간접적으로 표시할 때 사용하는 변수. (엠파스 백과사전) 수학의 변수 가운데 하나. (중략) 기울기와 절편으로 표현된 직선방정식의 일반형인 $y = mx + b$는 m과 b가 매개변수인 매개변수 방정식의 한 예이다. 기울기 $m = 2$와 y절편 $b = 3$이 매개변수에 주어질 때 생기는 식 $y = 2x + 3$은 더 이상 매개변수 방정식이 아니고 특수한 직선의 방정식이다. 통계에서 함수의 매개변수는 표본에서 추출한 증거로 구해진 변수이다. 구해진 결과 값은 추정값 또는 통계량이다.

'정규 분포'의 '확률 밀도 함수'를 해석하려면 'μ'와 'σ'가 알려져 있어야 하며, 실제 데이터를 수집하기 전에는 아직 값들을 모르므로 적절히 표현할 변수가 필요하다. 이때 'μ'와 'σ'를 '독립 변수(x)' 및 '종속 변수(y)'와 구별해 '매개 변수'라 부른다. 앞서 설명한 정의에 따라 이들 '매개 변수'가 표본으로부터 정해지면 모집단의 '추정 값'을 나타내는 '통계량'이 된다.

한국통계학회의 통계학용어대조표를 보면 '매개 변수'는 '모수', '파라미터'와 동의어로 정의하고 있다. 또 사전적 정의에서도 셋은 같은 의미로 해석한다. '모수'에 대해서는 「1 - 4. 변동」에서 정의와 함께 상세히 다루었으니 필요하면 돌아가 참고하기 바란다.

'정규 분포 확률 밀도 함수'를 보면 'μ'와 'σ'가 데이터 모집단의 특성치를 반영하고 있으므로 이 두 변수에 대해 '모수'라고 표현해도 문제는 없어 보인다. 그러나 이후부터는 '확률 밀도 함수'의 변수(x, y를 제외한)들에 대해서는 '매개 변수'라는 용어로 통일하도록 하겠다.

이제 '정규 분포'의 '매개 변수'들에 대한 '특징'을 살펴보도록 하자. 이들 '매개 변수'의 특징을 설명하기 위해 리더들을 대상으로 한 교육 중에 필자가 자주 사용하는 강의법이 있다. 그 내용을 소개하도록 하겠다.

지금 '일차 함수'를 갖고 있다고 가정하자. '일차 함수'는 '$f(x) = ax + b$'로 구성돼 있다는 것쯤은 잘 알고 있을 것이다. 물론 여기서의 'a'와 'b'는 '매개 변수'에 해당한다. 함수 자체를 쓰는 것은 번거로우므로 이 '일차 함수'를 편의상 '$[a, b]$'라고 정의하자. 이를 정리하면 다음 식 (2.9)와 같다.

(일차 함수)   (정의)

$$f(x) = ax + b \quad \Rightarrow \quad [a, \ b] \tag{2.9}$$

이제 'a'와 'b'를 각각 '2'와 '4', 즉 '[2, 4]'라고 할 때, 그래프를 그려보자. 교육 중에 정의를 제시하고 가만히 지켜보면 한 30% 정도만이 엑셀에 그래프를 그려낸다. 몰라서라기보다 통계적인 복잡한 뭔가가 질문 속에 숨겨져 있을 것이란 선입감이 강하게 작용하는 것으로 보인다. 이때는 '자신감!' 별게 아니란 '자신감!'을 늘 갖도록 한마디 던지곤 한다.

결과는 다음과 같다. 즉 매개변수 'a'와 'b'가 정해졌으므로 아무 값이나 넣어도 되는 '독립 변수, x'를 '10여 개' '워크 시트'에 입력하고, '$f(x)$'셀에는 "=2*'x의 셀 위치'+4"한 뒤 나머지는 복사한다. 이들로 그래프를 그리면 당연히 직선 그래프가 될 것이다. 주의할 점은 엑셀의 '차트의 종류'를 '분산형'으로 설정해야 정상적인 '일차 함수' 그래프가 완성된다. 원활한 작업을 위해 일단 엑셀에서 직선을 그린 뒤 그래프 위에 마우스를 올려놓고 오른쪽 버튼을 클릭하면 메뉴가 나온다. 메뉴들 중 '차트 종류(Y)'를 눌러 '분산형'을 설정한다(또는 애초 시작 단계부터 '분산형'을 선택). '일차 함수'의 정의와 결과 그래프를 다음 [그림 2 - 10]에 나타내었다.

[그림 2-10] '일차 함수' 직선 그래프

(일차함수) [2,4]

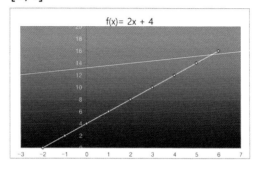

x	f(x)
-2	0
-1	2
0	4
1	6
2	8
3	10
4	12
5	14
6	16

f(x)= 2x + 4

여기서 끝나면 지금까지의 설명이 무슨 의미일까 하고 의아해할지 모른다. 진짜 해야 할 일은 정해놓은 'a'값을 '2 → 5'로 변경하고, 대신 'b'는 '4'를 그대로 둔 뒤 그래프를 다시 그린다. 또 하나 'a'는 '2'를 그대로 두고, 'b'만 '4 → 8'로 바꾼 뒤 그래프를 그린다. 서로 간의 비교를 위해 세 개 그래프를 한 좌표 평면에 작성한 것이 다음 [그림 2-11]이다.

[그림 2-11] '일차 함수'의 '매개 변수' 변화에 따른 직선 그래프 비교

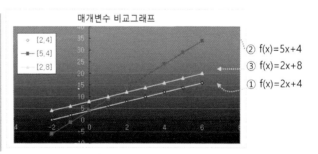

x	f(x)[2,4]	f(x)[5,4]	f(x)[2,8]
-2	0	-6	4
-1	2	-1	6
0	4	4	8
1	6	9	10
2	8	14	12
3	10	19	14
4	12	24	16
5	14	29	18
6	16	34	20

매개변수 비교그래프

② f(x)=5x+4
③ f(x)=2x+8
① f(x)=2x+4

[그림 2 – 11]에서 '①'은 원래 제시된 직선이고, 직선 '②'는 'a'값을 '2 →
5'로 키운 결과이다. 그래프를 보면 기울기가 더 급해져 있다. 엑셀의 열별 색
과 같은 그래프 직선 색을 관찰하기 바란다. 여러 값으로 시뮬레이션하면 알
겠지만 예측컨대 아마도 'a'가 증가하면 직선은 급하게 기울 것이고, 작아지
면 편평해지다가 음의 기울기로 돌아서게 될 것이다. 따라서 '일차 함수'에서
'매개 변수' 'a'는 직선의 기울어짐 정도를 관장하는 역할을 담당한다(고 결론
짓는다). 같은 방식으로 'b'의 역할은 어떻게 알 수 있을까? '③'은 원직선의
'b'를 '4 → 8'로 바꾼 결과이다. 보면 쉽게 알 수 있듯이 두 직선은 평행을
유지하되 'y – 축'을 가르는 값만 '4 → 8'로 이동했음을 알 수 있다. 그렇다
면 '일차 함수'에서 '매개 변수, b'의 역할은 무엇일까? 바로 직선을 위아래로
수평 이동시키는 특성을 갖고 있음을 알게 된다. 즉 값이 작아지면 아래쪽으
로, 커지면 위쪽으로의 이동을 관장하는 역할을 담당한다.

내친김에 조금 더 복잡한 함수의 예를 들어보자. 제곱의 항이 들어가 있는
'이차 함수'다. 기본 식은 '$f(x) = A(x-a)^2 + b$'로 역시 단순화하기 위해
'$[a, b]$'로 정의하자. 요약하면 다음 식 (2.10)과 같다('$A = 1$'로 가정).

(이차 함수)　　　　　　　　　　(정의)
$$f(x) = A(x-a)^2 + b \quad \Rightarrow \quad \textbf{[a, b]} \qquad (2.10)$$

앞서 진행된 것과 동일하게 'a'와 'b'를 '3'과 '4', 즉 '[3, 4]'로 정한 뒤, 그
래프를 그려보자. '매개 변수' 'a'와 'b'가 정해졌으므로 역시 '독립 변수, x'는
임의의 값을 10여 개 입력하고, 대신 '$f(x)$'셀에는 '$=($'x의 셀 위치'$-3)^2 + 4$'
로 한 뒤 나머지는 복사한다. 결과 그래프는 다음 [그림 2 – 12]와 같다. 참고로
'x'의 범위를 정할 때 좌우대칭 선이 나오도록 값들을 적절하게 조정한다.

[그림 2-12] '이차 함수' 그래프

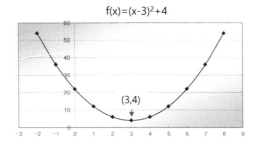

(이차함수)   [3, 4]

x	f(x)
-2	54
-1	36
0	22
1	12
2	6
3	4
4	6
5	12
6	22
7	36
8	54

$f(x)=(x-3)^2+4$

(3,4)

'일차 함수' 때와 동일하게 앞서 정한 'a'값을 '3 → 5'로 변경하고 대신 'b'는 그대로 '4'로 둔 뒤 그래프를 그린다. 또 'a'는 '3'을 그대로 두고, 'b'만 '4 → 10'으로 키운 뒤 그래프를 그리는 두 경우를 생각해보자. '일차 함수' 과정과 똑같이 서로 간 비교를 위해 동일한 좌표 평면에 세 개 곡선을 함께 작성한다. 결과는 다음 [그림 2-13]과 같다.

[그림 2-13] '이차 함수'의 '매개 변수' 변화에 따른 그래프 비교

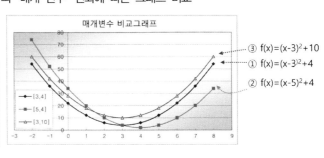

x	f(x)[3,4]	f(x)[5,4]	f(x)[3,10]
-2	54	74	60
-1	36	52	42
0	22	34	28
1	12	20	18
2	6	10	12
3	4	4	10
4	6	2	12
5	12	4	18
6	22	10	28
7	36	20	42
8	54	34	60

매개변수 비교그래프

③ $f(x)=(x-3)^2+10$
① $f(x)=(x-3)^2+4$
② $f(x)=(x-5)^2+4$

[3,4]
[5,4]
[3,10]

[그림 2 – 13]에서 '①'은 원래 제시된 이차 곡선이고, '②'는 원 곡선의 'a' 를 '3 → 5'로 키운 결과이다. 차이점은 바로 드러난다. 즉 원래의 곡선이 오른쪽으로 '2'만큼 평행 이동했다. 따라서 '매개 변수, a'는 값이 증가하면 오른쪽으로, 반대로 작아지면 왼쪽으로의 평행 이동을 관장한다. '③'은 어떤가? 'b'만 '4 → 10'으로 변경했는데 결과는 곡선의 오목한 중심을 'y – 축'의 '4' 에서 '10'으로 이동시켰음을 알 수 있다. 따라서 '이차 함수'에서의 '매개 변수, b'의 역할은 곡선을 위아래로 이동시킴을 알 수 있다.

지금까지 설명한 '일차 및 이차 함수'에는 '매개 변수'가 공통적으로 두 개씩 들어 있다. 그러나 이 두 함수뿐만 아니라 대부분의 함수들이 이와 같이 '1~3개'의 '매개 변수'를 보유하고 있으며, 일반적으로 자주 마주치는 함수의 경우 대부분 '2개'가 대세다.

본론으로 돌아와 좀 복잡하지만 핵심 주제인 '정규 분포 확률 밀도 함수'의 '매개 변수' 특징에 대해 알아보자. 앞서 보였던 방식과 똑같이 '정규 분포 확률 밀도 함수'를 '$[\mu, \sigma]$'로 정의하자. 다음에 내용을 표현하였다.

(정규분포 확률밀도함수)

$$f(x) = \frac{1}{\sigma\sqrt{2\pi}} e^{-\frac{(x-\mu)^2}{2\sigma^2}} \xrightarrow{정의} [\mu, \sigma] \qquad (2.11)$$

이제 '$[\mu, \sigma]$'가 '[20, 4]'로 정해졌다고 가정하고, 엑셀을 이용해 그래프를 그려보자. '정규 분포 확률 밀도 함수'에 대한 감각과 향후 설명될 '표준 정규 분포'의 이해를 위해서는 이 과정이 필수이므로 교육 중에 꼭 실습을 하고 넘어간다. 통상 두어 시간을 소비하는 대장정이다. 식이 다소 복잡해서인지 어려움을 호소하기도 하지만 이 글을 읽고 있는 리더들은 반드시 수행해보기 바란다. 함수의 복잡성으로 입력에 애로 사항이 많을 것으로 생각돼 다음 [그림 2

-14]에 입력된 식을 그대로 기술하였다.

[그림 2-14] '정규 곡선' 그리기

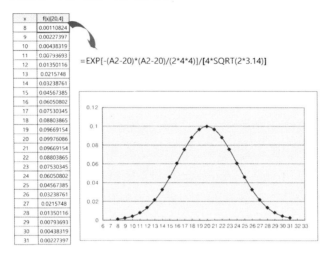

[그림 2-14]의 예에서 기술한 식 중 'EXP'는 '정규 분포 확률 밀도 함수'
에 있는 '자연 대수, e'인 '2.718'을 대신한 엑셀 함수이고, 'SQRT' 역시 '정
규 분포 확률 밀도 함수'의 상수에 씌어진 '제곱근($\sqrt{}$)'를 나타내는 엑셀 함수
이다. 이제 '일차 함수'와 '이차 함수'에서 수행했던 것과 똑같이 'μ'를 '20 →
25'로 변경하고, 'σ'는 '4'를 그대로 유지시킨 뒤 그래프를 그려보고, 또 'μ'
는 그대로 두고, 'σ'만 '4 → 7'로 바꾼 그래프를 그려보자. 물론 서로 비교가
쉽도록 동일 좌표 평면 위에 세 개의 곡선을 모두 표현한다. 정의에 따르면
전자는 '[25, 4]'이고, 후자는 '[20, 7]'이다. 결과는 다음 [그림 2-15]와 같다.

[그림 2 – 15] '정규 분포'의 '매개 변수' 변화에 따른 그래프 비교

f(x)[20,4]	f(x)[25, 4]	f(x) [20, 7]
0.001108	1.19327E-05	0.013115
0.002274	3.3466E-05	0.016584
0.004383	8.81713E-05	0.020548
0.007937	0.000218226	0.024944
0.013501	0.000507391	0.029669
0.021575	0.001108243	0.034576
0.032388	0.002273967	0.039481
0.045674	0.004383186	0.044171
0.060508	0.007936925	0.048419
0.075303	0.013501164	0.052004
0.088039	0.021574799	0.054726
0.096692	0.03238761	0.056427
0.099761	0.04567385	0.057006
0.096692	0.060508021	0.056427
0.088039	0.075303448	0.054726
0.075303	0.08803865	0.052004
0.060508	0.096691542	0.048419
0.045674	0.099760861	0.044171
0.032388	0.096691542	0.039481
0.021575	0.08803865	0.034576
0.013501	0.075303448	0.029669
0.007937	0.060508021	0.024944
0.004383	0.04567385	0.020548
0.002274	0.03238761	0.016584

= EXP(-(A2-20)*(A2-20)/(2*7*7))/(7*SQRT(2*3.14))

= EXP(-(A2-25)*(A2-25)/(2*4*4))/(4*SQRT(2*3.14))

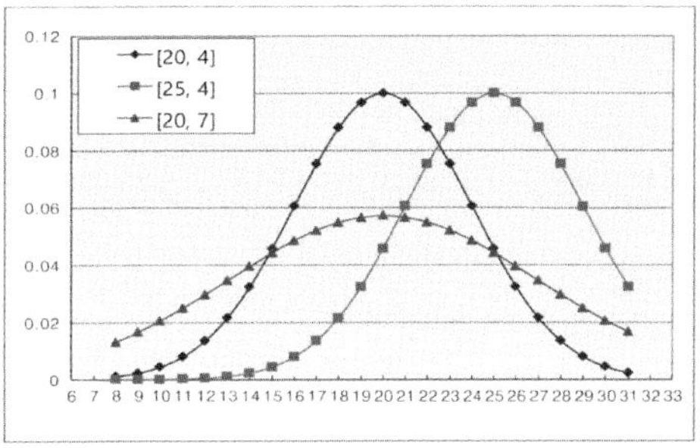

[그림 2 – 15]의 그래프 중앙에 있는 것이 원래 제시된 '[20, 4]'의 곡선이고, 오른쪽 곡선이 '[25, 4]'를 나타낸다. 즉 'μ'를 '20 → 25'로 변경하면 '정규 곡선'의 중심이 '5'만큼 오른쪽으로 수평 이동함을 알 수 있다. 이것은 '매개 변수'인 'μ'가 커지면 오른쪽으로, 반대로 작아지면 왼쪽으로 수평 이동시키는 역할을 담당한다. 또, 'σ'가 '4 → 7'로 바뀐 경우 수평 이동은 없는 대신 높이가 낮아지면서 옆으로 퍼지는 경향을 보인다. 즉 'σ'가 증가하면 퍼지고, 감소하면 좁아지는 흩어짐의 정도를 관장하는 '매개 변수'임을 알 수 있다.

'산술 평균'은 수집된 데이터의 '무게중심'을 나타내므로, '정규 곡선'과 결부시키면 좌우대칭 종 모양의 정중앙 값인 'μ'에 대응되고, 'σ'는 흩어짐을 관장하므로 이전에 언급했던 '분산'이나 '표준 편차'에 대응시키면 무난하다 (실제로 그렇다). 리더 여러분이 '정규 분포'의 '매개 변수'에 대한 특징을 이해했으면 이제 'μ'나 'σ'를 통계적 변수라기보다 '일차 함수'나 '이차 함수'에서 보여준 것처럼 그저 하나의 '매개 변수'로 받아들여야 한다. '일차 함수'는

이해하면서 '정규 분포 확률 밀도 함수'는 어려워할 이유가 전혀 없다. 식의 복잡성을 제외하고는 말이다.

지금까지 길고 긴 여정을 '정규 분포'의 실체를 파악하는 데 집중했다. 이제부터 확률 통계 분야에 '정규 분포'를 실용적으로 활용하기 위한 응용 사례에 대해 알아보자. 처음 입문하는 순진한 기업인들을 골머리 썩게 만들어놓는 장본인, 바로 '표준 정규 분포'가 그 첫 대상이다.

1-5. 표준 정규 분포(Standard Normal Distribution)

'표준 정규 분포'는 해석상 "정규 분포를 표준화시켰다"는 뜻이다. 그러나 이렇게 단순한 것처럼 들리는 용어가 실제 속내를 들여다보면 심지어 숙련된 리더조차 정확하게 모르고 있는 경우를 심심치 않게 만난다. 사실 필자도 정확한 내용을 알아차렸을 때는 이미 상당한 시간이 지난 뒤였음을 고백한다. 대체로 수학적이고 확률적 지식이 요구되는 여러 난관이 있긴 하나 그렇다고 나 몰라라 할 수는 없다. 원리를 따져보면 앞서 강조했듯이 유한한 정보로 이뤄져 있으며 따라서 어디까지 알아야 업무에 유용할지 그 목표도 명확하게 설정할 수 있다. '정규 분포'에 대한 지금까지의 학습에 무리가 없었다면 '표준 정규 분포'는 그저 'Piece of Cake', 즉 '식은 죽 먹기다!'

'표준 정규 분포'를 설명하기 전에 '정규 분포의 '표준화'가 왜 꼭 필요한지 배경에 대해 알아보자. 어느 문헌에 나와 있는 건 아니니 이후 설명이 역사적 사실인지 아닌지 진실 공방을 할 필요는 없다. 상황을 이해하는 데 긍정적인 영향을 미친다면 그것으로 만족해주기 바란다. 「1-3. 정규 곡선이 만들어지는 과정」에서 제시했던 [표 2-2]의 '성인 신장' 데이터를 떠올려보자. 설명을 위해 새로 표집한 자료의 '산술 평균이' '174.26', '표준 편차'가 '5.08'로 가정하자. 이 데이터의 분포는 '정규성'을 보인다는 것을 알고 있고, 따라서 종 모양이며 좌우대칭이란 것도 짐작할 수 있다. 이제 배운 것을 써먹을 때가 왔다. 이 집단의 분포를 미니탭으로 시각화시키고(정규 곡선), 또 '신장' 데이터 집단을 수치적으로 해석할 수 있는 함수, 즉 '확률 밀도 함수'까지 정의해본다. '정규 곡선'과 '확률 밀도 함수'를 이용해 성인 집단의 키의 분포를 영역별 '확률'로 기술하는 등의 작업에 응용할 수 있다. 다음 [그림 2 – 16]과 식 (2.12)는 이 집단의 '정규 곡선'과 '확률 밀도 함수'를 각각 나타낸다.

[그림 2 – 16] '신장'의 '히스토그램' 및 '정규 곡선'

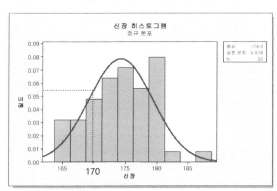

$$f(x) = \frac{1}{5.08\sqrt{2\pi}} e^{-\frac{(x-174.26)^2}{2*5.08^2}}$$

산술평균

표준편차

표준편차

(2.12)

[그림 2 – 16]의 '히스토그램'을 활용하는 한 예로써 '$x = 170$'인 경우 점선과 같이 '정규 곡선'까지 위를 따라 쭉 올라가 '$y-축$' 값을 읽으면 약

'0.055'임을 알 수 있다.

　그러나 그래프를 그리는 등 미니탭을 이용하지 않고 수작업으로 알아내려면 '상대 도수의 도수 분포 표'를 이용하는 일 외에는 뚜렷하게 떠오르는 방법이 없다. 이때 식 (2.12)와 같이 '정규 곡선'을 설명하는 '확률 밀도 함수'를 이용하면 정확한 'y값'을 얻는 문제는 바로 해결된다. 식 (2.12)의 '확률 밀도 함수'를 활용하는 방법은 '일차 함수'를 사용하는 방법과 차이가 없다. 즉 임의의 'x'값을 '170'으로 정했을 때, 다음 식 (2.13)과 같이 '신장'을 설명하는 식의 'x'에 '170'만 입력하면 내용적으로 'y'가 바로 얻어진다.

$$f(x) = \frac{1}{5.08\sqrt{2\pi}}e^{-\frac{(170-174.26)^2}{2*5.08^2}}$$

(2.13)

　식 (2.13)은 식 속에 포함된 '독립 변수, x'에 임의의 값을 입력하면 결과는 단순히 "x에 대응하는 y을 얻는 문제"로 귀결된다. 물론 '정규화 상수'인 '$1/\sqrt{2\pi}\sigma$'이 있는 한 '확률 밀도 함수'의 'y'는, '상대 도수'의 개념처럼 '1'을 초과하지 않는다(높이만의 평가는 함수에서 '확률'이 아닌 '확률 밀도'라고 한다).

　식 (2.13)은 직접 계산도 가능하지만 어려움이 예상되므로 일단 미니탭을 이용해보자. 계산 위치는 「계산(C)> 확률 분포(D)> 정규 분포(N)…」에서 다음 [그림 2-17]과 같이 '대화 상자'에 입력한다. 기본적으로 사전에 정한 '매개 변수'부터 명확히 입력한 후 'x'에 대응하는 '입력 상수(N):'에 "170"을 입력한다.

[그림 2 - 17] '정규 분포'의 '확률 밀도' 계산

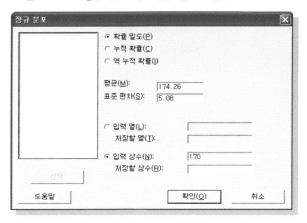

[그림 2 - 17]의 '대화 상자(Dialog Box)'에서 '확률 밀도'를 선택한 이유는 하나의 'x'에, 하나의 'y'값만을 얻고자 하기 때문이다. 나머지는 입력한 결과를 참고하기 바란다. 결과는 다음 [표 2 - 5]와 같다.

[표 2 - 5] '확률 밀도' 계산 미니탭 결과

확률밀도함수

정규 분포(평균 = 174.26, 표준 편차 = 5.08)

    x   f(x)
  170   0.0552515

[그림 2 - 16]의 '히스토그램' 중 '정규 곡선'에 대충 선을 그어 수작업으로 얻은 값과 거의 동일하다는 것을 알 수 있다.

이제 알고 싶은 정보의 질을 조금 더 높여보자. 그에 맞춰 '확률 밀도 함수'의

활용도 역시 덩달아 높아져야 한다. 즉 특정한 'x'에 대한 'y'값을 얻는 문제가 아닌, '임의 x 이하의 점유율(확률)' 또는 '임의 신장 x_1과 x_2 사이의 점유율(확률)' 등을 얻는 일이다. '정규화 상수'를 사용하고 있는 한 '정규 곡선' 아래의 넓이는 항상 '1'이므로 결국 주어진 문제를 푸는 과정은 주어진 'x'값과 곡선 아래가 이루는 넓이를 구하는 문제와 같아지며, 그 결과는 정해준 'x 범위'에 대응하는 성인의 점유율, 또는 '발생 확률'을 나타낸다. 예를 들어 신장이 '170 이하'가 되는 '점유율' 또는 '확률'을 구해보자. 일단 상황을 시각화시키면 다음 [그림 2 – 18]에 표시된 넓이에 해당한다.

[그림 2 – 18] '170 이하'의 '누적 확률' 계산

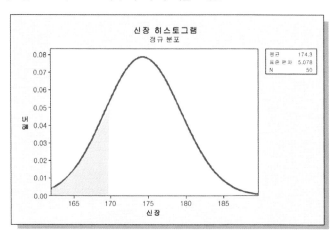

미니탭을 이용하면 결과를 간단히 얻어낼 수 있다. 이전과 동일하게 미니탭 「계산(C)> 확률 분포(D)> 정규 분포(N)…」에서 다음 [그림 2 – 19]와 같이 입력한다.

[그림 2 - 19] '170 이하'의 '누적 확률' 계산

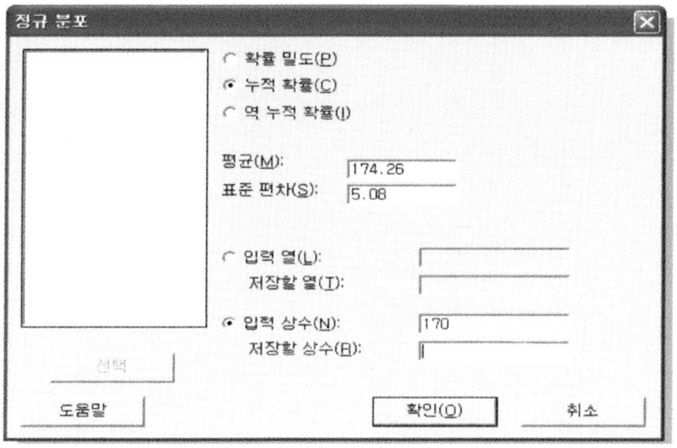

이때 '170 이하'의 넓이를 구하는 문제이므로 [그림 2 - 19]의 '대화 상자'에서 '누적 확률'을 선택한다. 이것은 '169, 168, 167, 166 … - ∞'들의 'y'값들을 모두 구해 더하는 경우와 같으므로 '누적'이란 표현을 사용한다. 수학 용어로는 "적분한다"고 표현한다. 결과는 다음 [표 2 - 6]과 같다.

[표 2 - 6] '170 이하'의 '누적 확률' 계산 결과

누적분포함수

정규 분포(평균 = 174.26, 표준 편차 = 5.08)

```
x      P( X <= x )
170    0.200852
```

즉 '170 이하' 되는 점유율은 전체 대비 약 '20%'가 된다는 것을 알 수 있다. 물론 '확률'로 따지면 '1'보다 작아야 하므로 '0.2'라고 표현해야 옳다. 표현 하나에도 정확성을 기하는 습관이 필요하다. 미니탭 계산을 수학적으로 처

리하면 다음 식 (2.14)와 같다.

$$F(x) = \frac{1}{5.08\sqrt{2\pi}} \int_{-\infty}^{170} \left\{ e^{-\frac{(x-174.26)^2}{2 \times 5.08^2}} \right\} dx \qquad (2.14)$$

아! 몹시도 어려워졌음에 틀림없다. 그렇다고 포기해선 안 된다. 이건 표현
일 뿐 직접 계산할 일은 없을 것이다(독려…). 식 중에 'f' 대신에 'F'를 쓴
이유는 '누적(Cumulative)'을 표현하기 위함이다. 기타 표기는 '적분'이라는 수
학적 과정에 필요한 것들이다.

하나만 더 구해보자. 바로 'x'의 '두 구간 사이의 넓이'를 구하는 문제이다.
이것은 앞서 언급한 바와 같이 두 신장 구간 사이의 발생 확률을 구하는 문제
와도 같은 얘기다. 예로써 키 '176~183cm 사이의 확률(또는 넓이, 점유율 등
과 동의어로 봐도 될 것임)'을 구해보자. '정규 분포'에 상황을 도식화하면 다
음 [그림 2 - 20]과 같다.

[그림 2 - 20] 두 값 사이의 '누적 확률' 계산

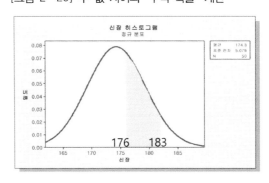

넓이를 구하는 수학적 표현은 이전과 동일하게 다음 식 (2.15)와 같다.

$$F(x) = \frac{1}{5.08\sqrt{2\pi}} \int_{176}^{183} \left\{ e^{-\frac{(x-174.26)^2}{2\times 5.08^2}} \right\} dx \qquad (2.15)$$

사실 식 (2.15)는 직접 적분이 안 되고 근사적 방법으로 답을 얻는다. 따라서 미니탭을 이용해야 한다. 참고로 미니탭은 주어진 'x'에 대해 무작정 왼쪽 넓이만을 계산한다. 따라서 '$x=183$'을 먼저 입력해 왼쪽의 '누적 확률'을 구한 뒤, 다음 '$x=176$'의 '누적 확률'을 빼주면 두 값 사이의 확률(넓이)을 얻을 수 있다. 리더들은 Measure Phase에서 '현 프로세스 능력 평가' 때 충분히 마스터했을 줄 안다. 참고로 입력 값과 결과를 다음 [그림 2-21]에 나타내었다. 「계산(<u>C</u>)> 확률 분포(<u>D</u>)> 정규 분포(<u>N</u>)…」에서 수행되었다.

[그림 2-21] 두 값 사이의 '누적 확률' 계산

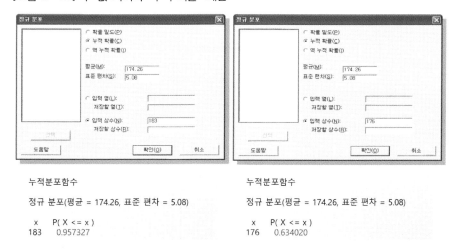

[그림 2-21]을 이용해 최종 결과를 한 줄짜리 수학 기호로 나타낼 수 있다. 즉, 'P(176<X<183)＝P(X<183)－P(X<176)＝0.957327－0.634020＝**0.323307**'이다. 여

기서 'P'는 확률(Probability)의 첫 알파벳을 의미하고, 나머진 미니탭이 왼쪽 넓이 값만을 제시하기 때문에 계산을 분해해서 나타낸 수학적 표현이다.

지금까지 주어진 'x'에 대해 그에 대응하는 'y'값을 얻어내거나(확률 밀도), 'x의 범위'에 해당하는 값(누적 확률)을 미니탭으로 얻어보고 의미하는 바도 잠시나마 음미해보았다. 그런데 미니탭처럼 통계 패키지가 없었던 시대에는 어떤 방식으로 이 어려운 계산을 해냈을까? 의문의 해답은 바로 '통계표'에 있다. '통계표'를 이해하고 이것이 어떻게 '표준 정규 분포'로 발전해 가는지를 계속해서 추적해보도록 하자.

개인용 컴퓨터가 등장한 것이 1976년 스티브 워즈니악과 스티브 잡스의 'Apple Ⅰ'인 것을 감안하면, 그 이전에는 지금과 같은 통계 패키지에 의한 계산은 당연 엄두도 내지 못했다. 물론 1938년 미국의 Bell 전화 회사에서 계전기를 이용한 컴퓨터를 제작하기 시작한 것이 컴퓨터 1세대로 알려져 있고, 그 이전에는 17세기 중엽 파스칼의 톱니바퀴를 이용한 계산기가 있었으나 개인용 PC가 등장한 이후로도 한동안은 아마 '정규 분포'의 확률 계산에 지금처럼 여유롭게(?) 혜택을 누렸다고 보긴 어렵다. 그렇다면 통계 패키지가 없었던 시절에는 '정규 분포'의 '확률 밀도 함수'를 이용해 구간의 넓이(확률), 즉 적분 계산을 할 순 있지 않았을까? 속도는 느려도 함수를 직접 푸는 시도를 말한다. 물론 가능했다. 그러나 '정규 분포 함수'를 직접 적분하는 것은 수학적으로 불가한 것으로 알려져 있으며, 따라서 식 자체를 근사식으로 전환시켜 계산해야 했다.

예를 들기 위해 '신장(키) 자료'를 다시 생각해보자. 그리고 '정규 분포'의 사전 지식을 통해 특정 'x값 이하' 또는 '두 x값들 사이의 확률(또는 넓이)'을 구하는 문제로 돌아가 본다. 앞서 보였던 적분을 근사적으로 하나하나 풀어나가는 것은 가능할 것이므로 매번 필요할 때마다 이 번거로운 작업을 계속해나가느니 차라리 '신장'의 모든 'x값'들에 대해 왼쪽 넓이를 미리 구해놓는

'통계표'를 만들기로 작정한다. 따라서 긴 시간이 걸리겠지만 '통계표'를 다음 [표 2-7]과 같이 만들어놓았다고 가정하자. 이제 '신장 자료'로부터 꼭 계산이 필요한 '170 이하의 확률'을 이 통계표를 이용해 구해보기로 하자. 또, '176~183 사이의 확률'도 구해본다. 다음 [표 2-7]의 '통계표'는 각 계산과 관련된 필요 영역만 발췌한 것이다.

[표 2-7] 성인의 '신장'과 관련한 확률 계산용 통계표

신장	왼쪽 넓이
169.5	0.17438
169.6	0.17949
169.7	0.18469
169.8	0.18998
169.9	0.19537
170.0	0.20085
170.1	0.20642
170.2	0.21208
170.3	0.21783
170.4	0.22367

<170 이하 경우>

신장	왼쪽 넓이	신장	왼쪽 넓이
		180.6	0.89399
175.8	0.61911	180.7	0.89755
175.9	0.62659	180.8	0.90102
176.0	0.63402	180.9	0.90441
176.1	0.64140	181.0	0.90771
176.2	0.64873	181.1	0.91092
176.3	0.65600	181.2	0.91405
176.4	0.66322	181.3	0.91710
176.5	0.67037	181.4	0.92007
177.7	0.75085	182.6	0.94968
177.8	0.75705	182.7	0.95169
177.9	0.76317	182.8	0.95363
178.0	0.76920	182.9	0.95551
178.1	0.77515	183.0	0.95733
178.2	0.78100	183.1	0.95908
178.3	0.78677	183.2	0.96078

<176~183 사이 경우>

[표 2-7]의 통계표를 보면 'P(X<170)'을 구하는 문제는 '신장'의 '170'을 찾아 '왼쪽 넓이'의 값을 읽으면 바로 '0.20085'라는 것을 확인할 수 있다. 물론 '176~183' 역시 '신장 183의 왼쪽 넓이'인 '0.95733'을 읽고, 다음 '176의 왼쪽 넓이'인 '0.63402'를 읽은 뒤 빼주면 [그림 2-21]에서 얻었던 '0.32331'을 얻는다. 즉 이 집단의 '신장 분포(x분포)'에 대한 넓이를 미리 적분해서 표

로 얻어놓으면 언제 어느 때고 필요한 시점에 필요한 확률 계산이 가능하다. 그런데 이 세상에 '확률'을 구하는 문제가 오직 '신장' 하나에만 국한될까? 아 닐 것이다. '체중'에 대한 정보도 필요할 수 있다. 그래서 '신장'을 측정해 자 료를 만드는 작업 외에 추가로 '체중'을 함께 평가한다고 가정해보자. 측정 데 이터는 다음 [표 2 - 8]과 같다[미니탭 「계산(<u>C</u>)> 랜덤 데이터(<u>R</u>)」에서 '평균 69', '표준 편차 5'로 생성. 편의상 소수점은 제거].

[표 2 - 8] '누적 확률' 계산을 위한 '체중' 자료

체중(kg)				
71	76	79	68	72
71	73	68	69	76
65	74	60	66	68
62	73	74	62	74
65	65	68	69	59
62	68	69	69	72
57	77	67	66	72
61	65	70	61	61
66	68	72	66	62
69	71	67	63	70

[표 2 - 8]은 '정규성'을 보이고, 따라서 '정규 곡선'과 '정규 분포 확률 밀도 함수'로 해석도 가능하다. 또, 자료의 '평균=67.96', '표준 편차=5.00'이므로 이 값을 '확률 밀도 함수'의 두 '매개 변수'인 'μ'와 'σ'에 각각 대입하면 이 집단의 '체중' 분포를 설명할 수식을 얻는다. 자, 컴퓨터가 없는 과거로 다시 돌아가 보자. 어렵게 '신장'에 대한 '통계표'를 만들어 그나마 사용하고 있었 는데 이제는 '체중'의 새로운 계산이 필요하게 되면서 '신장'에서의 'x 값 범 위'는 쓸모없게 되었다. 즉 'x 값 범위'가 '170대'에서 '60대'로 낮아졌으며, 따 라서 앞서 어려운 적분을 열심히 해가며 만들어놓은 '신장'의 '통계표'에서는

필요 'x값'을 찾을 수 없다. 결국 '체중 자료'를 위한 '통계표'를 다시 만들어야 한다.

사고를 확장해서 이런 인구통계학적 자료뿐만 아니라 현실에서 마주치는 다양한 분야의 자료들을 고려할 때(예를 들어, 밀도, 온도, 점도, 높이 등등) 과연 이 모든 자료들에 걸맞은 '통계표'를 각각 만들어놓아야 할까? 아마도 '$-\infty \sim +\infty$'의 모든 숫자에 대해 '통계표'를 만들어놓지 않으면 평생 적분만하다 세월 다 보낼 수 있다. 물론 역사적으로 이런 희한한 사건이 일어나지도 않았지만 사실 이런 문제에 대해 이미 해결책을 마련해 두었다. 바로 '정규 분포의 표준화'이다.

'정규 분포'의 '표준화'는 기본적으로 다음의 상황을 설명하는 데 유용하다. 즉 어느 고등학교 두 학급의 국어 성적 평균이 '80점'으로 동일하지만 '표준편차'는 한 학급이 '5.0', 다른 학급이 '7.0'이라고 할 때, 어느 한 학생의 국어 성적이 '87점'이면, 과연 이 학생이 각각의 학급에서 상위 몇 %에 속할 것인가 하는 문제를 다루는 일이다. 유사한 문제가 주변에 많이 존재한다. 예를 들어 2002년 박세리와 박찬호 각 개인의 성적이 알려져 있을 때, 누가 더 성과가 뛰어난지를 비교하는 예이다. 표면적으론 골프와 야구는 완전히 다른 분야이므로 애초부터 비교가 어려운 것으로 보인다.

국어 성적의 문제로 돌아가 점수에 대한 왼쪽 넓이를 구한다. 미니탭의 「계산(C)> 확률 분포(D)> 정규 분포(N)…」에서 다음 [그림 2–22]와 같이 각각 입력한다.

[그림 2-22] '누적 확률'을 이용한 서로 다른 집단의 '성적' 비교

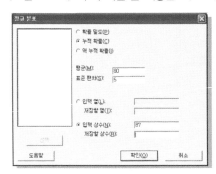 

　　[그림 2-22]의 실행 결과와 '정규 분포'에서 점유하는 넓이(또는 확률)를 다음 [그림 2-23]에 도시하였다. '정규 분포'에서 오른쪽 넓이를 표시한 이유는 질문 자체가 상위 몇 %에 속하는가에 관심이 있기 때문이다. 이 넓이는 '1'에서 미니탭 결과 값을 빼주면 얻을 수 있다.

[그림 2-23] '누적 확률'을 이용한 서로 다른 집단의 '성적' 비교

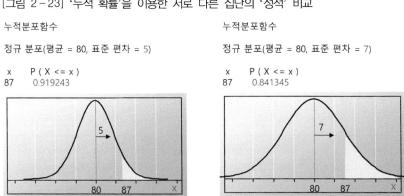

　　[그림 2-23]에서 '표준 편차'가 '5'인 학급의 경우 이 학생은 상위 그룹

'약 8%(= 1 − 0.919243의 백분율)'에 속할 것이고, '7'인 학급에서는 '약 16% (= 1 − 0.841345의 백분율)'에 속한다. '평균'이 같은 집단에서 특정 'x'값이 주어졌을 때 '표준 편차'에 따라 한 집단에서 '상위 8%'에, 또 다른 집단에서 '상위 16%'에 든다. 이렇게 동일한 'x'이더라도 분포에 따라 변화무쌍한 결과를 보이는데 만일 표준화된 하나의 공간에서 서로 비교하게 된다면 좀 더 해석이 원활하지 않을까? 즉 '평균'과 '표준 편차'가 고정된 '정규 분포'를 하나 만들어놓고 모든 분야에서 만들어진 '정규 분포'를 표준화된 '정규 분포'로 투영해 분석하고 비교하는 것이다.

모든 분야에서 만들어진 각각의 관측치(도는 측정값)는 표준화된 '정규 분포'상의 새로운 'x'값들로 전환될 것이고, 따라서 각기 다른 측도들도 서로 비교가 가능하다. 국어 성적과 같이 표준화 전 두 '정규 분포'에서 '평균'이 같고 '표준 편차'가 다른 상황이면 동일한 'x'값이 가르는 왼쪽 넓이는 표준화 공간에서도 서로 차이 나게 관찰될 것이다. 비교하기 쉽다는 뜻이다. 표준화된 '정규 분포'를 '표준 정규 분포(Standard Normal Distribution)'라고 부른다.

'표준 정규 분포'를 수식적으로 유도하는 과정은 이미 학습했던(익숙하지 않은 독자는 「1 − 4. 정규 분포 매개 변수」참조) '정규 분포 확률 밀도 함수'를 이용한다. 우선 '상수'인 '$1/\sqrt{2\pi}\,\sigma$' 대신 함수가 다르므로 새로운 '상수, C'를 정의하자. 다음 식 (2.16)은 '표준 정규 분포'를 유도하기 전의 '확률 밀도 함수'이다(단지 상수만 'C'로 대체한 상황임).

$$f(x) = Ce^{-\frac{(x-\mu)^2}{2\sigma^2}} \tag{2.16}$$

지금부터 식 (2.16)의 '확률 밀도 함수' 중 '자연 상수, $e(= 2.7182)$'의 지수를 'z'로 대체해보자. 이렇게 되면 '확률 변수, X'는 'Z'로 바뀐다. 전개 과정은 다음 식 (2.17)과 같다.

$$f(x) = Ce^{-\frac{(x-\mu)^2}{2\sigma^2}} = Ce^{-\frac{1}{2}\left(\frac{(x-\mu)}{\sigma}\right)^2}$$

'z'로 치환, 즉

$$z = \frac{(x-\mu)}{\sigma}$$

(2.17)

바뀐(치환된) '확률 밀도 함수'로 재표현하면,
'$f(z) = Ce^{-\frac{1}{2}z^2}$'이 될 것이다. 이 함수를 다음과 같이 약간 변형시켜 보자.

$$f(z) = Ce^{-\frac{1}{2}z^2} = Ce^{-\frac{1}{2}\left(\frac{z-0}{1}\right)^2}$$

(2.18)

식 (2.18)의 함수를 가만히 들여다보자. 우선 중간 항은 원래 '정규 분포'의 '확률 밀도 함수'를 다른 문자로 대체한 꼴인데, 알기 쉽게 다시 맨 오른쪽 식으로 재표현해보았다. 즉 가운데 항과 맨 오른쪽 항은 표현만 다를 뿐 등식이 성립한다. 이제 맨 오른쪽 항을 해석해보면 <u>첫째</u>, 구성이 익히 잘 알고 있는 '정규 분포 확률 밀도 함수'와 매우 흡사하다는 것을 알 수 있다. '자연 상수, e'가 있고, 그 지수로 '$-1/2$'도 동일하다. 또, '$(x-\mu)$' 대신에 '$(z-0)$'이 있고, 분모로 'σ' 대신 '1'이 있다는 것도 확인된다. 따라서 "정규 분포한다"는 것은 명백하다. <u>둘째</u>로, '정규 분포의 확률 밀도 함수'에서 '$(x-\mu)$'의 'μ'는 분포의 '중심'을 나타냈다. 그렇다면 변환된 함수의 '$(z-0)$'의 '0' 역시 분포의 중심이 돼야만 한다? 답은 "그렇다"이다. 중심이 일단 '0'이다. <u>셋째</u>, '정규 분포 확률 밀도 함수'의 분모로 있던 'σ'는 분포의 퍼짐 정도를 관장한다. 그렇다면 변환된 함수에서의 분모인 '1'은 무슨 역할을 할까? 동일하게 퍼진 정도를 표현한다. 그런데 그 퍼진 정도가 '1'인 고정된 형태로 존재한다. 요약하면 '표준 정규 분포'는 '평균=0',이고, '표준 편차=1'로 고정되며, '확률 밀도 함수’에 그 같은 정보가 그대로 담겨진다.

다음 [그림 2-24]는 ‘분포 모양’과 ‘평균’ 및 ‘표준 편차’가 고정된 모습의 ‘표준 정규 분포’를 ‘함수’와 함께 도식화한 개요도이다. 식 속의 ‘매개 변수’와 ‘분포’에서의 값들을 비교하며 관찰하기 바란다.

[그림 2-24] ‘표준 정규 분포’의 ‘정규 곡선’

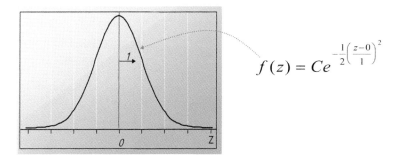

[그림 2-24]와 같이 ‘정규 곡선’은 유도된 ‘확률 밀도 함수’가 잘 설명해준다. 또, 변수가 바뀌었으니 이전의 ‘x-축’은 ‘z-축’으로 바뀐다. 이제 한 가지 더 처리할 문제가 남아 있다. ‘정규 곡선’ 아래쪽의 전체 면적이 ‘1’이 되도록 해줘야 확률 분야에서 이 함수를 사용할 수 있다. 따라서 유도된 ‘확률 밀도 함수’를 ‘-∞’에서 ‘+∞’까지 적분한 결과가 ‘1’이 되도록 식 (2.18)에 포함된 상수 ‘C’값을 정해줘야 한다. 집이 바뀌었으니 인테리어도 새롭게 해줘야 한다. 이전의 식 (2.6)에서 설명했던 것과 동일한 과정이다. 과정은 다음 식 (2.19)와 같다.

$$\int\limits_{-\infty}^{+\infty} f(z)dz = C \int\limits_{-\infty}^{+\infty} e^{-\frac{1}{2}\frac{(z-0)^2}{1}} dz = 1$$

나누어 줌

$$C = \cfrac{1}{\int\limits_{-\infty}^{+\infty} e^{-\frac{1}{2}\frac{(z-0)^2}{1}} dz} = \boxed{\frac{1}{\sqrt{2\pi}}}$$

(2.19)

구해진 상수를 식에 반영하면 확률 분야에서 활용이 가능한 '표준 정규 분포 확률 밀도 함수'가 완성된다. 다음 식 (2.20)에 완성된 식을 나타내었다.

$$f(z) = \frac{1}{\sqrt{2\pi}} e^{-\frac{1}{2}\frac{(z-0)^2}{1}}$$

(2.20)

지수에 쓰인 '0'과 '1'은 이해를 돕기 위해 사용된 표기이므로 이를 제거하고 다시 정리하면 일반 통계 서적 등에서 눈에 익은 모습의 함수가 된다. 다음 (식 2.21)과 같다.

$$f(z) = \frac{1}{\sqrt{2\pi}} e^{-\frac{1}{2}z^2}$$

(2.21)

이제 '표준 정규 분포'의 '확률 밀도 함수(pdf)'가 현업에서 어떻게 요긴하게 쓰일 수 있는지 간단한 사례를 들어 확인해보자. 이해를 돕기 위해 세 개의 서로 다른 유형(신장, 몸무게, 소리 속도)의 자료가 수집됐다고 가정한다. 이때 각 '항목' 및 그들의 '평균'과 '표준 편차'는 다음 [표 2-9]와 같다(고 가정한다).

[표 2 – 9] '표준 정규 분포' 설명을 위한 데이터

항목	평균	표준 편차
신장(Cm)	170	5
몸무게(Kg)	66	3
소리 속도(m/s)	340	6

[표 2 – 9]의 예들 중 일단 '신장'에 대한 '표준화'를 시도해보자. 다음 [그림 2 – 25]가 과정을 쉽게 이해하도록 안내해줄 것이다.

[그림 2 – 25] '신장'에 대한 표준화

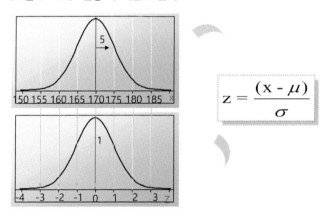

$$z = \frac{(x - \mu)}{\sigma}$$

우선 [그림 2 – 25]을 보면 늘 측정하는 단위인 'cm'로 표기된 분포가 상단에 있고, 'x – 축'의 각 값들을 'z – 축'의 값으로 변환시키기 위해 변환식을 이용한다. 예를 들면 '160'을 표준화된 값으로 만들려면 다음 식 (2.22)와 같이 계산하는 식이다.

$$z = \frac{(x - \mu)}{\sigma}, \ z = \frac{(160 - 170)}{5} = -2 \tag{2.22}$$

'x'에는 실제 전환하려는 값을, 'μ'에는 분포의 '평균=170'이, 'σ'에는 '표준 편차=5'를 대입한다. 이렇게 되면 분포의 평균인 '170'은 표준화 시 분자가 (170 – 170)이 되므로 예상대로 '0'이다. 물론 신장의 값이 '167.5' 등으로 소수점이 있거나 위에서 제시되지 않은 무한히 많은 'x'값들이 존재하지만 그들도 모두 변환 식을 이용해 'z'값으로 표준화가 가능하다. 모두 나열하면 혼잡해질 것이므로 [그림 2 – 25]의 아래 그래프와 같이 단순화시켜 'z'를 정수인 '– 3, – 2, – 1, 1, 2, 3' 등으로 표시해놓았다. 이제 [표 2 – 9]에 제시된 세 가지 특성들의 표준화 과정을 그림으로 전부 나타내면 다음 [그림 2 – 26] 과 같다.

[그림 2 – 26] 표준화 과정

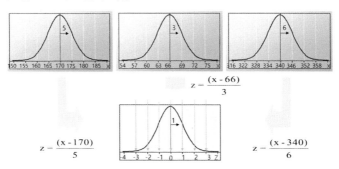

즉 모든 '정규 분포'는 '평균'이 '0'이고, '표준 편차'가 '1'인 '표준 정규 분포'로 변환된다. 또, 원래 값으로 돌아가고 싶으면 변환 식에 'z'값을 넣어 바로 'x'를 얻는다. 단지 변환만 시켰으므로 실제 정보의 손실은 전혀 발생하지 않는다. 이쯤에서 한 가지 아주 유용한 결론을 내릴 수 있다. 즉 표준화된 '정규 분포'에 대해 딱 한 번만 '통계표'를 만들어놓으면 된다는 사실이다. 모든 'z'값에 대해 '통계표'를 한 번만 만들어놓는다고 생각해보자. 만일 수집된 자료가 정규성을 보이면 관심 있는 'x'값을 'z'로 변환한 뒤 'z 분포 통계표'에 쓰인 넓이(확률)을 읽어내면 될 일이다. 이는 앞서 데이터 특성(신장, 체중, 소리 속도 등)별로 '통계표'를 만들어 '확률'을 얻는 과정과 내용상 차이가 없다. 다음 [표 2 - 10]은 '표준 정규 분포'에 대한 통계표 일부를 보여준다.

[표 2 - 10] '표준 정규 분포'의 통계표

Statistical Tables

Normal Distribution—Right Tail Area

z	0	0.01	0.02	0.03	0.04	0.05	0.06	0.07	0.08	0.09
0.0	0.50000	0.49601	0.49202	0.48803	0.48405	0.48006	0.47608	0.47210	0.46812	0.46414
0.1	0.46017	0.45620	0.45224	0.44828	0.44433	0.44038	0.43644	0.43251	0.42858	0.42465
0.2	0.42074	0.41683	0.41294	0.40905	0.40517	0.40129	0.39743	0.39358	0.38974	0.38591
0.3	0.38209	0.37828	0.37448	0.37070	0.36693	0.36317	0.35942	0.35569	0.35197	0.34827
0.4	0.34458	0.34090	0.33724	0.33360	0.32997	0.32636	0.32276	0.31918	0.31561	0.31207
0.5	0.30854	0.30503	0.30153	0.29806	0.29460	0.29116	0.28774	0.28434	0.28096	0.27760
0.6	0.27425	0.27093	0.26763	0.26435	0.26109	0.25785	0.25463	0.25143	0.24825	0.24510
0.7	0.24196	0.23885	0.23576	0.23270	0.22965	0.22663	0.22363	0.22065	0.21770	0.21476
0.8	0.21186	0.20897	0.20611	0.20327	0.20045	0.19766	0.19489	0.19215	0.18943	0.18673
0.9	0.18406	0.18141	0.17879	0.17619	0.17361	0.17106	0.16853	0.16602	0.16354	0.16109
1.0	0.15866	0.15625	0.15386	0.15151	0.14917	0.14686	0.14457	0.14231	0.14007	0.13786
1.1	0.13567	0.13350	0.13136	0.12924	0.12714	0.12507	0.12302	0.12100	0.11900	0.11702
1.2	0.11507	0.11314	0.11123	0.10935	0.10749	0.10565	0.10383	0.10204	0.10027	0.09853
1.3	0.09680	0.09510	0.09342	0.09176	0.09012	0.08851	0.08692	0.08534	0.08379	0.08226
1.4	0.08076	0.07927	0.07780	0.07636	0.07493	0.07353	0.07215	0.07078	0.06944	0.06811
1.5	0.06681	0.06552	0.06426	0.06301	0.06178	0.06057	0.05938	0.05821	0.05705	0.05592
1.6	0.05480	0.05370	0.05262	0.05155	0.05050	0.04947	0.04846	0.04746	0.04648	0.04551
1.7	0.04457	0.04363	0.04272	0.04182	0.04093	0.04006	0.03920	0.03836	0.03754	0.03673
1.8	0.03593	0.03515	0.03438	0.03362	0.03288	0.03216	0.03144	0.03074	0.03005	0.02938

'통계표'에서 왼쪽 상단의 'z'는 '표준 정규 분포'의 'x - 축'상 한 값을 나타내고, 제목의 'Right Tail Area'는 지정한 'z'값의 확률이 '정규 분포'의 오른쪽 넓이(확률)임을 나타낸다. 예를 들면, 'z'가 '1.76'일 때 해당되는 확률(넓이)을 표에서 구하려면, 우선 'z=1.7'을 찾은 뒤, 가로축 값 '0.06'과 마주치는 확률(넓이)이 '0.03920'임을 확인한다. 그런데 이 값은 '1.76'이 가르는 오른쪽 면적이므로 왼쪽을 구하려면 '1 - 0.03920 = 0.9608'이다. '통계표'마다

'Right Tail Area'인지 'Left Tail Area'인지 다를 수 있으므로 사용할 때 잘 확인하기 바란다. 그러나 무엇보다 중요한 것은 실제 값인 '정규 분포'상 '$x-$ 축' 값들을 '$z-$ 축' 값으로 표준화시키는 방법에 익숙해야 한다. 단순히 외우 거나 기계적으로 대응하기보다 변환 원리를 명확히 이해하는 데 일정한 노력 이 필요하다.

현재까지 본문은 '두 번째 원리'인 '중심 극한 정리의 응용'으로 가기 위해 그 주체가 될 '중심 극한 정리'를 이루는 가장 바닥의 지식을 숙지하고 있다. 이어서 지금까지의 학습 내용을 토대로 '중심 극한 정리'가 무엇인지 좀 더 깊이를 더해보자. 현 상황을 무난히 넘겨야 '응용 단계'로 들어가는 데 부담이 적다. 만일 지금까지의 내용 중 "아! 그랬구나!" 하고 처음으로 고개를 끄덕이 는 내용이 있었다면 응용 단계에서 접하게 될 통계 도구들이 새롭게 다가올 수도 있다. 기존엔 단지 통계 덩어리(?)로 보였던 데서 훨씬 친근하게 느껴질 수 있다는 뜻이다. 그러려면 다음에 설명될 '표준 정규 분포'의 적용 사례를 확실하게 내 것으로 만들도록 하자. 만일 지금까지의 과정이 충분히 이해된다 면 적용 사례를 건너뛰고 다음 주제로 넘어가도 무방하다. 판단하기 바란다.

1-6. '표준 정규 분포' 적용 사례

'표준 정규 분포'의 활용 사례를 들어 지금까지의 내용을 명확하게 이해해 보자. 측정한 자료를 쌓아놓았을 때 좌우대칭 종 모양 형상을 보이면(물론 확 실히 하려면 '정규성 검정'을 통해 $p-$값이 0.05보다 큰지를 확인한다), 이때 통일된 하나의 공간('평균=0', '표준 편차=1'), 즉 '표준 정규 분포'상에 측정 자료 모두를 표현하는 것이 가능하다. 따라서 서로 다른 출처를 갖고 있는 자 료, 예를 들면, 앞서 언급했던 특정 연도의 골프를 치는 박세리의 승수와 야구에서 홈런을 치는 이승엽의 홈런 수 중 누가 더 그 분야에서 우위를 보이고 있는지를 비교한다든가(물론 그들이 속한 집단의 자료는 '정규 분포'해야 할 것이다), 어느 학생의 중간고사 국어와 수학 점수 중 어느 점수가 그 학급에서 더 낮은 수준을 보이는지에 대한 확인이 가능하다.

유사한 예로 한 회사에서 근무하는 나잘난 사원의 진급 시험 점수가 '100점'인 반면, 토익 점수는 '750점'인 경우를 생각해보자. 두 시험 결과 중 어느 쪽이 더 우수한 성과를 보인 것인지에 대한 의문을 해소하기 위해 나잘난 사원이 직접 두 시험의 관련 정보를 입수한 결과, 진급 시험은 '전체 평균=90점', '표준 편차=13점'으로, 토익은 '평균=630점', '표준 편차=37점'이며, 모두 '정규 분포'임을 확인했다고 가정하자. 상황을 요약하면 다음 [표 2 - 11]과 같다.

[표 2 - 11] 표준화를 위한 데이터

	진급 시험	토익 시험
얻은 점수	100	750
평균	90	630
표준 편차	13	37

성격이 다른 두 영역의 결과를 서로 비교하기 위해 '표준 정규 분포'상의 동일 공간에 각 결과를 옮겨보자. 이를 위해 앞서 정리했던 '$z = ($측정값 - 평균$)$ /표준 편차'의 변환 식을 사용한다. 다음 [그림 2 - 27]은 그 과정과 결과를 보여준다.

[그림 2 – 27] 표준화 및 계산 과정

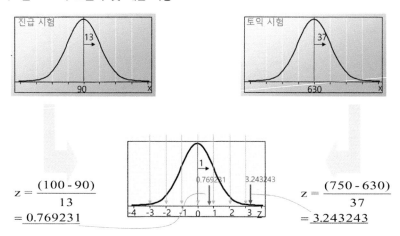

$$z = \frac{(100 - 90)}{13} = 0.769231$$

$$z = \frac{(750 - 630)}{37} = 3.243243$$

어느 쪽이 더 높은 수준의 결과를 얻은 것일까? 표준화 공간에서의 'z'값은 '진급 시험'의 경우가 '0.769231'이며, '토익 시험'의 경우는 '3.243243'이다. 수치상으로 후자가 훨씬 더 우수한 상황이라는 것을 알 수 있으나 분포와 뒤섞여 있어 바로 느낌이 안 올 수도 있다. 그럴 경우 어느 쪽이 더 얻기 어려운 사건인지를 확률로 나타내면 쉽게 이해된다. 즉 '평균'이 '90', '표준 편차'가 '13'인 집단에서 진급시험 점수를 '100점' 이상 받을 확률과(물론 100점보다 큰 점수는 존재하지 않지만 연속 분포로 가정하고 있다), '평균'이 '630', '표준 편차'가 '37'인 집단에서 '750점' 이상을 받을 확률을 계산한다. 이를 위해 실제 값으로 확률 계산이 가능하나 한 공간에서 직접 비교를 위해 편의상 '표준 정규 분포'를 이용해보자. 다음 [그림 2 – 28]은 그 계산 과정과 결과를 보여준다.

[그림 2-28] '표준 정규 분포'상에서의 확률 계산

미니탭「계산(C) > 확률 분포(D) > 정규 분포(N)...」

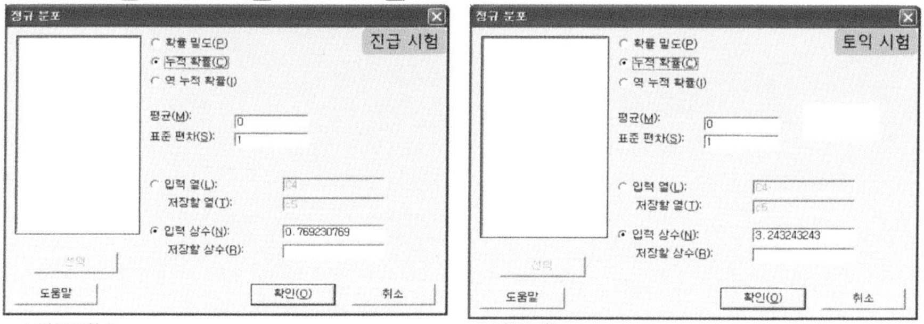

누적분포함수		누적분포함수	
정규 분포(평균 = 0, 표준 편차 = 1)		정규 분포(평균 = 0, 표준 편차 = 1)	
x	P(X <= x)	x	P(X <= x)
0.769231	0.779122	3.24324	0.999409

확률(가능성) : 1 – 0.779122 = 0.220878 ≒ 22.08%	확률(가능성) : 1 - 0.999409 = 0.000591 ≒ 0.06%

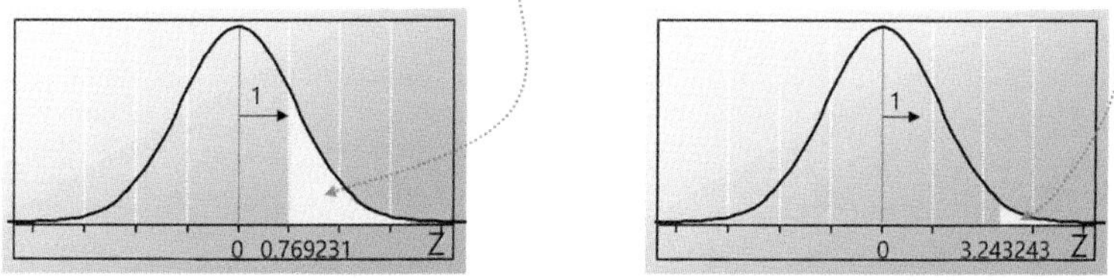

[그림 2-28]의 상단 두 '대화 상자'와 그 아래 결과들은 우선 [그림 2-27]에서 'z값'으로 전환시킨 '진급 시험 점수'와 '토익 점수'를 '표준 정규 분포'에 적용한 뒤 '왼쪽 확률(넓이)'를 구한 것이다. 또 구한 두 확률들이 그림의 '표준 정규 분포'상 왼쪽 확률이므로 최종 얻고자 하는 오른쪽 확률을 구하기 위해 '1'에서 빼주었다. '토익 점수'의 확률인 '0.06%'만 보면 거의 일어나기 어려운 환경에서 '750점'을 받았으므로 '진급 시험 점수'의 '22.08%' 처럼 일어나기 쉬운 사건보다 더 큰 성과를 낸 것으로 최종 판단한다.

2. 중심 극한 정리(Central Limit Theorem)

　　　　　　　　　　　　'중심 극한 정리!' 참 알다가도 모를 이론이다.
과거에 이것을 이해하려고 몇 권의 통계 서적을 구입해 들여다봤지만 난해한
표기와 복잡한 설명으로 이해하기는커녕 혼란만 가중되곤 했던 기억이 난다.
그리고 이론이 현재 사용하고 있는 통계 도구들 중 어느 영역에 적용되고 있
는지조차 알기도 어려웠다. 아마 '산업 공학'이나 통계학 출신이 아닌 대다수
의 일반 기업인들이 별도의 시간을 다수 할애해 깊이(?) 있게 고민하지 않는
한 정확한 원리를 이해하기엔 분명 한계가 있다. 그러나 '중심 극한 정리'가
갖고 있는 지식의 경계 또는 끝은 분명히 존재하고, 학습 대상이 일반 기업인
인 만큼 이론적 접근보다 실용적 측면에서 그 활용성을 더 강조할 필요가 있
다. 따라서 무한대로의 이론적 접근보다 학습에 있어서도 모종의 타협이 필요
하다. 본 장에서는 '중심 극한 정리'의 가장 핵심적인 사항만 전달하고 가급적
활용 측면, 예들 들면 초기에 언급했던 '측정 시스템 분석', '추정', '표본 크
기', '가설 검정'과 같이 과제를 수행하면서 만나게 되는 난제들의 설명에 많
은 지면을 할애할 것이다.

2-1. 표본 평균의 집단

　모집단을 생각해보자. 이미 용어 정의에 대해선 「2. 안과 밖에서의 차이(그
룹 내 변동/그룹 간 변동)/2 - 1. 데이터 수집」에서 자세히 언급한 바 있다. 우
리나라 성인 남자 키의 '평균'과 '표준 편차'를 알 수 있는 가장 정확한 방법
은 모든 사람을 대상으로 실제 키를 측정하는 것이다. 물론 현실적으로 매우
어려운 일이라는 것쯤은 삼척동자도 다 안다. 따라서 '표본 추출을 하면 되

지!' 하고 바로 답을 할 수도 있다. 그런데 그다음이 문제다. 그럼 어떻게 해야 그 추출된 표본들을 이용해 전체 성인남자 집단의 '평균 키'와 '표준 편차'를 얻어낼 수 있을까? 보통 모집단의 '평균'과 '표준 편차'를 '모수(Population Parameter)'라고 총칭하고('매개 변수'도 기억하자), 각각 '모평균', '모 표준 편차(Population Standard Deviation)'로 명명함은 이전에 설명했었다. 따라서 **'모평균'과 '모 표준 편차'를 소위 '표본'으로부터 얻어내는 일**이 주요 관심 사항이다. 이것을 가능하게 한 기막힌 통계적 방법론이 바로 '중심 극한 정리'라고 하는 것이다. 결론부터 말하면 이 정리는 다음 [그림 2 – 29]와 같은 순서로 설명될 수 있다. 그림의 '원 번호'를 따라가며 읽어나가기 바란다.

[그림 2 – 29] '중심 극한 정리' 개요도

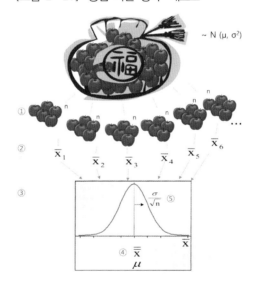

① 모집단에서 '표본 크기'가 'n'인 표본을 계속해서 추출한다. 모집단은 편

의상 ~N(μ, σ^2), 즉 '정규 분포'를 따른다고 가정한다. 그림에는 'n = 5'인 경우를 보여주고 있다 – 사과가 다섯 개씩임. 이해를 돕기 위해 통상 'n'개를 추출한 것으로 표현함.

② 각 표본에 대해 '평균'을 계산한다. – 사과의 무게를 측정한 데이터라고 할 때, 다섯 개에 대한 무게 값 평균, 즉 '<u>표본 평균</u>'을 얻은 것임. 그림에서 $\overline{x_1}$, $\overline{x_2}$, $\overline{x_3}$…에 해당.

③ 그 평균한 값들로 히스토그램을 그리거나 곡선을 그린다. 그러면 십중팔구는 '<u>정규 분포</u>'가 될 것이다.

④ 이 '정규 분포'의 중심을 '$\overline{\overline{X}}$'라 하면, 이는 "「표본 평균」들로 이뤄진 분포의 「평균」"이 될 것이고, '중심 극한 정리'에 따르면 이 값은 바로 <u>모집단의 평균 'μ'와 같아진다.</u> 또,

⑤ 이 '정규 분포'의 '표준 편차'를 '$\sigma_{\overline{X}}$'라고 하면('$\overline{X}$'들로 이루어진 분포이므로 'σ' 아래첨자에 '$\overline{X}$'가 붙음), 이것은 "「표본 평균」들로 이뤄진 분포의 「표준 편차」"이다. '중심 극한 정리'에 따르면 이 값은 바로 모집단의 '표준 편차'를 '표본 크기'의 제곱근인 '$\sqrt{n}$'으로 나눈 값과 일치한다. 즉 '<u>$\sigma/\sqrt{n}$'이다.</u> 그림의 '원 번호'와 설명의 '원 번호'를 대응시키며 참조하면 이해하는 데 도움 받을 수 있다. '표본 평균 분포'의 '표준 편차'를 특히 '표준 오차 (Standard Error)'라고 한다. 잘 알고 있는 '표준 편차', '표본 오차' 등과 이름이 비슷해 헷갈리거나 그들 사이에 복잡한 통계적 연계성이 있을 것이란 선입감으로 겁먹는 경우가 많은데 그냥 이름일 뿐이다. 사람 이름이 '영희', '영이' 처럼 발음이 비슷하지만 얼굴이 다르듯 용어가 비슷해도 실제 쓰임이 다르므로 "그렇구나!" 하고 넘어가면 그만이다.

잠시 '중심 극한 정리'의 탄생 배경을 알아보도록 하자. 무엇이든 그 뿌리를 아는 것은 매우 중요하다. 그러나 참고로 실었으므로 이 부분은 건너뛰어도

무방하다. 통계학의 발전 과정에서 확률론의 탄생은 매우 중요한 의미를 내포하고 있다. 확률 문제가 많은 사람들의 관심사가 된 이면에는 도박을 통해 부를 축적하려던 상인들의 갈망이 있었으며, 일찍이 프랑스와 이탈리아에서 이같은 도박의 승률을 수학적으로 규명하기 위해 노력하게 되는데 이것이 바로 확률론의 시작이다. 당시에는 '확률의 수학적 이론'의 창시자로 알려진 두 유명인 파스칼(Pascal, Blaise: 1623~1662)과 페르마(Fermat, Pierre de, 1601~1665) 사이에서 주고받던 카드놀이에 대한 수학적 문제가 많은 사람들의 관심을 불러일으켰다. 이런 배경을 두고 시작된 확률론은 파스칼 이후 드모아브르(A. de Moivre), 베르누이(J. Bernoulli), 베이즈(T. Bayes)를 거쳐 라플라스(P. S Laplace)의 「확률의 해석적 이론(1812)」에 의해 집대성되었다. 이 과정중에 '대수의 법칙'이 확립되고 '중심 극한 정리'의 발견이 이뤄진다. **'대수의 법칙'**은 통계학에 대한 대량 관찰의 기초 이론을 제공하였고, **'중심 극한 정리'**는 '오차 이론(가우스에 의해 체계화됨)'에 있어 하나의 지주가 되었다.

'중심 극한 정리'의 정점에는 라플라스(Pierre Simon Laplace: 1749 – 1827)가 서있다. 라플라스는 확률의 추론에 대한 4권의 저서를 남겼는데, 18세기 수학적 확률론의 역사에서 가장 의미 있는 연구로 1773년 「Memoir on the probability of the Causes of Event」, 1780년 「Memoir on Probabilities」를 손꼽는다. 특히 '이항 분포'나 '기하 분포'의 정규 근사를 탐구하는 논문들이 많았는데, 이 논문들의 대부분은 「확률의 해석 이론(1812)」에 수록돼 있다. 「확률의 해석 이론」 제2권 3장에 드모아브르와 같은 결과가 수록돼 있고, 제4장에서는 '오차 분포'로서 '정규 분포'를 유도하고 있다. 정리 자체는 이미 1810년 4월 9일 아카데미에서 발표한 「대수의 함수로 임의 공식의 근사 및 그것들의 확률에의 응용에 관한 암기 책」에도 나타나 있는데, **이것이 최초의 '중심 극한 정리'의 발견과 증명**으로 알려져 있다. 이 증명은 구간 [－a, a]에서 정의한 '이산 장방형 분포(Rectangular Dist.)'에서 'n'개의 독립인 오차는 'n'

이 클 때 '오차 평균'은 '평균 0'과 '표준 편차'를 갖는 '정규 분포'를 따른다는 내용이다. 라플라스는 이 '정규 분포'를 매우 중요시하고 대량 현상에 나타나는 법칙성은 완전히 이 분포에 의해 설명할 수 있다고 믿었다. 라플라스 확률론에서의 중요 업적 중 '중심 극한 정리'는 통계학의 백미로 꼽힌다.

지금까지 '표본 평균'의 집단이 '정규 분포'를 보이고, 그들의 '평균'은 '모 평균'을, 또 '표준 편차'는 '모 표준 편차'를 '표본 크기'의 '제곱근'으로 나눈 값과 같다는 '중심 극한 정리'와 발생 배경을 알아보았다. 사실, '표본 평균'의 '표준 편차'를 '$\sigma_{\bar{x}} = \sigma / \sqrt{n}$'로 표현하면 간단한 것을 "'모 표준 편차'를 '표본크기'의 제곱근으로…"처럼 글로 적다 보니 복잡해 보이는데 독자가 잘 헤아려주기 바란다. 이제 좀 더 쉽게 이해할 수 있도록 다음 장부터 '중심 극한 정리'를 미니탭으로 하나하나 확인하는 시간을 갖도록 하겠다.

2-2. '중심 극한 정리'의 확인(미니탭 활용)

시중 서적들 중에 이론적으로 '중심 극한 정리'를 증명한 예가 있으나 리더 여러분은 미니탭에 익숙하므로 이를 활용해보자. 증명이 아닌 확인 정도가 될 듯하다. 이해를 돕기 위해 [그림 2-29]의 '원 번호 ①~⑤'를 따라 설명해나갈 것이다.

① 모집단에서 표본을 추출한다. 우선 모집단과 그로부터 추출된 임의 표본 크기의 집단이 필요한데 이것은 미니탭의 '랜덤 데이터'를 이용한다. '표본 크기'가 '5'인 '표본 수=30개'를 표집하자. 다음 [그림 2-30]은 '~N(9, 3²)', 즉 '평균=9', '표준 편차=3'인 '정규 분포'의 랜덤 데이터 추출 과정을 보여준다. 미니탭의 「계산(C)> 랜덤 데이터(R)> 정규 분포(N)…」에서 '저장 열(S)'에 'C1

－C30'을 입력하면 주어진 조건의 랜덤 데이터를 '30개' 만들어준다. 따라서 결과는 '표본 크기=5'이고, '표본 수=30개'인 자료를 모집단으로부터 추출한 것에 해당한다. 물론 이 경우 모집단은 '～N(9, 3^2)'이다.

[그림 2－30] '중심 극한 정리' 확인(미니탭)－표본 추출하기

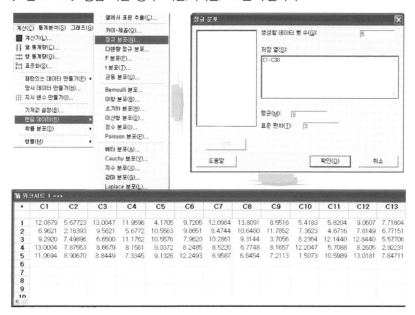

② <u>각 표본의 '평균'을 계산한다.</u> 이 작업은 미니탭의 「통계 분석(**S**)> 기초 통계(**B**)> 기술 통계량 표시(**D**)…」에서 '통계량' 버튼을 누른 뒤 '평균'만을 '√'하면 얻을 수 있다. 다음 [그림 2－31] 과정을 참고하기 바란다. 결과는 그림 하단 왼쪽과 같이 '세션 창'에 각 표본([그림 2－30]의 30개 열)들의 '표본 평균'을 얻는다.

[그림 2-31] '중심 극한 정리'의 확인(미니탭)-'표본 평균' 구하기

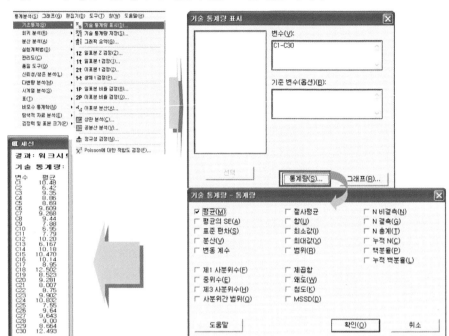

③ 다음은 이 '표본 평균'들을 이용해 '히스토그램'이나 '정규 곡선'을 그린 뒤 <u>정규성을 확인한다</u>. 결과는 '정규 분포'가 돼야 하므로 '정규성 검정'을 통해 'p-값'을 확인한다. 일단 '세션 창의' 결과를 마우스로 지정한 뒤 '복사'해서 미니탭 새 '워크 시트에 '붙여 넣기' 한다. 과정과 결과는 다음 [그림 2-32]와 같다. 단, '워크 시트'에 '붙이기' 할 때, 하나의 열에 데이터를 모두 넣을 것인지 아니면 나누어서 넣을 것인지를 묻는데, 이때 "공란을 구분 기호로 사용"을 선택한다. 이 작업이 끝나면 미니탭의 '그래픽 요약'을 통해 다음 [그림 2-32]의 오른쪽과 같은 결과를 얻는다.

[그림 2 - 32] 중심 극한 정리 확인(미니탭) - 그래픽 요약으로 결과 확인하기

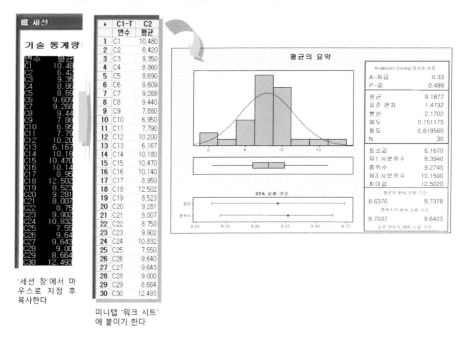

'세션 창'에서 마우스로 지정 후 복사한다

미니탭 '워크 시트'에 붙이기 한다

[그림 2 - 32]의 결과 중 'Anderson Darling Test'의 'p - 값'이 '0.489'로 '표본 평균'의 분포는 '정규성'을 보이고 있다. 참고로 이 과정을 동일하게 수행해도 '랜덤 데이터'이므로 결과는 약간씩 차이가 난다.

④ 얻어진 '표본 평균 분포'의 '평균'이 '모평균'인 '9'와 일치하는지를 확인한다. '그래픽 요약'에서 '평균=9.1877'로 '모평균=9'와 유사한 값임을 알 수 있다. '표본 수'가 증가하면 '모평균'에 더욱 근접해갈 것으로 기대되며 얼마간의 수고를 더 들이면 금방 확인될 수 있는 사항이다.

⑤ 이 '표본 평균 분포'의 '표준 편차'가 '$\sigma/\sqrt{n}$'가 됨을 확인한다. '그래픽 요약'의 '표준 편차'는 '1.4732'이다. 이론값은 '$3/\sqrt{5} = 1.341641$'이다.

약간의 차이가 나지만 역시 '표본 수'가 증가하면 이론값에 근접할 것이다.

이것이 '중심 극한 정리'다. 복잡한 이론적 증명 과정을 거치지 않더라도 적어도 숙련된 리더이면 이 정도까지를 기본 지식으로 확보하고 있어야 하며, 사내 컨설턴트 자격으로 초보 리더들을 교육시킬 때 활용하는 것도 좋은 방법이다. 이 정도는 복잡하다거나 분량이 많다고 할 정도는 결코 아니다. 업무 중에 접하는 수많은 보고서와 회의 자료에 비하면 다섯 장 정도의 분량은 그리 복잡하거나 많은 양이 아니며, 따라서 충분히 내 것으로 만들 수 있다는 자신감을 가져볼 만하다.

'중심 극한 정리'의 확인을 모집단이 '정규 분포'인 경우에서 그 적용 범위를 좀 더 확장해 해석할 수도 있다. 이 정리가 전반적이고 폭넓게 언급되고 있는 이유는 일반화를 시켜도 그대로 적용되기 때문이다. 여기서 '일반화'란, 앞서 '중심 극한 정리'의 확인 과정인 '①~⑤'의 설명 중 모집단은 "정규 분포한다"라고 전제하고 들어갔으나 실제는 '정규 분포'하지 않아도 이 정리가 그대로 설명력이 있다는 뜻이다. '특별한' 상황만 적용되는 정리가 아니라 모집단이 '비정규 분포'든 아니면 그 외의 알 수 없는 다른 분포든 '중심 극한 정리'는 모두에서 성립한다. 이때 상황에 따라 [그림 2 - 30]처럼 '표본 크기'가 '5개'인 때보다 좀 더 많아야 하는 상황이 발생할 수도 있다. '표본 크기'는 모집단의 '비정규성'의 정도에 따라 달라지지만 통상적으로는 '30개' 정도를 적정 수준으로 평가하고 있다. 다시 요약하면 "'중심 극한 정리'는 모집단의 분포가 어떤 모습을 하든 관계없이 '표본 크기'가 적정 수준으로 확보되는 상황에선 항상 성립한다"이다.

'중심 극한 정리'를 단지 설명만으로, 또는 미니탭으로 결과를 간단히 확인하는 정도론 다소 부족하다고 생각하는 리더들도 있을 듯싶다. 따라서 '정규 분포의 가법성'을 이용해 약간의 이론적 유도 과정을 따라가 보자. '정규 분포의 가법성'이란 '정규 분포'를 이루고 있는 집단들에서 표본을 각각 추출한 뒤, 이 값들을 서로 더하거나 빼는 등 새로운 값으로 만들 경우, 새로운 값들의 분포 역시 '정규 분포'를 따른다는 것, 그리고 그 '평균' 및 '표준 편차'는 특정한 법칙을 따라 결정된다는 것이다. 내용을 요약하면 다음의 [표 2-12]와 같다.

[표 2-12] '정규 분포'의 가법성

> 어느한 집단 $\sim N(\mu_1, \sigma_1^2)$에서 추출한 하나의 값과, 또 다른 집단 $\sim N(\mu_2, \sigma_2^2)$에서 추출한 값의 '합 분포'는 $\sim N(\mu_1 + \mu_2, \sigma_1^2 + \sigma_2^2)$인 정규 분포를 따름.

설명에 통계적 기호들이 나오니 당장 '에구머니!' 하고 겁부터 먹는 독자가 있을지 모른다. 잘 보면 밥 먹는 일만큼 쉬운 내용이니 찬찬히 읽어보기 바란다. 즉, 두 개의 각 그룹에서 값을 한 개씩 계속 뽑아 서로 더한 값들로 새로운 분포를 만드는 경우이며, 이렇게 새로 만들어진 분포는 글틀 정의대로 "'모평균'끼리 더한 값이 새로운 '합 집단'의 '모평균'이 되고, 다시 '합 집단'의 '분산'은 각 집단의 분산을 더한 것과 같다"이다. '합 집단'의 '표준 편차'는 '$\sqrt{\sigma_1^2 + \sigma_2^2}$'이 될 것이다.

가령 두 개의 모집단 $N(3, 1^2)$, $N(7, 2^2)$에서 각각 값을 하나씩 뽑았더니 '2'

와 '3'이라고 하자. 이들의 합은 '5'이다. 또 한 번 수행했더니 '6'과 '7'이 얻어졌으면 그 합은 '13'이다. 이 작업을 수도 없이 반복하면 앞서 나온 합의 값('5', '13' 등)들이 많아질 것이고, 이들로 분포를 그리면 그 분포의 '평균'은 두 집단의 '모평균'인 '3'과 '7'을 합한 '10'이 될 것이고, '모분산'은 '$1^2 + 2^2$' 해서 '5'가 될 것이다. 물론 당연히 새 집단의 분포는 '정규 분포'를 따를 것이다. 이것이 '정규 분포의 가법성'이다. 단, 주의할 것은 '모집단'에서 얻은 각각의 값을 더하는 경우가 아닌 빼야 하는 경우이면 역시 '정규 분포'를 따르고, '평균'도 두 모집단 간 평균의 차인 '$\mu_1 - \mu_2$'가 될 것이지만, '분산'만은 '$\sigma_1^2 - \sigma_2^2$'이 되는 것이 아니라 동일하게 '$\sigma_1^2 + \sigma_2^2$'이다. '분산'에 '제곱'이 있어 생기는 현상이므로 참고하기 바란다.

이제 '정규 분포의 가법성'을 이용해 '중심 극한 정리'를 확인해보자. 기업에는 리더들을 위한 '보수 교육 과정'이라는 것이 있다. 이미 학습된 직원들이 도구들을 잊지 않도록 하기 위해 1~2년 주기로 보충 교육을 진행하는 것인데, 이때 '중심 극한 정리'를 미니탭이 아닌 지금과 같이 '정규 분포의 가법성'으로 증명해보는 시간을 가져보곤 한다. 보통 입문 과정보다 시간적 여유가 있기 때문인데 의외로 좋은 반응을 보인다. 과거 입문 교육 당시 배웠고 실무에 적용도 해봤지만 정확히 그 실체를 파악해볼 겨를이 없었던 터라 찜찜했던 느낌이 사라졌다는 것이 그 이유다. 이와 같이 우리 내 기업인들은 몰라서 못하기보다 의지는 있는데 기회가 주어지지 않아 잊고 지내기 일쑤지만 딱히 불편한 점이 없는지라 굳이 찾으려 노력할 이유도 없다. 그러나 본 학습을 통해 장기적으로 문제 해결을 위한 응용 능력이 커질 수 있음은 인정할 필요가 있다. 다음 [그림 2-33]은 쉽게 설명하기 위해 삽입했는데 오히려 복잡하게 보이는 것 같다. 설명과 잘 연결해서 파악해보기 바란다.

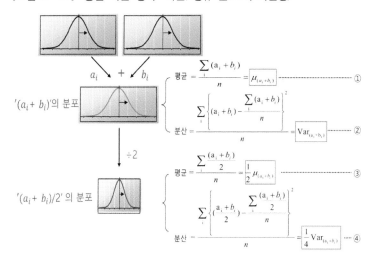

[그림 2-33] '중심 극한 정리' 확인('정규 분포'의 가법성)

[그림 2-33]에서 맨 위 두 개의 각기 다른 모집단이 있고, 그곳으로부터 한 개씩을 추출해 그 합을 구하는 과정을 계속 반복한다. 그림에서는 'a_i', 'b_i'로 표본을 각각 표기하고 있고, 그 둘을 더했다는 의미로 '$a_i + b_i$'로 나타냈다. 물론 더한 값들이 상당히 많아질 것이므로 그들로부터 히스토그램을 그리면 가운데 '정규 분포'인 '$a_i + b_i$의 분포'가 될 것이다. 이때 나온 분포의 평균을 일반식으로 표현하면 '①'과 같이 정리될 수 있다. 또, 그 합 분포의 '분산'은 '②'가 된다(복잡해 보인다. 그러나 '평균'과 '분산'을 구하는 기본 식을 상기하면서 관찰하면 의외로 쉽게 눈에 들어올 수 있다). 그렇다면 합을 구한 뒤 '2'로 나눈 값들로 이루어진 분포는 어떻게 될까? 즉 '평균의 분포'가 될 것이다. 이 과정을 일반식으로 표기하면 그 평균은 '③'처럼 될 것이고, 분산은 '④'가 된다. 즉 분포의 '평균'은 합을 하면 합한 대로, '2'로 나누면 나눈 대로 따라가지만 '분산'은 계산식 자체에 '제곱'이 있어 이 값의 영향을 받는

다. 식들이 눈에 잘 들어오지 않으면 [그림 2 – 33]의 왼쪽 '정규 분포' 그림과 오른쪽 '원 숫자'인 '①, ②, ③, ④'의 식들 중 사각형으로 강조한 부분만 대응시켜 관찰하기 바란다.

이 논리는 그대로 확장할 수 있는데 만일 표집 결과 몇 개의 데이터를 확보했다면 이들을 합리적으로 요약할 수 있는 가장 좋은 방법이 '산술 평균'이고, 따라서 가정된 두 개의 모집단에서 각기 한 개씩을 추출하든, 두 개씩을 추출하든 항상 추출한 표본들의 '산술 평균'을 내게 된다. 또 이 작업을 계속적으로 수행해서 평균들로 분포를 그린 뒤 새로운 분포의 '평균'과 '분산'을 구하면, 다음 [표 2 – 13]의 상황이 정확히 재현된다.

여기서 한 가지 유념할 사항이 있다. 지금까지 '정규 분포의 가법성'을 설명하기 위해 두 개 모집단을 가정했으나 정황상 동일한 모집단에서 추출하는 문제로 재정리돼야 한다. 왜냐하면 성인 신장의 표본으로부터 평균을 계산하는 목적이 전체 성인집단의 '모수(평균, 분산 등)'를 알고자 하는 것이며, 따라서 '정규 분포'의 가법성은 한 개의 모집단 문제, 즉 한 개의 모집단에서 일정한 크기의 표본을 계속적으로 추출하는 문제에 해당한다. 이 과정은 단순히 'μ'에 붙은 '아래 첨자'를 없애면 된다.

[표 2 – 13] '중심 극한 정리'의 확인('정규 분포'의 가법성)

	동일한 모집단에서 추출하는 '표본 크기'				
	표본크기=1	표본크기=2	표본크기=3	...	표본크기=n
합의 분포	$N(\mu, \sigma^2)$	$N(\mu+\mu, \sigma^2+\sigma^2)$ ↓ $N(2\mu, 2\sigma^2)$	$N(\mu+\mu+\mu, \sigma^2+\sigma^2+\sigma^2)$ ↓ $N(3\mu, 3\sigma^2)$	...	$N(\mu+\mu+...\mu, \sigma^2+\sigma^2+...\sigma^2)$ ↓ $N(n\mu, n\sigma^2)$
평균의 분포	$N(\mu, \sigma^2)$	$N(2\mu/2, 2\sigma^2/4)$ ↓ $N(\mu, \sigma^2/2)$	$N(3\mu/3, 3\sigma^2/9)$ ↓ $N(\mu, \sigma^2/3)$	...	$N(n\mu/n, n\sigma^2/n^2)$ ↓ $N(\mu, \sigma^2/n)$
표준 편차	σ	$\dfrac{\sigma}{\sqrt{2}}$	$\dfrac{\sigma}{\sqrt{3}}$	...	$\dfrac{\sigma}{\sqrt{n}}$

결국 동일한 '모집단'에서 '표본 크기'를 변화시키며 표본을 추출하고, 다시 그 "'표본 평균'을 구해 분포를 그리면 그 분포의 '평균'은 '모평균'과 일치하고, '표준 편차'는 '모 표준 편차'를 '표본 크기'의 제곱근으로 나눈 값과 같아짐"을 알 수 있다. 예를 들어, [표 2 – 13]의 두 번째 열과 같이 '표본 크기 = 2'인 경우, 하나의 모집단에서 계속 2개씩 뽑아 더한 값들의 분포는 '정규 분포'가 될 것이고, 그 분포의 '평균'과 '분산'은 '정규 분포의 가법성'에 의해 '합의 분포'에 있는 '$\sim N(2\mu, 2\sigma^2)$'를 이룬다. 다시, 만일 그 '2개'의 표본들을 평균 낸 값들로 분포를 그리면 역시 '정규 분포'가 되고, 그 분포의 '평균'과 '분산'은 '정규 분포의 가법성'에 의해 [표 2 – 13]에서 '평균의 분포'에 표시된 '$\sim N(\mu, \sigma^2/2)$'이 된다. '분산'에 제곱근을 한 경우가 '표준 편차'이므로 그 값은 '$\sigma/\sqrt{2}$'이다. 글로 적어 복잡한데 [표 2 – 13]의 내용을 잘 탐독해보기 바란다.

이상으로 '두 번째 원리의 응용'에 대한 기본 학습을 마쳤다. 지금까지의 과정을 요약하면 '중심 극한 정리'를 이해하기 위해 그 속에 들어 있는 각종 용어와 원리를 역사적 배경부터 하나씩 따지며 거슬러 올라왔다. 숙련된 리더 수준이면 그동안 여러 출처를 통해 접했던 내용도 상당수 포함돼 있었을 것이고, 또는 새롭게 인식된 부분도 있었을 것이다. 따라서 잘 알고 있는 내용은 그냥 건너뛰어도 무방하다. 그러나 지금까지의 내용이 바닥부터 한 계단씩 밟으면서 올라온 만큼 최종 지식을 얻기 위한 하부 지식 간 연계성이 명확하게 설정돼 있어 그동안의 조각 정보를 재정리하는 데엔 매우 유용하다. 독자는 이 점을 최대한 활용해 학습의 폭과 깊이를 넓혀보기 바란다. 이어서 '두 번째 원리'를 다양한 통계 도구들에 적용해보는 응용 단계로 넘어가보자.

3. 두 번째 원리의 응용

　　　　　　　　이전 장에서 앞으로 전개될 본문의 기초가 되는 '정규 분포'에 대해 상세히 알아보았다. 또, '두 번째 원리'의 근간이 되는 '중심 극한 정리'에 대해 그 정의와 미니탭으로 확인하는 방법도 간단히 알아보았다. 이제부터 첫 번째 원리와 마찬가지로 리더가 필요로 하는 각 Phase별 응용 사례를 찾아 수준을 높이기 위한 학습에 집중해보자. '두 번째 원리'는 Measure Phase 경우 '측정 시스템 분석'의 일부를, Analyze Phase는 '추정'과 '가설 검정', 그리고 Control Phase는 '관리도'를 설명하는 데 활용될 것이다.

3-1. 측정(Measure Phase)에의 응용

　Measure Phase의 '세부 로드맵'과 '측정 시스템 분석의 개요'에 대해서는 '첫 번째 원리'에서 자세히 설명했으므로 여기서는 생략하기로 하고, 두 번째 원리의 '측정 시스템 분석에의 응용'으로 바로 들어갈 것이다.

측정 시스템 분석(MSA, Measurement System Analysis)에의 응용

　'측정 시스템 분석'과 관련한 '세부 로드맵'과 일반적 개요는 '첫 번째 원리의 응용'편 「3-1. 측정(Measure)에의 응용」을 참고하기 바란다. 다음은 측정자 4명, 표본(Parts) 3개, 반복 3회를 통해 '측정 시스템'을 평가한 결과 자료다. 물론 시행은 측정자의 학습 효과 등을 고려해 '눈가림 시행(Blind Trial)'으로 진행되었다. '눈가림 시행(Blind Trial)'은 측정자가 1차 측정 후 의 학습 효과로 2차 반복 측정 시 먼저 측정한 값을 기억해 편의를 발생시키는 효과를 차단하는 조치로, 매 측정 시 표본들을 섞어 어느 표본을 측정하는지 인지하지 못하도록 하는 측정 방법이다. 따라서 '눈가림 시행(Blind Trial)' 시 측정자 외에 측정자들이 계측한 값들을 기록할 담당자가 필요하며, 매 반복 측정 때마다 표본들의 순서를 임의로 재배치하는 역할을 수행한다.

[표 2-14] '측정 시스템 분석'에의 응용을 위한 데이터

Part	홍길동			장길산			주몽			대조영		
	시행1	시행2	시행3	시행1	시행2	시행3	시행1	시행2	시행3	시행1	시행2	시행3
1	189.3	145.3	110.2	114.7	119.2	112	112.9	106.6	111.1	138.1	129.5	117.4
2	284.7	276.6	330.5	255.9	226.5	258.6	246	278.4	257.7	212.7	224.4	240.6
3	264	400.6	358.4	275.7	290.9	282	370.1	423.1	296.3	240.6	186.8	284.4

'첫 번째 원리'에서 Measure Phase의 '측정 시스템 분석에의 응용'을 설명한 바 있고, 여기 '두 번째 원리'에서도 '측정 시스템 분석'을 설명하고 있다. 즉 '측정 시스템 분석'에 두 개의 기본 원리가 모두 응용되고 있다. 따라서 그때와의 연계성을 고려해 '첫 번째 원리'에서 사용했던 데이터를 그대로 가져왔다([표 2-14]). '측정 시스템 분석'을 통해 '첫 번째 원리'의 적용과, '두 번째 원리'의 적용 간 차이점과 특징들을 종합적으로 학습하기에 좋은 예이다.

주어진 데이터를 미니탭에 입력해서 분석하려면 우선 'Parts', 'Operator', '측정값1' 열을 '워크 시트'에 구성한 뒤 값들을 해당란에 하나씩 옮겨놓는다. 미니탭 분석 위치는 「통계 분석(S)> 품질 도구(Q)> Gage 연구(G)> Gage R&R (교차)연구(G)…」에 들어가 '대화 상자'에 해당 데이터가 있는 열을 지정한 뒤 분석을 수행한다. 측정 시스템 'Gage R&R(교차) 분석' 시 열의 입력 위치와 그 결과는 다음 [그림 2-34]와 같다.

[그림 2-34] Gage R&R(교차) 분석 미니탭 입력

미니탭의 '그래프(Gage 런 차트 포함)'와 '세션 창' 분석 결과를 다음 [그림 2-35]에 옮겨놓았다.

[그림 2-35] 'Gage R&R(교차) 분석' 미니탭 결과

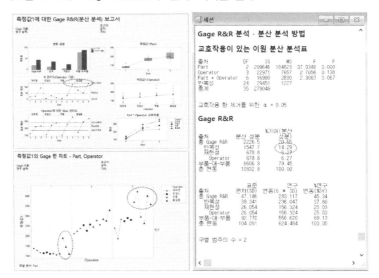

[그림 2 – 35]에서 우선 눈에 띄는 부분은 '반복성'이다. 'Gage R&R 그래프([그림 2 – 35] 왼쪽 상단 내 굵은 원점선)'에 있는 'R – 관리도'를 보면 '주몽'과 '홍길동'의 3번째 Part가 '관리 상한'을 벗어났거나 근처에 있는 것이 관찰된다. 'Gage 런 차트(왼쪽 하단 굵은 원점선)'는 '홍길동'의 경우가 전반적으로 반복성이 안 좋고, 특히 3번 Part는 대부분이 반복 시행별로 값의 큰 차이를 보인다. 이 결과를 수치로 보면 '반복성'의 분산 성분이 전체의 약 '14.29%'로 '재현성'보다 2배 이상 안 좋음을 알 수 있다('세션 창'의 굵은 원점선).

정상적인 해결책은 반복성이 안 좋은 '홍길동'에 대해 숙련도나 표준 준수 여부 등을 확인해 보완하는 것이 일반적 접근이나 '반복성'은 앞서 설명한 대로 계측기 상태를 드러내는 값이므로 계측기 자체의 신뢰성 평가가 필요할 수 있다. 만일 현업에서 계측기 상태를 점검하던 중 수리와 교정 등 안정화시키는 데 장시간이 소요된다든가, 아니면 추가로 투자비가 크게 발생하는 경우가 생기면 차선책 마련이 시급하다. 왜냐하면 생산의 연속성으로 측정은 계속 이뤄져야 할 상황임에도 안 좋은 반복성을 계속 안고 가야 할 딜레마에 빠질 순 없기 때문이다. 바로 차선책이 최선책이 될 수 있는 이유다. 현업이고 별다른 대책이 없는 상황이면 그냥 현 수준에서 측정 활동을 지속할 수밖에 없거나 또는 내년도 투자 계획에 반영해서 새로운 계측기를 구매·보완할 때까지 기다려야만 한다. 어떻게 해결할 수 있는 방법이 없을까? 통계의 힘이 발휘될 수 있는 순간이 왔다!

현재 우리는 '문제 해결 방법론'을 접하고 있음을 잊어서는 안 된다. 반드시 투자나 많은 시간이 동반돼야만 문제가 해결되는 것은 아니다. 바로 '중심 극한 정리'를 활용한다. 이전에 학습했던 '중심 극한 정리'를 다시 상기해보자.

[그림 2 – 36] '중심 극한 정리' 개요도

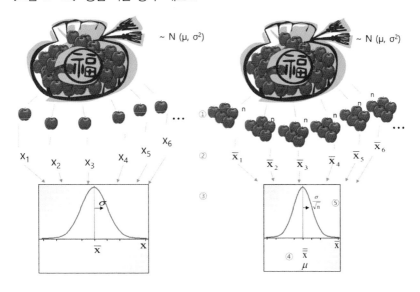

[그림 2 – 36]과 같이 모집단에서 데이터를 한 개씩 추출해 분포를 그려보는 것과, 'n'개씩 뽑아 각각의 평균값으로 분포를 그리는 경우 후자의 경우가 '표준 편차'에 있어 '$1/\sqrt{n}$'만큼 줄어드는 효과가 있다고 한 바 있다.

즉 분포를 보면 왼쪽에 비해 오른쪽 분포가 좁혀져 있음을 알 수 있다. 따라서 '반복성'을 줄이는 대책으로 활용될 수 있는 방법은 각 시행을 수회씩 늘려 측정하는 것이다. '반복성' 문제를 훨씬 더 많이 개선하려면 측정 횟수를 크게 가져가면 되지만 실험이나 시간, 자원 등 상황이 무제한 허락되는 것은 아니므로 적정 수준을 선택하는 것이 바람직하다. 다음 [표 2 – 15]에 이해를 돕기 위한 데이터를 예시로 들었다.

[표 2-15] Gage R&R 반복 측정 데이터 예

Operator	Part	측정값1	측정값2	측정값3	평균
홍길동	1	189.3	149.8	136.3	158.5
홍길동	1	145.3	121	152.5	139.6
홍길동	1	110.2	128.2	122.8	120.4
홍길동	2	284.7	331.4	307.1	307.7
홍길동	2	276.6	331.4	290.9	299.6
홍길동	2	330.5	335	370.1	345.2
홍길동	3	264	332.3	392.5	329.6
홍길동	3	400.6	389.8	462.7	417.7
홍길동	3	358.4	335	299.8	331.1
장길산	1	114.7	111.1	122.8	116.2
장길산	1	119.2	101.2	113.8	111.4
장길산	1	112	103.9	121.9	112.6
장길산	2	255.9	202.8	230.7	229.8
장길산	2	226.5	227.1	199.2	217.6
장길산	2	258.6	237	246	247.2
장길산	3	275.7	272.5	249.6	265.9
장길산	3	290.9	321.5	280.2	297.5
장길산	3	282	374.6	285.5	314
주몽	1	112.9	108.4	114.7	112
주몽	1	106.6	118.3	140.8	121.9
주몽	1	111.1	125.5	126.4	121
주몽	2	246	227.1	237.9	237
주몽	2	278.4	240.6	255	258
주몽	2	257.7	249.6	216.3	241.2
주몽	3	370.1	371	388.1	376.4
주몽	3	423.1	436.6	384.5	414.7
주몽	3	296.3	321.5	325.1	314.3
대조영	1	138.1	112	125.8	125.3
대조영	1	129.5	119.2	128.8	125.8
대조영	1	117.4	125.1	120.8	121.1
대조영	2	212.7	285.5	188.4	228.9
대조영	2	224.4	231.6	204.6	220.2
대조영	2	240.6	296.3	346	294.3
대조영	3	240.6	306.2	280.4	275.7
대조영	3	186.8	189.9	299	225.2
대조영	3	284.4	264.9	333	294.1

[표 2 - 15]의 데이터 예시를 보면 기존의 측정값인 '측정값 1'을 사용하는 대신 '측정값 2'와 '측정값 3'을 추가로 측정한 뒤 그 '산술 평균'을 얻어놓았다. 이 '산술 평균'을 사용할 경우 이론대로라면 '반복성'이 '$1/\sqrt{3}$'만큼 줄어들 것으로 기대된다. 왜냐하면 표본을 기존의 1개에서 3개로 늘린 경우와 같은 상황이기 때문이다. 결과를 확인하기 위해 미니탭으로, 이전과 동일한 분석을 수행한다. 물론 이때는 기존의 '측정값 1'을 사용하는 대신 '산술 평균'을 측정값으로 입력한다. 미니탭 활용 과정은 이전과 동일하므로 설명은 생략하고 바로 결과만 보도록 하자. 다음 [그림 2 - 37]과 같다.

[그림 2 - 37] Gage R&R(교차) 분석 미니탭 결과 - '중심 극한 정리' 적용

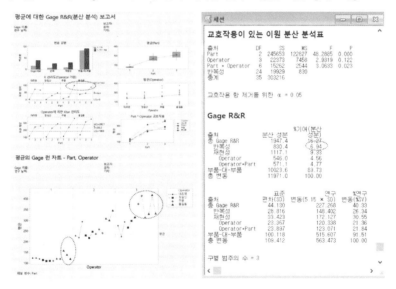

[그림 2 - 37]의 그래프를 이전과 직접 비교해도 되지만 수치를 보면 '반복성'의 '분산 성분'이 기존의 '1547.7'에서 '830.4'로 줄었고, '%기여'도 기존의

'14.29%'에서 '6.94%'로 크게 줄었음을 알 수 있다. 물론 정확하게 이론적 수치만큼 딱 떨어지진 않으나 아마도 반복 측정 수가 늘어나면 이론적 수치에 근사하리란 추측을 할 수 있다. 다음 [표 2-16]은 일반적으로 '측정 시스템 분석' 후 수용 여부를 결정하는 데 사용하는 기준 표이다. 기준은 특정 단체나 출처마다 산업 특성을 고려해 다소 차이가 있으니 참고하기 바란다.

[표 2-16] Gage R&R 판단 기준 표

	%기여	%연구 변동	구별 범주의 수
측정 시스템에 문제 없음	< 5 %	< 10 %	> 10
중요성과 비용에 좌우됨	5 % - 15 %	10 % - 30 %	4 - 9
측정 시스템 거부	> 15 %	> 30 %	< 4

물론 표와 같이 수용 여부를 판단할 기준과 비교해 최종 결론을 내려야 하는 것은 당연하다. 만일 비교 후 원하는 수준에 미달하면 반복 시행을 좀 더 추가해야 하는 등 후속 조치가 있어야 하나 여기서는 '중심 극한 정리'를 응용 및 활용하는 데 초점을 맞췄으므로 이 정도에서 마무리하겠다.

설명된 사례가 산업 현장에서 드물게 일어나는 가상의 상황은 아니다. 발생 빈도가 높은 분야가 연구소다. 연구소 과제들은 아직 설비나 계측기가 완벽하게 갖춰지지 않은 상태에서 초기 가능성이나 경향을 판단해야 하는 경우가 많다. 때문에 계측 시스템이 다소 열악한 상황에서 측정값을 얻어야 하는 일이 다반사다. 따라서 지금과 같은 반복 측정을 이용한 Gage R&R 수용성 평가가 주로 연구소에서 많은 것도 우연은 아니다.

'측정 시스템(MSA)' 문제는 제시된 기준과 비교해 수용되지 못하면 결코 다음 단계로 넘어가서는 안 된다. 확실하지 않을 경우 하나의 '잠재 원인 변수'인 'X'로 간주돼야 하기 때문이다. 멘토링 중에 발생한 사례지만 R&R 결과가 적합하게 나오지 않은 상태에서 고가의 설비라든가 또는 고급 인력이 운영하니 믿어도 된다고 주장하며 일정상 다음 단계로 넘어가기를 요청하는 경우가 있었다. 그러나 해결책을 마련할 때까지 문제점을 찾아보자고 제의했고 약간의 신경전(사실 이런 경우가 컨설팅 할 때 힘든 상황이 되곤 한다)이 벌어지기도 했지만 다행히 받아들여져 일정은 지연됐으나 시료 보관상의 문제점임이 발견돼 성과를 거둔 경우도 있다. 물론 밝혀진 현상이 측정 결과에 영향을 미치리라곤 꿈에도 생각지 못한 결과였고 과제 성과를 극대화시키는 계기가 되었다. 또는 그와 반대로 '측정 시스템 분석'을 하나의 요식 행위로 보고 건성으로 넘어가 버리는 경우도 매우 흔하며, 어떤 경우는 R&R평가를 했음에도 잘못된 수행으로 결과가 왜곡됐고 이를 모른 채 문제가 없는 것으로 판단해 오리무중의 결론에 도달한 예도 있었다. '측정 시스템' 문제는 확실하게 드러내야 하고 또 그 결과를 수용하지 못하면 'Y'에 크게 영향을 미칠 수 있는 '잠재 원인 변수', 즉 중요한 'X'임을 결코 잊어서는 안 된다. 다음은 Analyze Phase에 해당되는 '추정' 및 '가설 검정'에의 응용으로 들어가 보자.

3-2. 분석(Analyze Phase)에의 응용

통계 용어나 원리가 가장 많이 숨겨져 있는 과정이 아닌가 싶다. 그런 이유로 한번 잘해보겠노라고 노력하는 대다수의 선량한 기업인들을 중도 하차시키거나 관심에서 멀어지게 하는 장본인이기도 하다. 바로 '추정'과 '가설 검정'을 두고 하는 말이다. Analyze Phase에서 '중심 극한 정리'와 연동해 학습해야 할 내용을 요약하면 다음 [표 2-17]과 같다.

[표 2-17] '통계적 추론' 개요도

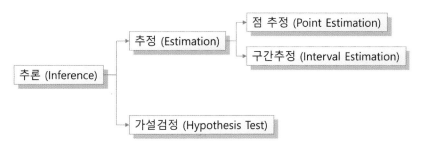

[표 2-17]을 보면 '추론(또는 추리, Inference)'이라고 하는 영역에 '추정(Estimation)'과 '가설 검정(Hypothesis Testing)'이 있다. '추정'은 표본으로부터 모집단의 모수, 즉 '모평균'이나 '모 표준 편차' 등을 알아내는 방법을 나타내는데 여기에는 '점 추정(Point Estimation)'과 '구간 추정(Interval Estimation)'이 있다. 또, 표본으로부터 주장하는 것이 옳은지 그른지를 판정할 목적으로 의사 결정에 도움을 얻고자 하는 '가설 검정'이 있다. '추정'과 '가설 검정'이 어떻게 '중심 극한 정리'를 통해 설명되고, 또 그동안 본문에서 접했던 많은 용어들과 어떻게 관계하는지 심도 있게 하나하나 파헤쳐보도록 하자.

추정(Estimation)에의 응용

자동차로 서울에서 대전까지 얼마나 걸리까? 차량 성능도 떨어지고, 도로 사정도 안 좋은 시절엔 두 시간 반 정도 예상할 수 있고, 최근의 상황을 반영하면 1시간 반을 얘기할 수도 있다. 또 중간의 심한 정체를 경험한 사람이면 넉넉잡고 세 시간이라고 말할 수도 있다. 그렇다면 과연 정확히는 얼마나 걸릴까? 궁금하지 않을 수 없다. '평균'을 갖고 얘기해야 하는 것쯤은 알겠는데 그 토대를 이루는 데이터 없이 마냥 주장을 펴는 것도 설득력이 떨어진다. 또 데이터도 측정할 때마다 매번 달라질 것이므로 뭔가 중심 잡힌 추정 값이 있어야 할 것 같다.

대전까지의 '소요 시간' 예를 갖고 설명을 이어나가 보자. 서울에서 대전까지 승용차로 얼마나 걸릴 것인가 하는 문제에 대해 현재 알고 싶은 것은 세 가지로 요약할 수 있다. 즉 '분포(여러 번 측정해서 얻은 데이터를 쌓아놓았을 때의 '모양')', '(산술) 평균', '표준 편차(또는 분산)'가 그것이다. 신은 그 진실한 분포 모양, 평균 및 표준 편차를 알고 있겠지만 우리로선 결코 알 수 없으므로 일단 '정규성'을 보이며, 그 '평균'과 '분산'이 다음과 같다고 가정해보자. 즉 $\sim N(\mu, \sigma^2)$라고.

서울~대전 구간을 승용차가 운행하는 데 소요되는 시간은 천차만별이겠지만 우리는 '통계'를 능숙하게 이용하고 있는 수준이므로 이를 최대한 활용해 본다. 우선 '표본'이 필요하다. 그래서 대전 톨게이트에 조사 담당자 한 명을 파견한 뒤 서울에서 출발해 대전에 도착한 승용차 하나를 잡아 소요 시간을 물어본다. 그가 수집한 첫 번째 데이터가 '120분', 즉 두 시간이라고 하자. 이 소요 시간을 우리는 '점 추정'이라고 한다. 진실한 값은 이보다 클 수도 작을 수도 있으므로 이 추정량은 한쪽으로 치우침이 없다. 이런 추정량을 '비편향 추정량(Unbiased Estimator)'이라고 한다. 그런데 이와 같이 처음 수집된 데이터 하나로부터 서울~대전 간의 소요 시간을 "두 시간!"이라고 딱 잘라 말했을 때 맞고 틀림에 따라 죽고 사는 문제가 걸렸다면 어떻게 될까? 물론 이 소요 시간이 틀렸다고 지적하기 위해서는 비교할 참값이 존재해야 한다. 그러나 그 값은 알 수 없을뿐더러 현실에서는 늘 '평균'만을 얘기할 수 있고, 이것을 모집단의 평균으로 인식하려 할 뿐이다. 따라서 정확한 값을 요구받았을 때, 하나의 값만 주장하기에는 설사 죽고 사는 문제가 아닐지라도 내가 주장한 그 값이 정확한지에 대한 의문은 늘 가시지 않는다. – 죽고 사는 문제였다면 아마 통계학자는 한 명도 제명대로 살아남지 못했을 것이다. 따라서 하나의 대푯값, 즉 '점 추정'을 통해 모집단의 평균을 단언하기에는 너무 쉬워 이상하게 생각되거나 또는 신뢰성이 떨어질 것이란 의심을 갖게 된다. 그래서 도입된 항목이 구간으로 얘기해보자는 '구간 추정'이다.

'구간 추정'은 말 그대로다. '점 추정'처럼 서울에서 대전까지 승용차로 소요되는 시간이 '120분'이라고 하기보다, "한 시간부터 세 시간 사이"라고 말해버리는 것이다. 처음 접하는 사람이면 "이게 무슨 추정의 정도가 높아진다는 거지? 말장난 아닌가?" 할지 모른다. 표면적으로는 "말장난?" 맞는 말이다. 세상에 소요 시간이 '120분'이라고 얘기하는 것이 불안정하다고 '1~3시간 사이'라고 한다면 그 사이에 들어가지 않는 차량은 몇이나 된단 말인가? 대부분의 차량이 그 사이에 다 들어갈 것이므로 정확한 소요 시간이 '120분'이라고 목숨 걸고 주장할 이유도 없을뿐더러, 추정이 틀렸다고 문책 받을 이유도 거의 없다. 또 실제로 서울에서 출발해 대전 톨게이트에 도착한 승용차들을 조사해본들 대부분 그 사이에 들어 있을 것이므로 당장 "뻔할 텐데 뭐 하러 그런 확인 같은 헛일을 해!"라고 누군가 윽박지를 수도 있다.

그렇다면 우리가 늘 통계 서적에서 접하는 '구간 추정'의 의미는 대체 뭘까? 앞서 전개된 내용 중에 한 문장만을 기억하자. 바로 '**대부분의 차량이 모두 그 사이에 들어갈 것**'이다. 이 문장은 서울에서 대전까지 승용차로 소요되는 시간이 '1시간에서 3시간 사이'라고 하는 마치 의미 없을 것 같은 추정을 의미 있게 만들어주는 중요한 요소이다. 의미 있게 만들어줄 뿐만 아니라 '**통계적으로도 의미 있게**'라는 표현이 더 적절할 것 같다. 이 논제를 설명하기 위해 지금부터 모집단으로부터 표본 한 개를 추출하는 일부터 시작해보자. 이해를 돕기 위해 '구간 추정'하는 과정을 순번으로 진행해보겠다.

① 데이터 수집: 대전 톨게이트에 파견된 조사 담당자가 실제로 수집한 데이터가 '120분'이었다.

② 모집단 정의: 이 구간을 운행했던 전체 승용차를 모집단으로 정의하면 예처럼 모집단은 $\sim N(\mu, \sigma^2)$이 된다. 그러나 여기서는 구체적으로 $\sim N(100분, 5^2)$이라고 가정하자([그림 2 – 38] 중 맨 위 '정규 분포'가 될 것임). 단, 현실적으로 이 모집단의 모수(평균, 표준 편차 등)는 알고 있지 못할 것이다.

③ 표본 집단 정의: 예에서 '표본 크기' 한 개를 추출한 값이 '120분'이면 이 하나의 값을 갖고 할 수 있는 것은 '점 추정', 즉 모평균이 '120분'일 것이라는 추정 외에는 특별히 통계적 작업을 할 게 없다. 따라서 통계 작업을 하기 위한 뭔가가 추가돼야 할 것 같다. 그 '뭔가'란 표본을 한 개씩 계속 얻어 그들로 이뤄진 '정규 분포'를 상상하는 것이다. 즉 서울을 출발해 대전 톨게이트에 도착한 승용차들에게 수도 없이 물어 소요 시간을 얻어낸다고 상상(실제는 그렇게 할 수 없으므로)한다. 그리고 낱개의 소요 시간들로 분포를 그리면 '표본 분포'가 되는데 이때 'x – 축'엔 앞서 얻은 '120분'도 포함할 것이다.

한 개의 소요 시간 '120분'을 얻었다는 것은 '<u>현실</u>', 즉 표집을 실제 수행해서 얻은 하나의 값이고, '표본 분포'를 만들어내는 일은 '<u>머릿속</u>'에서 이루어지는 상상의 결과다. 머릿속에서 이뤄진 표본 분포의 x – 축 값들 중 한 개가 바로 '120분'을 포함하고 있으므로 통계적 작업이 이루어질 수 있다는 얘기다. 앞으로 전개될 '추정'과 '가설 검정'에 매우 중요한 기본 지식인만큼 그동안 긴가민가했던 리더라면 이 과정을 정독해주기 바란다. 결국 모집단에서 한 개씩 계속 추출해 분포를 만들면 모집단과 동일한 '평균'과 '표준 편차'를 얻게 될 것이며, 이것은 '중심 극한 정리'와 맥을 같이한다. '중심 극한 정리'는 모집단에서 수개의 표본을 추출해 '평균'을 구한 뒤 그 값들로 분포를 그린 반면, 여기서는 '표본 크기가' 한 개인 것만 차이가 있을 뿐이다. 이렇게 만들어진 '표본 분포'는 다음 [그림 2 – 38]의 가운데 분포이다.

④ 표준화 집단[25](표준 정규 분포): 학습에 따르면 모든 '정규 분포'를 표준화시키면 해석이 용이하다는 것을 알고 있으므로 일단 '표본 분포'를 평균이 '0', '표준 편차'가 '1'인 '정규 분포'로 표준화시킨다([그림 2-38]의 세 번째 분포). 앞으로 설명이 있겠지만 '가설 검정'은 모든 통계적 절차를 '표준 정규 분포'상에서 논하므로 본 과정이 매우 중요하다. 여기까지 진행되면 '구간 추정'을 위해 좀 더 세부적인 사항으로 들어갈 수 있다.

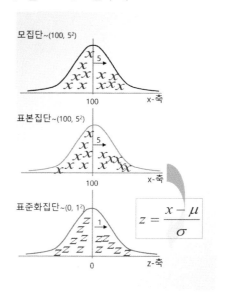

[그림 2-38] 표준화 개요도

⑤ 구간 범위 설정: '점 추정'은 한 개의 데이터가 확보된 상태에서 모집단의 평균이 '120분'이라고 생각하는 것이다. 실제는 '120분'이 될 수도, 안 될 수도 있으므로(한 값으로 결정하기에는 다소 무모하므로) 모평균이 어느 구간 사이에 있을 것이라고 하는 '구간 추정'이 필요하다는 것이 지금까지의 결론이다. 그렇다면 구간을 어떻게 설정해야 하는가가 문제로 남는다. 이 문제를 푸는 과정은 의외로 간단하다. 하지만 통계적 개념이 수반되므로 쉽사리 혼란을 겪는 이유이기도 한다. 자, 이전의 두 번째 '표본 집단' 분포에 다음 [그림 2-39]의 두 번째 그래프와 같이 임의의 구간을 표시해보자. 그 구간 안을 들여다보면 상상으로 측정한(?) 많은 '개별 소요 시간(Xs)'들이 존재한다. 그런데 개개 값들은 추출될 당시에는 각자가 자신들이 모집단 평균을 대표한다고 생

---

25) '표준화 집단'은 한국통계학회 '통계학 용어대조표'에 포함돼 있지 않다. 다만, '표준화(Standardization)'는 포함돼 있으며, 본문은 '모집단', '표본 집단'과 같이 '~집단'으로 표현하기 위해 편의상 도입하였다.

각할 것이다. 즉 대전 톨게이트에서 얻은 한 값이 '134분'이면 이는 모집단 평균이 '134분'이 될 수 있다는 것이고, '118분'이면 그 추출 시점에는 다시 모집단 평균이 '118분'이 되리라는 추정들이 존재한다. 따라서 임의로 정한 구간 안에 전체 데이터의 90% — 전체 개수가 100개이면 90개가 그 구간 안에 있다고 보는 경우에 해당 — 가 들어 있다면 그 개개 값들이 모두 모집단의 '평균'으로 볼 수 있고, 따라서 다음과 같이 얘기할 수 있다. 즉 **"모집단의 진실한 평균(모평균)은 내가 정한 구간 안에 필히 존재할 것이라고 90% 확신한**

[그림 2-39] 표준화 개요도

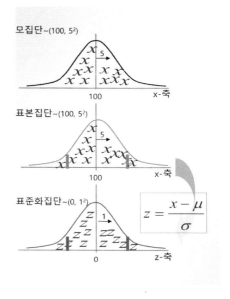

다"라고 말이다. 다시 말해 모집단을 대표하는 개개 값들이 90%가 몰려 있는 구간이므로 필히 모집단의 평균도 그 안에 있을 것이라 90% 신뢰성을 갖고 얘기할 수 있다. 이들 데이터가 모집단으로부터 나왔기 때문에 가능한 얘기다. 이렇게 '90%'라고 말한 수치를 우리는 '신뢰 수준(Confidence Level)'이라고 한다. 사전적 정의는 "(네이버 용어 사전)구간으로 추정된 추정치가 실제 모집단의 모수를 포함하고 있을 가능성"이다. 그렇다면 또 한 가지 의문이 남는다. 예에서는 '신뢰 수준'을 '90%'로 언급했는데 이 값만 존재하는 것일까? 아니다. 통상 '90%', '95%', '99%' 등이 적용되는데 일반적으로는 '95%'를 관습적으로 많이 사용한다. '표본 집단'에서 '95%' 정도의 값들이 모여 있으면 적어도 그들 중 모집단의 진정한 평균이 포함돼 있을 가능성이 높다는 것이다. "어느 정도의 가능성?" 바로 "95%의 가능성!"

⑥ 구간 값 구하기: 자 이제 실제적인 문제로 돌아가 보자. 우리는 통상 모집단 분포를 모르고 있으므로 그 집단을 ~N(μ, σ²)이라 하고, 그로부터 소요 시간 '120분'인 하나의 데이터를 얻었다(고 하자). 이 하나의 값은 '점 추정' 값이며, 이제 구간을 이용해 모집단 평균을 추정해 보는 것이 과제라고 하자. [그림 2－40]의 '표본 집단(중간 그림)'에 '신뢰 수준'을 관습대로 '95%'를 잡았으며, 이때 그를 가르는 'x－축' 값은 각각 'μ－1.96σ'와 'μ＋1.96σ'가 된다. 왜 이렇게 표현했느냐고 질문한다면 답은 '표본 집단'의 '평균'과

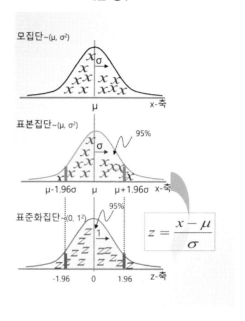

[그림 2－40] 구간 추정 개요도－정보가 1개인 경우

'표준 편차'는 모르지만 '표준화 집단'은 '평균'은 '0'과 '표준 편차'는 '1'이라는 것을 알고 있기 때문에 이를 이용한 결과이다. '표준 정규 분포'에서는 '평균'과 '표준 편차'를 알고 있으므로 면적이 '95%'를 가르는 좌우측 'z'값을 미니탭의 「계산(C)> 확률 분포(D)> 정규 분포(N)…」에서 '역 누적확률(I)'을 선택한 뒤 '평균: 0', '표준 편차: 1', '입력 상수(N)'에 '0.025'와 '0.975'를 넣으면 '－1.96', '＋1.96'을 각각 얻는다. 이를 이용해 '표본 집단'의 대응하는 'x값'을 얻으려면(95%를 가르는 두 값) '$z = (x － μ) / σ$'에서 'z'에 '－1.96'과 '1.96'을 각각 대입한 뒤 'x'만 남기고 이항해 정리하면 'μ－1.96σ'와 'μ＋1.96σ'를 얻는다. **'표본 집단'에서 '95%'를 가르는 두 구간 값이 각각 'μ－1.96σ'와 'μ＋1.96σ'가 되므로 적어도 우리가 얻은 '120분'은 이 구간 사이에**

들어 있을 것이라고 **95% 자신 있게 얘기할 수 있게 된다.** 소요 시간의 95%
가 들어 있는 구간이므로 우리가 얻은 값이 얼마인지 몰라도 필시 이 구간 안
에 '95%의 확률'로 포함될 것이라고 얘기할 순 있다. 이 과정을 수학적으로는
어떻게 표현할까? 다음 식 (2.23)과 같이 요약된다. 즉

$$0.95 = \Pr\{\mu - 1.96\sigma < 120 < \mu + 1.96\sigma\} \qquad (2.23)$$

이다.

해석하면, 모집단에서 하나의 값을 추출했을 때(여기서는 소요 시간 120분),
이 값은 '**μ − 1.96σ**'와 '**μ + 1.96σ**' 사이에 있을 것이라고 **95% 확신**한다. 또는
'**μ − 1.96σ**'와 '**μ + 1.96σ**' 사이에 있을 **확률이 0.95(또는 95%)**라고 표현한다.

⑦ 모평균 추정하기: 여기까지 진행됐다면 이제 하나만 남겨둔 상태다. 지
금까지는 하나의 표본이 '0.95'의 확률로 포함될 수 있는 구간을 설명했으나
우리가 최종적으로 얻고자 하는 모집단의 평균을 '구간 추정'하는 설명은 아
직 하지 않은 상태다. 이 작업은 다음과 같이 간단한 수학적 처리를 통해 이
뤄진다. 즉 식 (2.23)의 수학적 표현에서 'μ'와 '120'은 부등호를 사이에 두고
있으므로 이들을 서로 이항시켜 정리한다. 간단히 '대수 변환'이라고 표현한
다. 기억을 되살려 중학교인가 고등학교에서 '$x - 30 > 6$'과 같은 문제를 풀고
있다고 상상해보라. 'x'만 왼쪽에 남기고 나머지는 오른쪽으로 이항해서 계산
하는 과정에 능숙할 것으로 믿는다. 그 결과는 다음 식 (2.24)와 같다.

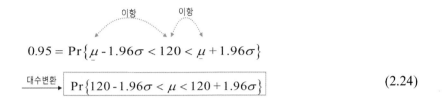

$$0.95 = \Pr\{\mu - 1.96\sigma < 120 < \mu + 1.96\sigma\}$$

대수변환 → $\Pr\{120 - 1.96\sigma < \mu < 120 + 1.96\sigma\}$　　　　(2.24)

간단히 대수적 변환만 수행했는데 그 결과는 가히 놀라운 발견에 이른다. 즉 모집단으로부터 단 한 개의 표본만 추출했을 뿐인데 그 하나의 값만으로도 **모집단의 평균 'μ'가 '120 − 1.96σ'와 '120 + 1.96σ' 사이에 있을 것이라고 95% 자신 있게 얘기할 수 있게 된 것이다!** 물론 이때 모집단의 '표준 편차, σ'를 알아야 한다는 전제가 있긴 하지만…. 리더들을 대상으로 교육하는 중에 이와 같은 간단한 대수적 변환을 통해 우리는 모집단의 진실한 평균이 어느 범위에 있을 것이라고 95% 자신 있게 얘기할 수 있다는 놀라운 발견을 강조할 때면 가끔 멋쩍게 끝나곤 한다. 사실 놀라는 교육생이 전혀 없기 때문이다. 그래서 다시 이렇게 부연한다. "우리가 모집단을 알려고 하는 것은 세 가지밖에 없다. '분포(모양)', '평균', '표준 편차'다. 그런데 우리는 모집단의 이와 같은 정보를 통상 알지 못한다. 이때 모집단으로부터 단 하나의 표본을 추출한다면 그것만 가지고도 모집단의 평균을 95%의 자신감을 갖고 맞출 수 있다. '95%'란 '100%'에 근접한 높은 믿음을 주는 양이므로 이렇게 얻어진 구간 값은 제3자를 설득할 정도의 충분한 신뢰성을 줄 수 있다"라고.

여기까지 혹 이해하지 못한 부분이 있으면 앞쪽을 다시 반복해 읽어주기 바란다. 이후부터는 지금까지의 과정을 그대로 응용해서 진행되기 때문이다.

이제 응용적 측면에서 한 발짝 더 디뎌보자. 만일 모평균을 99% 확신하는 구간으로 추정하면 어떻게 될까? 아무래도 신뢰의 정도를 95%보다 99% 또는 심지어 100%까지 가져갈 수도 있지 않을까 하고 의문을 가질 수 있기 때문이다. [그림 2–41]에서 95%라고 하는 것은 '표본 집단'에서 중심 면적이 전체의 95%를 차지한다는 것을 의미하며, '신뢰 구간'은 당연히 'x-축'에서 그 면적을 가르는 좌우측 두 값을 나타낸다는 것은 설명하였다. 그렇다면 '신뢰 수준, 99%'라고 하는 것은 '표본 집단'에서의 중심 넓이가 '99%'이고, 따라서 이를 가르는 좌우측 두 값은 이전 95%보다 더 바깥쪽에 위치한다. 즉 구간이 길어진 것인데 이것은 당연한 결과이다. 넓이(신뢰 수준)가 커졌으므로 그를 가르는 'x-축'의 절댓값도 커질 것이기 때문이다.

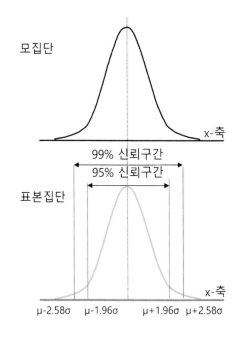

[그림 2–41] '95% 신뢰구간'과 '99% 신뢰구간'의 비교

'신뢰 수준, 99%'라는 것은 결국 구간이 증가하는 것이므로 '모평균'이 그 구간 안에 실제 존재할 가능성도 커진다. 만일 '모평균'이 어느 구간 안에 있을 것으로 확실하게 얘기하고 싶으면 '신뢰 수준'을 '100%'로 잡는다. 이것은 '표본 집단'의 면적이 100%가 되는 것이고 이에 따른 '신뢰 구간'은 100%를 가르는 좌우 측 'x값'들이 될 것이므로 '$-\infty$'와 '$+\infty$'의 두 구간 값을 갖는다. 이 구간 안에 모집단의 평균은 당연히 들어 있을 것이므로 100% 확신을 가질 수 있다. 그러나 이런 접근은 통계적으로 아무런 의미를 갖지 못한다. 모평균을 알기 위해 모든 값을 선택한다니 말이 되겠는가? 이것이 늘 '95% 수준'을 언급하는 이유이고 그럼으로써 5%의 잘못 판단할 가능성을 항상 배려

해둔다. 교육 중에 이 부분을 형사 사건의 용의자를 빗대어 설명하곤 한다. 즉 어떤 범죄자를 100% 확실하게 잡으려면 우리나라 5천만 전체 인구를 용의자로 보고 유치장에 잡아넣으면 된다. 그렇다면 범인(모평균)은 확실히 그 안에 있을 것이라고 100% 확신할 수 있다. 이런 일은 있어도 안 되겠지만 현실적으로 있다 해도 의미 있는 결과는 아닐 것이다.

용의자를 줄이기 위한 의미 있는 활동은 범인에 대한 단서나 증거를 확보하는 일이고 이것은 곧 '정보'에 해당한다. 확실한 '정보'는 진짜 범인을 잡기 위해 용의자(신뢰 구간)를 줄일 수 있는 단서로 작용한다. '소요 시간'의 예에서 '정보'는 무엇일까? '정보'는 곧 조사 담당자가 수집한 측정값 '120분'이다. 정보의 양이 많아지면 범인으로 판단할 단서도 많아지는 것이므로 용의자(신뢰 구간)를 여럿(크게) 가져갈 필요가 없다. 이와 관련된 내용은 앞으로 계속해서 반복될 것이다.

이제 지금까지 설명된 내용을 기반으로 실제 '신뢰 구간'을 구해보자. 편의상 '모집단'은 이전과 같은 $\sim N(\mu, 5^2)$, 즉 '표준 편차'만 알고 있다고 하고, 여기서 하나의 표본 '120분'을 추출했다고 가정하자. '신뢰 수준 95%'에서 '모평균'을 추정할 수 있는 '신뢰 구간'을 구하면 이전 식 (2.24)을 이용한다. 과정을 수학식으로 나타내면 다음 식 (2.25)와 같다.

$$
\begin{aligned}
0.95 &= \Pr\{120 - 1.96\sigma < \mu < 120 + 1.96\sigma\} \\
&= \Pr\{120 - 1.96 \times 5 < \mu < 120 + 1.96 \times 5\} \\
&= \Pr\{120 - 9.8 < \mu < 120 + 9.8\} \\
&= \boxed{\Pr\{110.2 < \mu < 129.8\}}, \quad \text{또는} \quad \boxed{95\% \text{ CI } [110.2, 129.8]}
\end{aligned}
\tag{2.25}
$$

글로 표현하면 '모집단'에서 하나의 표본을 추출했을 때, <u>'모평균'은 110.2~129.8 사이에 있을 것으로 95% 확신</u> 있게 얘기하거나 또는 <u>110.2~129.8</u>

구간 내에 모평균이 존재할 확률이 0.95(95%)라고 한다. 이렇게 구간으로 '모평균'을 추정하는 것이 '120'이라고 단정 짓는 '점 추정'과의 차이점이라고 할 수 있다.

이제부터 데이터가 두 배인 '2개'로 늘어나는 경우의 '구간 추정'을 계산해 보자. 데이터가 한 개에서 두 개로 늘어나므로 정보의 양도 두 배라고 볼 수 있으며, 따라서 결과도 좀 더 긍정적으로 나오리란 기대감이 생긴다. 설명을 위해 다시 대전 톨게이트에 조사 담당자를 파견해 서울에서 대전 톨게이트에 도착한 승용차를 대상으로 두 개의 소요 시간을 확보했다고 가정하자. 과거와 달리 동일한 현상을 설명할 두 개의 데이터를 확보했으므로 가장 합리적인 표현 방법은 두 데이터를 '산술 평균'하는 것이다. 두 데이터가 각각 '120분'과 '112분'이라고 가정하자. 이의 '산술 평균'은 '(120 + 112) / 2 = 116'이다. '116분'도 역시 하나의 값이므로 결국은 '모평균'을 추정하는 '점 추정' 값들 중 하나에 해당한다.

'구간 추정'을 위해 동일하게 '분포'가 필요하다. 이를 위해 머릿속 상상으로 두 개씩 계속해서 뽑은 뒤 각 쌍끼리 '산술 평균'을 낸 다음, 이어 '표본 평균'들로 '표본 평균의 분포'를 만들어낸다. 이것은 「2 - 3. '중심 극한 정리' 확인(정규 분포의 가법성을 활용)」에서 동일한 내용을 설명한 바 있다. 이제 '모집단'에서 두 개씩 추출한 값들로 '산술 평균'을 내서 분포를 만들면 다음 [그림 2 - 42]의 가운데 그림이 될 것이다. 한 개씩 뽑을 때와의 차이점은, ① 평균은 모집단 평균과 동일하나 '표준 편차'가 '$1/\sqrt{2}$'배만큼 줄어든다. 그림에서 분포가 이전보다 좁혀진 상태를 관찰할 수 있다. 이것은 [그림 2 - 40]에서 '모집단'과 '표본 집단'의 분포 모양이 동일했던 것과도 비교된다. 또, ② 축에 있어 표본이 한 개인 경우의 분포는 'x - 축'이었지만 여기서는 '$\bar{x}$ - 축'이다. 두 개 값들을 평균한 '표본 평균'들로 이뤄진 분포이기 때문이다. 따라서 분포 명칭도 '표본 평균 집단'으로 돼 있다.

③ '표준 정규 분포'로의 전환 때도 모든 상황은 매우 유사하다. 예를 들어, '$x \rightarrow \overline{x}$', '$\sigma \rightarrow \sigma/\sqrt{2}$'로 바뀌어 '$z$'값으로 변환된다. '표준 정규 분포'는 여전히 '평균'이 '0', '표준 편차'가 '1'이므로 모양에 변동은 없다. 이 경우의 '구간 추정'을 위한 '신뢰 구간'은 어떻게 구할까? 통상 '95% 신뢰 수준'의 구간을 얘기한다고 했으므로 식 (2.24)을 그대로 가져다 변화된 항목만 바꾸어준다. 표본이 한 개인 그림과 두 개인 그림의 차이점은 '$x-$축 $\rightarrow \overline{x}-$축', '$\sigma \rightarrow \sigma/\sqrt{2}$'로 변화된 것 외에는 모든 상황이 동일하다는 것을 다시 한번 강조하는

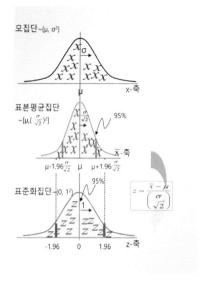

[그림 2-42] 구간추정 개요도-정보가 2개인 경우

바이다. '신뢰 수준 95%'인 '신뢰 구간'을 구하면 다음 식 (2.26)과 같다.

$$
\begin{aligned}
0.95 &= \Pr\left\{\overline{x} - 1.96 \frac{\sigma}{\sqrt{n}} < \mu < \overline{x} + 1.96 \frac{\sigma}{\sqrt{n}}\right\} \\
&= \Pr\left\{116 - 1.96 \times \frac{5}{\sqrt{2}} < \mu < 116 + 1.96 \times \frac{5}{\sqrt{2}}\right\} \\
&= \boxed{\Pr\left\{109.07 < \mu < 122.93\right\}} \;,\; \text{또는} \quad \boxed{95\% \; CI \; [109.07, 122.93]}
\end{aligned}
\qquad (2.26)
$$

'소요 시간(정보)'이 1개일 때의 '신뢰 수준 95%'의 '신뢰 구간'은 '110.2∼129.8'이었고, 그 폭은 '19.6(=129.8-110.2)'인 반면, '소요 시간'이 2개, 즉 정보가 두 배로 늘어난 똑같은 '신뢰 수준'에서의 '신뢰 구간'은 '109.07∼

122.93'으로 구간 폭은 '13.86(= 122.93 − 109.07)'으로 수치가 줄어든 것에 주목하라. 즉 '모평균'은 '표본 분포' 중앙에 가만히 있는데 그를 추정해내는 구간이 점점 조여들어 오는 양상으로 '추정의 정밀도'는 자꾸 높아지고 있음을 알 수 있다.

좀 더 사고를 확장시켜 대전 톨게이트에서 세 대의 승용차를 대상으로 소요 시간 3개를 얻는 경우를 생각해보자. 그 값은 '120', '112', '129'라고 가정한다. 역시 모평균을 추정하기 위해 이들을 효율적으로 활용하는 방안은 '평균'을 내는 일이다. '평균'은 '(120 + 112 + 129) / 3 = 120.33'이다. 즉 모평균의 '점 추정' 값은 '120.33'이다. 이제 '신뢰 수준 95%'에서 모평균을 '구간 추정'해보자. 이를 위해 이전에 설명했던 '표본 크기=3개'의 '산술 평균'으로 이뤄진 '표본 분포'가 필요하다. 머릿속 상상으로 세 개씩 굉장히 많은 표본 수를 뽑은 뒤 각 '산술 평균'을 통해 '정규 분포'를 그린 결과가 [그림 2 − 43]의 가운데 분포이다. 물론 이때도 '중심 극한 정리'에 의해 두 개인 경우보다 '표준 편차'가 줄어들어 있음은 두말할 나위도 없다. 즉 '$\sigma/\sqrt{3}$' 가 될 것이다.

이때 '표본 평균'의 분포는 '표준 편차'가 줄어들었으므로 넓이 자체는 전체 대비 여전히 '95%'지만 표본이 한 개나 두 개인 경우와 비교해 구간 폭이 줄어들고 있음을 관찰할 수 있다. 당연한 결과다. 정보의 양(표본 크기)이 늘어날수록 '표준 편차'가 줄

[그림 2 − 43] 구간추정개요도 − 정보가 3개로 늘어난 경우

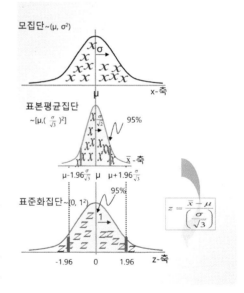

어들므로 95% 넓이를 가르는 두 구간 한계점은 점점 근접하게 된다. 이를 다시 수식으로 표현하면 다음 식 (2.27)과 같다.

$$
\begin{aligned}
0.95 &= \Pr\left\{\bar{x} - 1.96\frac{\sigma}{\sqrt{n}} < \mu < \bar{x} + 1.96\frac{\sigma}{\sqrt{n}}\right\} \\
&= \Pr\left\{120.33 - 1.96 \times \frac{5}{\sqrt{3}} < \mu < 120.33 + 1.96 \times \frac{5}{\sqrt{3}}\right\} \\
&= \boxed{\Pr\{114.67 < \mu < 125.99\}} \text{, 또는 } \boxed{95\% \text{ CI } [114.67,\ 125.99]}
\end{aligned}
\tag{2.27}
$$

지금까지의 결과를 일반화시켜 '표본 크기'를 '4개, 5개… n개' 등으로 늘려가면 어떻게 될지 상상해보자. 'n'에 이른다면 '95% 신뢰 수준'의 '신뢰 구간'은 '중심 극한 정리'에 의해 '$1/\sqrt{n}$'배만큼의 축소되는 변화를 겪는다. 정보가 늘어난 양만큼 '모평균'을 집어낼 가능성은 그만큼 증가한다(추정 정밀도가 높아진다). 지금까지 얻은 결론을 표로 만들어 추이를 관찰해보자. 다음 [표 2-18]은 '표본 크기(정보)'에 따른 '신뢰 구간'과 '구간 폭'의 변화를 나타내고 있다.

[표 2-18] 표본 크기에 따른 신뢰 구간과 구간 폭의 변화

표본크기	95%CI(신뢰구간)	구간 폭	비고
한 개	(110.20, 129.80)	19.60	구간 폭은 (큰 값-작은 값)
두 개	(109.07, 122.93)	13.86	
세 개	(114.67, 125.99)	11.32	

이 결과만 놓고 보면 '표본 크기'를 늘려갈수록 '신뢰 구간 폭'은 줄어들고

있음을 알게 된다. 동일한 95% 넓이임에도 '표본 평균 분포'의 '표준 편차'가 '중심 극한 정리'에 의해 줄어들기 때문에 나타나는 현상이다. '모평균'을 추정하기 위한 구간이 줄어드는 것은 범인(모평균)을 잡기 위한 용의자(신뢰 구간) 수가 줄어드는 논리로 해석하면 이해가 쉽다. 따라서 '표본 크기'를 크게 가져갈수록 '신뢰 구간 폭'은 더욱더 줄어들고, '모평균'은 그 작아진 구간 안에 존재하게 될 것이므로 <u>추정의 정밀도는 급격히 증가한다.</u>

'구간 추정'의 의미를 다시 한번 되뇌면, 모집단 정보를 알고자 할 때 할 수 있는 일은 그로부터 표본을 추출해 가늠할 수밖에 없다. 이때 <u>할 수 있는 유일한 시도가 '표본 크기'를 조절하는 것인데, 바로 이 '표본 크기'에 따라 모평균을 추정할 수 있는 능력이 결정된다.</u> '구간 추정'은 하나의 값으로 이뤄진 '점 추정'보다 더욱 합리적인 모평균 추정 방법이다. '표본 크기'를 할 수 있는 한 크게 가져갈 수 있으면 말이다. 통상 '연속 자료'의 경우 '표본 크기'가 '최소 5개 이상'이면 적절하다고 알려져 있다.

'구간 추정'을 설명하기 위해 참 많은 사전 지식이 필요했음을 느꼈을 것이다. 여기까지 전개된 내용 중 이해가 잘 안 되는 부분이 있으면 적절한 단계로 돌아가 다시 복습해보기 바란다. 그리고 곰곰이 생각해보면 통계적 원리가 아주 단순하고 당연한 논리로 구성돼 있음도 알게 된다. '중심 극한 정리'를 이해한다는 전제 조건을 달고 있지만 말이다. '구간 추정'을 무리 없이 소화했으면 다음에 논할 '가설 검정'은 정확히 학습한 내용의 연장선상에 있으므로 이해하는 데 더욱 탄력을 받을 수 있다. 그전에 '표본 크기' 유도 과정에 대해 알아보자.

표본 크기(Sample Size)에의 응용

과제 리더가 자주 하는 질문이 있다. "이 경우는 '표본 크기'를 몇 개 가져가야 하나요?", 또는 "이 같은 통계 검정에서 세 개밖에 준비할 수 없는데 괜찮은 겁니까?" 모두 통계 처리를 위해 필요한 '표본 크기'를 묻는 질문이다.

대통령 선거를 떠올려보자. 홍길동 후보의 지지율을 미리 알고자 할 때 유권자 전체를 대상으로 설문하면 절차상 오류가 없는 한 100% 확실하게 당선 여부를 알 수 있다. '유권자 전체'는 곧 '모집단'을 의미하기 때문이다. 그러나 현실적으로 모두에게 설문하는 경우는 없다. 비용과 시간을 감당하기 어렵거니와 모두가 응답하리란 보장도 없다. 결국 할 수 있는 대안은 유권자 일부를 대상으로 전체를 유추하는 방식이 가장 효율적이다. 이때 똑같은 의문에 봉착한다. 즉 몇 명에게 물어봐야 하는가이다.

적정 '표본 크기'를 알아내려면 일관되게 유추할 수 있는 관계식이 필요하다. 이때 '구간 추정'에서 얻었던 '신뢰 구간'이 요긴하게 이용된다. 예를 들어 식 (2.27)처럼 '모평균'을 추정하는 식을 다음에 다시 옮겨놓았다.

$$0.95 = \Pr\left\{\overline{x} - 1.96\frac{\sigma}{\sqrt{n}} < \mu < \overline{x} + 1.96\frac{\sigma}{\sqrt{n}}\right\} \qquad (2.28)$$

식 (2.28)을 일반화시키면 다음 식 (2.29)와 같다.

'μ'가 포함될 확률'p(or 신뢰 수준, or $1-\alpha$)'는 $\qquad\qquad$ (2.29)
$$p = \Pr\left\{\overline{x} - z_{(1-\alpha/2)}\frac{\sigma}{\sqrt{n}} < \mu < \overline{x} + z_{(1-\alpha/2)}\frac{\sigma}{\sqrt{n}}\right\}$$

또는, 간단히
$$\overline{x} \pm z_{(1-\alpha/2)}\frac{\sigma}{\sqrt{n}} \quad --------------\ a)$$

식 (2.29)의 'a)'는 '표본 평균'인 '$\overline{x}$'에 '$z_{(1-\alpha/2)}(\sigma/\sqrt{n})$'를 더하고 뺀 구조

이다. 이때 '$z_{(1-\alpha/2)}(\sigma/\sqrt{n})$'를 '표본 오차(Sampling Error)'라 하고 그 안에 포함된 '$\sigma/\sqrt{n}$'는 '표준 오차(Standard Error)'로 앞서 학습했던 '중심 극한 정리'의 산물이다. 중요 관심사는 바로 '표본 크기(n)'가 '표본 오차'에 들어 있다는 점이다. 따라서 '표본 오차'를 'd'라 놓을 때 '표본 크기'에 대한 다음의 일반식을 얻는다.

$$d = \pm\, z_{(1-\alpha/2)} \frac{\sigma}{\sqrt{n}} \qquad\qquad\qquad (2.30)$$
$$\therefore n = \frac{z_{(1-\alpha/2)}^2 \sigma^2}{d^2}$$

식 (2.30)을 적용해서 대통령 선거 때 TV에서 자주 접하는 지지율 상황을 재현해보자. 예를 들어, 설문 결과로 "홍길동 지지율은 52%로 나타났습니다. 이번 조사는 전국 성인 남녀 유권자 1,000명을 대상으로 '표본 오차'는 '95% 신뢰 수준'에 '±3.1%p'입니다"였다고 하자. 이로부터 홍길동 지지율은 재측정할 때마다 '52±3.1%', 즉 '48.9～55.1%'에 있다고 95% 자신 있게 얘기할 수 있다. 이때 '표본 오차(d)'는 식 (2.30)을 통해 다음과 같이 얻는다.

$$d = \pm\, z_{(1-\alpha/2)} \frac{\sigma}{\sqrt{n}} \qquad [\because \text{비율에 대한 } \sigma^2 \text{의 추정치} = p(1-p)] \quad (2.31)$$
$$= \pm\, z_{(1-0.05/2)} \times \frac{\sqrt{p \times (1-p)}}{\sqrt{1,000}} \qquad [\because \text{'표본 오차'의 최댓값} = 0.5*0.5]$$
$$= \pm\, z_{0.975} \times \frac{\sqrt{0.5 \times (1-0.5)}}{\sqrt{1,000}} = \pm\, 1.96 \times \frac{\sqrt{0.5 \times (1-0.5)}}{\sqrt{1,000}}$$
$$\cong \pm\, 0.03099 \,(\text{약}\, 3.1\%p)$$

식 (2.31)에서 'p'는 '표본 비율'이나 그 기댓값을 얻는 게 현실적으로 어려우므로 오차를 최대로 하는 '0.5'를 넣어서 계산한다. 물론 원하는 '표본 오차'를 정해주면 그에 맞는 '표본 크기(n)'도 얻을 수 있다.

　이어 설명될 '가설 검정' 경우 여러 통계적 검정 도구들로부터 유의성 검정이 이루어지며, 이때 해당 '검정 통계량'별로 적정 '표본 크기'를 계산할 수 있다. 즉 검정이 있을 때마다 '적정 표본 크기'의 확인은 반드시 수행해야 할 매우 중요한 활동 중 하나이다. 그러나 더 자세한 내용은 범위를 벗어나므로 이 정도 수준에서 마무리한다. '표본 크기'에 좀 더 관심 있는 독자는 미니탭 「통계분석(S) > 검정력 및 표본 크기(P)」의 내용을 참고하기 바란다.

가설 검정(Hypothesis Testing)에의 응용

　'가설'의 사전적 정의는 "일련의 현상(現象)을 설명하기 위하여 어떤 학설을 논리적으로 구성하는 명제(命題)"로 돼 있지만, 좀 쉽고 간단히 표현하자면 "확인되지 않은 모든 것"이라고 말하고 싶다. 즉 회의석상에서 누군가 매출이 올랐다고 주장하거나, 프로세스의 특정 항목의 평균이 변했다거나, 심지어 사내 A 군과 B 양이 사귀고 있다든가 등 모든 설명은 '가설'로 보되, 객관적 자료를 이용해 제3자를 납득시키면 이를 '검정(Test)'이라고 한다. 따라서 '검정'하는 방법은 데이터를 통해 이해를 시키든, 사진을 갖고 하든, 아니면 일련의 이론식을 통해 설명하든 상관이 없다. 이런 경우 처음의 경우를 '정량적', 두 번째 경우는 '정성적', 세 번째는 '기술적'이라고 하는 수식어가 붙는다. 만일 가설을 확인시키기 위해 일련의 '분석'이 들어가면 앞서 언급된 수식어에 단어 '분석'을 합쳐 '정량적 분석', '정성적 분석', '기술적 분석'으로 불린다.

　'가설 검정'의 주제를 세부적으로 들어가기 전에 우리를 괴롭히는 것들이 있는데 바로 용어다. 예를 들면 'α 오류', 'β오류', '검정력', '유의 수준' 등

끊임없이 쏟아져 나오며 좀 더 깊이 있게 파고자 하는 선량한 리더들의 의욕을 떨어뜨린다. 이들 용어 정의를 이번 기회에 아주 확실히 짚고 넘어가자. 교육 중 '가설 검정'에 들어가기 전 전체를 한 번에 요약해 전달하곤 하는데 가장 효율적인 방법으로 **'식인종 씨어리(Theory)'**를 이용한다. '식인종'은 필자의 이름이 "송인식"인데 거꾸로 읽으면 '식인종'이 된다고 초등학교 4학년 때 붙여진 별명이다. 통상 여러 책자나 교육 참석을 통해 '가설 검정'에 포함돼 있는 용어들을 배우곤 했으나 필자조차도 교육 당시는 물론 그 이후에도 정확히 이해하기 어려웠던 게 사실이었다. "식인종 씨어리!" 가장 훌륭한 창조적 작품이라고 강하게 주장하는 바이다!

아프리카의 어느 밀림에 '푸카푸카'라는 식인종 부족이 살고 있었다. 이 부족은 키가 아주 작기로 소문나 있었는데, 추장이 가장 염려하는 것은 다름 아닌 수천 년간 유지해온 순수 혈통이 타 부족과 섞여 한순간에 무너지고 마는 것이었다. 최근의 젊은 부족인들을 중심으로 타 부족에 대한 동경심이 커지고 있고, 외지를 넘나드는 것도 암암리에 성행하고 있다는 정보는 추장에겐 충격으로 다가왔다. 따라서 다른 부족이라고 판단되면 가차 없이 기름구덩이에 넣어 '꿀떡'해버리는 것이 하나의 전통으로 여겨지고 있었다. 그런데 불행히도 인근 밀림에 '피크피크'라고 하는 아주 키가 큰 또 다른 식인종 부족이 거주하고 있었는데 이 부족은 키가 큰 것을 빼고는 '푸카푸카' 부족과 외모가 너무도 흡사해 추장이 경계 1호로 삼는 대상이었다. 따라서 '푸카푸카' 추장은 매년 말이면 부족의 구성원들을 모아놓고 키를 잰 뒤 히스토그램을 작성하거나 분포로 관리하는 일을 게을리하지 않았다. ― 물론 식인종 추장이 '정규 분포'를 어떻게 이해하고 관리가 어떻게 가능할 것이냐고 주장할지 모르겠으나 이는 식인종이 우리보다 열등할 것이라는 인종 차별적 근거의 발로이므로 선량하고 민주적인 우리 독자는 이와 같은 상황을 너그럽게 받아들이고 이해해줄 것이라 짐작하는 바이다. 분포는 '정규 분포'를 보이며 '평균'은 '140cm',

'표준 편차'는 '5cm'임이 최근의 측정으로 확인되었다. 그런데 추장은 과거부터 이어져온 이와 같은 관리에 뭔가 한계가 있음을 직시하고 있었다. 그것은 도대체 이 분포에서 어느 정도의 키 이상이 돼야 우리 부족이 아니라고 판단할 것이냐 하는 것이었다. 분명히 '평균'은 '140cm'지만 빈도는 낮아도 '160cm' 대가 나올 수도 있고, 또 그 이상이 나올 가능성도 늘 있었기 때문이다. 또 매년 분포를 그릴 때마다 '평균'과 '표준 편차'가 조금씩 변화돼 특정 키 값을 정해 그의 부족 여부를 판단하는 것도 석연치 않았다. "기준을 정하는 무슨 좋은 방법은 없을까? 우리 부족인지 아닌지 합리적으로 정하는 방법 말이다." 추장이 늘 고민하는 대목이었다. 그러던 어느 날 추장은 다음과 같은 결심을 하게 된다. "그래, 어차피 100% 우리를 확인하는 방법은 없어. 좀 피해를 보더라도 혈통을 대대손손 이어 나갈 수 있는 유일한 방법은 기준을 정해버리고 그 이상이면 잡아먹어버리고, 그 안으로 키 값이 들어오면 우리 부족으로 판단하자. 그리고 매년 평균 등이 변하지만 분포만은 정규성을 띠므로 오른쪽 맨 끝 면적이 5%를 경계 짓는 'x – 축' 값을 기준으로 삼자. 그러면 '평균'이나 '표준 편차'가 변하더라도 '정규 분포'이면 늘 '5%' 넓이는 존재할 것이고 그에 따른 'x – 축' 값을 그때그때 경계 삼으면 시간에 따른 키의 성장 경향도 수용할 수 있을 것 아닌가?" 이런 결론에 도달한 추장은 금년에 측정된 부족 키 ~N(140cm, 5^2)을 이용하여 '정규 곡선'을 그린 뒤, 오른쪽 끝 넓이가 전체의 '5%' 되는 시점을 찾아보았다. 이 값은 '148.22'임을 쉽게 계산할 수 있었다. 이 결과는 다음 [그림 2 – 44]에 나타나 있다. 능숙한 리더라면 미니탭 「계산(C)> 확률 분포(D)> 정규 분포(N)…」에서 "역 누적 확률, 평균(M): 140, 표준 편차(S): 5, 입력 상수(N): 0.95"를 입력해 바로 얻을 수 있다. 추장이 임의로 정해버린 기준은 적어도 분포가 바뀌는 내년까지는 계속해서 사용할 것이다. 기준 없이 판단할 순 없으므로 추장의 이 같은 기준 설정 방법을 일단은 객관적이며 합리적인 결단으로 받아들이자.

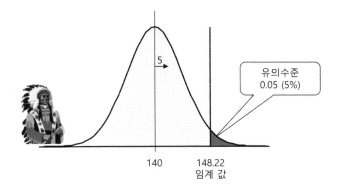

[그림 2-44] '유의 수준' 설명을 위한 개요도

유의수준
0.05 (5%)

140   148.22
임계 값

  앞서 추장이 기준을 설정하기 위해 확률 또는 넓이로 정한 최댓값 '0.05(또
는 5%)'를 '**유의 수준(Significance Level)**'이라고 한다. 또, 넓이가 가르는 'x
-축' 값 '148.22'를 '**임계 값(Critical Value)**'이라고 한다. '유의 수준'은 좀
심하게 예기하면 추장이 마음대로 정한 값이므로 언제나 변경이 가능하다.
'1%'도 가능할 것이고, '10%'도 가능하다. '유의 수준'이 바뀌면 당연히 그를
가르는 '임계 값'도 변한다. 만일 '1%', '5%', '10%' 등으로 변할 때 판단에
어떤 영향을 미치는지 이후에 논해보기로 하자.
  '유의 수준'을 좀 더 알아보면 '정규 분포'는 '푸카푸카' 부족의 것이므로
추장이 정한 '임계 값=148.22cm 이상'의 키의 소유자도 역시 '푸카푸카' 부족
임에 틀림없다. 그런데도 불구하고 추장이 정한 이 기준 때문에 '148.22cm'
이상의 키에 해당되는 동족을 잡아먹어야 하는 사건은 피할 수 없는 숙명이
돼버렸다. 교육 중에 이 같은 오류를 무엇이라 하는지 물었더니 대뜸 어느 리
더가 "동족상잔의 비극이요"란다. 모두 웃어버렸다. '최대 5%'까지 동족을 잡
아먹어야 하는 상황이 벌어질 수 있다는 점 기억해두기 바란다.
  자, 이제 상황을 좀 더 진전시켜 보자. 어느 날 새벽, 추장이 오줌이 마려워

부스스한 채로 일어나 화장실에 들어가 일을 보게 되었다. 마침 달도 없는 그 믐이라 칠흑 같은 상황이었는데 언뜻 부스럭거리는 이상한 소리를 듣게 된 추 장은 소리 나는 곳으로 살금살금 다가가 보았다. 그곳에는 분명 누군가가 낮 은 포복으로 기어오는 듯한 모습이 관찰됐고 이를 수상히 여긴 추장은 5분 대 기조(?)를 출동시켜 이방인(이라고 생각되는)을 잡아들였다. 결박된 이방인을 보건대 분명 추장보다는 큰 키임이 확인되었고 '혹시나' 하는 노파심에 추장 은 곧바로 야자나무에 그려진 작대기에 그 젊은 식인종을 세워 키를 확인해보 았다. 공교롭게도 키는 정확히 '160cm'로 판명되었다. 이 시점에 추장이 할 수 있는 판단은 과연 무엇일까? 이방인은 분명히 기준으로 정한 '148.22'의 키를 훌쩍 넘어섰다. 따라서 추장이 할 수 있는 일(의사 결정 또는 판단)은 단순하 다. 바로 이방인을 끓는 솥에 넣어버리는 것이다. 또 새벽이므로 출출한 김에 포획에 참여해 공을 세운 5분대기 조원들에게 야식 거리를 제공한다.

[그림 2 - 45] 'p - 값' 설명을 위한 개요도

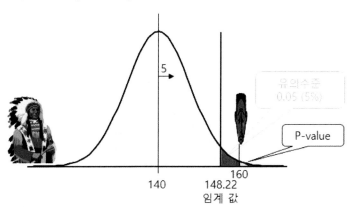

아아! 그런데 이게 웬일인가. 다음 날 한 가족의 장남이 실종됐다는 신고가 추장에게 들어왔고 급기야는 새벽에 잡아먹은 그 이방인이 자기의 부족이었음

이 확인되었다. 추장은 자신이 행한 의사 결정에 책임을 져야 할 의무는 없었으나 오류가 있었음은 인정할 수밖에 없었다. 오류란 '그 이방인이 자신의 부족이었음에도 타 부족이라고 판단'한 것이었다. 이와 같이 '기존과 동일한데 또는 차이가 없는데도 불구하고 다르다고 또는 차이가 있다고 판단'하는 경우를 'α 오류' 또는 '**제1종 오류(Type Ⅰ Error)**'라고 한다. 현실에서는 생산자가 양산 제품 중 일부를 검사하면서 "양품인데, 즉 우리 부족인데 불량이라고, 즉 타 부족이라고 판단"하는 경우이며 이때, 손해 보는 쪽이 생산자이므로 '**생산자 위험(Producer's Risk)**'이라고 명명하기도 한다. 이 오류의 최댓값을 '유의 수준'이라고 설명한 바 있다. 그렇다면 현재의 예에서 추장은 이방인의 키 '160cm'를 측정한 순간 이 청년은 적어도 '160cm' 이상의 집단에서 온 녀석으로 짐작하게 된 것인데, 이렇게 측정한 '160cm' 이상의 집단을 표시한 넓이를 '$p-value$'라고 한다. 넓이는 미니탭 '계산(C)> 확률 분포(D)> 정규 분포(N)…'에서 '누적 확률(C), 평균(M): 140, 표준 편차(S): 5, 입력 상수(N): 160'을 입력하면 '0.999968'을 얻는다. 구하려는 오른쪽 넓이는 '1'에서 뺀 값이므로 '1 - 0.999968 = 0.000032', 즉 '0.0032%'에 해당한다.

키를 측정한 순간(즉 데이터를 얻은 순간) 추장이 판단할 수 있는 방법은 두 가지다. 측정한 이방인의 키가 '임계 값'보다 큰지 작은지를 보는 일과, 키가 오른쪽 넓이에 해당하는 '5%'보다 큰지 작은지를 보는 경우이다. 어느 것으로 하든 척도만 다를 뿐 결론은 같다. 본 예는 '(임계 값=148.22)<(측정값=160)'이므로 추장 부족이 아닐 것이라는 판단을, 또 '(유의 수준 5%)>(p - 값 0.0032%)'이므로 역시 추장 부족이 아닐 것이라는 동일한 결론에 이른다. [그림 2 - 45]를 보며 글을 읽으면 쉽게 이해할 수 있다.

'측정값=160cm'를 얻는 순간 이미 추장은 '0.0032%'만큼 동족을 잡아먹어야 하는 오류(α 오류)를 감내해야 한다. 그러나 한편으로 이렇게 발생 가능성이 희박한 사건의 이방인을 과연 추장 부족이라고 판단해야 하는가도 생각해

봐야 한다. 추장의 판단이 전혀 근거 없었던 것은 아니다. 이것이 '유의 수준'을 정해 의사 결정에 사용하는 이유이다.

이제 '푸카푸카' 부족의 관점에서 '피크피크' 부족의 관점으로 시각을 옮겨보자. 정보에 의하면 '피크피크' 부족의 키는 $\sim N(180cm, 6^2)$으로 밝혀졌고, '푸카푸카' 부족의 '정규 곡선'에 'x – 축'을 동일선상에 놓고 겹치면, '피크피크' 부족의 작은 키 영역이 '푸카푸카' 부족 영역으로 조금 넘어 들어가는 것이 관찰된다([그림 2 – 46]). 이는 비록 '피크피크' 부족의 평균 키가 '180cm'로 '푸카푸카' 부족에 비해 '약 40cm 이상'의 차이를 보이지만 여전히 작은 키의 소유자가 탄생할 가능성을 배제할 수 없다. 발생 확률은 작지만 존재할 것이라는 데에는 이견이 없다.

유사한 예를 들어보자. 추장이 또 새벽에 오줌이 마려워 일을 보고 화장실에서 나오는 중에 한 녀석과 마주치게 되었고 이전의 일도 있고 해서 수상히 여겨 바로 키를 재보도록 조치하였다. 측정한 결과 키는 '145cm'로 밝혀졌고 이미 정한 '유의 수준=5%', 또는 '임계 값=148.22'와 비교했을 때 이 녀석은 '푸카푸카' 부족이라고 판단하였다. 그런데 이후에 확인된 결과 이 녀석은 '피크피크' 부족의 스파이로 밝혀졌고, 수 명의 여인들이 납치되는 비극적인 사건이 발생하였다. 한 번의 잘못된 판단으로 '푸카푸카' 부족은 혈통을 유지하는 데 아주 심각한 사태를 맞이하였다. 이와 같이 추장 부족이 아님에도 불구하고 추장 부족으로 잘못 판단하는 경우를 '**β오류**' 또는 '**제2종 오류(Type Ⅱ Error)**'라고 한다. 현실에서는 생산자가 양산 제품을 검사할 때, "불량임에도, 즉 우리 부족이 아닌데 양품이라고, 즉 우리 부족이라고 잘못 판단하는 경우"이며, 이때는 소비자가 손해를 보므로 '**소비자 위험(Consumer's Risk)**'이라고 한다. 다음 [그림 2 – 46]에 'β 오류'의 영역을 표시하였다.

[그림 2-46] 'β 오류' 설명을 위한 개요도

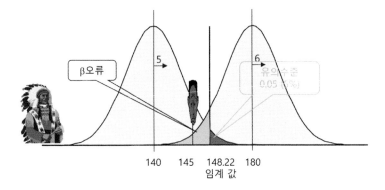

'유의 수준', '임계 값', 'α오류(또는 제1종 오류, 생산자 위험)' 'β오류(또는 제2종 오류, 소비자 위험)' 등의 용어에 대해 하나하나 알아보았다. 이제는 **'검정력(Power of Test)'**에 대해 알아보자. '검정력'은 사전적 의미로 "옳은 대립 가설을 채택하는 확률"이며, 이 값은 단순히 '1 – β'로 계산된다. 그러나 이렇게 설명하면 좀 모호할 수 있으므로 교육 중에는 다음과 같이 풀어서 설명한다. 즉 "두 집단의 평균의 차이를 구분해낼 수 있는 능력에 대한 대용 특성"이라고 생각하면 이해가 다소 수월하다. 두 집단의 평균의 차이란 '푸카푸카' 집단의 평균인 '140cm'와 '피크피크' 집단의 평균인 '180cm'이다. "이 둘의 평균은 확실히 차이가 있는데 왜 구분해낼 수 있는 능력이 필요하지?" 하고 의문을 제기할지 모른다. 그러나 가설을 검정하는 과정은 통상 둘의 차이가 있는지 없는지 모르는 상황에서 이루어지는 만큼 진실한 차이를 구분해내는 능력이 매우 필요함을 인식할 필요가 있다. 다음 [그림 2-47]은 '검정력'을 표현한 개요도이다.

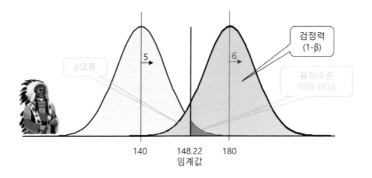

[그림 2 - 47] '검정력' 설명을 위한 개요도

검정력
(1-β)

β오류

유의수준
0.05 (5%)

140   148.22   180
임계값

　[그림 2 - 47]에서 '임계 값'의 오른쪽에 표시된 영역이 '검정력'으로, 또 추장이 설정한 '유의 수준(또는 임계 값)'이 가르는 왼편은 'β값'으로 정의돼 있으므로 결국 '검정력'은 '1 - β'로 표시된다는 것을 알 수 있다. 오른쪽 '정규분포'도 전체 넓이가 '1'이므로 이 같은 결과에 대해 따로 설명할 필요는 없을 것 같다.

　다음은 '검정력'을 크게 하는 방법에 대해 알아보자. "검정력을 크게 한다는 것"은 앞으로 있을 가설을 검정할 때 정말로 평균의 차이가 있는지 데이터로부터 확인해낼 수 있는 능력을 최대화한다는 것이다. '검정 능력을 최대화한다는 것'은 곧 추장의 예에서 그가 올바른 판단을 하기 위해 사전에 할 수 있는 몇몇의 활동이 있다는 것을 의미한다. 통상 다섯 가지가 있다.

　① '원 집단의 평균'에 대해 '비교하려고 하는 집단의 평균'을 최대로 크게 가져간다. '푸카푸카' 부족과 '피크피크' 부족의 경우를 예로 들면 '푸카푸카'의 추장은 가급적 '피크피크' 부족과 분포가 중첩되는 것을 원치 않을 것이므로 '피크피크' 부족의 평균 키가 현재의 '180cm'보다 훨씬 더 커주기를 기대할 수 있다. 그러나 이것은 의지대로 되는 일이 아닐 것이므로 '사전에 우리

가 할 수 있는 일이 아니지 않는가?'라고 반문할지 모른다. 그러나 만일 개발 환경에서 특정 제품의 수명을 늘리는 프로젝트를 수행하거나, 프로세스에서 단위 시간당 처리 용량을 늘리는 활동을 한다면 기존('푸카푸카' 부족의 평균 키)보다는 크게 향상된 모습('피크피크' 부족의 평균 키)을 기대하게 될 것이다. 그 차이가 크면 클수록 두 분포는 서로로부터 멀어질 것이므로 'β'는 줄어들고 상대적으로 '1 − β'는 늘어나게 된다. 즉 '검정력'이 증가하는 것을 보고 우리는 "뭔가 크게 차이를 내게 했구나!" 또는 "개발을 했다!" 하고 생각하게 될 것이다.

[그림 2 – 48] '검정력' 향상 방법 개요도 – 평균의 이동

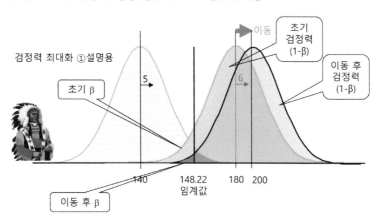

설명을 위한 [그림 2 – 48]이 다소 복잡해졌으나 찬찬히 뜯어보면 확실히 이해하는 데 도움을 준다. 그림에서 '초기 β'와 '이동 후 β'를 주시하면 분포의 모양은 그대로지만 단지 '피크피크족'의 평균이 '180cm'에서 '200cm'로 '20cm'만큼 이동하게 됨으로써 'β 면적'이 줄어들었음을 확인할 수 있다. 즉 '우리 부족이 아닌데 우리 부족이라고 잘못 판단할 오류'가 줄어든다. 현실 예

에서는 '단위당 처리 용량이 커졌는데, 즉 차이가 있는데(또는 우리 부족이 아닌데), 안 커졌다고(또는 우리 부족이라고) 판단할 오류'가 줄어드는 셈이다. 요약하면 이 단계에서 '검정력'을 키우는 방법은 기존보다 평균이 크게 차이 날 수 있도록 개선 능력을 최대한 발휘하는 일에 해당한다. 또는 제품의 수명을 크게 향상시키거나, 단위당 처리 용량을 크게 증가시키면 '검정력'이 커지는 결과를 얻는다.

② 분포를 만들 때 '표본 크기(Sample Size)'를 크게 가져간다. '표본 크기'를 크게 가져가면 '중심 극한 정리'에 의해 그 평균으로 만들어진 분포(표본 평균의 분포)는 '$\sigma/\sqrt{n}$'만큼 분포 폭이 줄어드는 것은 이미 설명한 바 있다. 따라서 '①'처럼 평균의 차이를 크게 가져가지 않는 대신 기존과의 차이 여부를 확실하게 판단하려면 분포를 형성할 때 '표본 크기'를 많이 가져간다. 이것을 다음 [그림 2-49]에 설명해놓았다.

[그림 2-49] '검정력' 향상 방법 개요도-'표본 크기'를 통한 산포의 축소

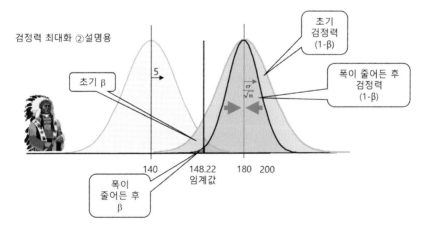

그림을 보면 '초기 β'에 비해 폭이 '$\sigma/\sqrt{n}$'만큼 줄어든 분포로 인해 '이후 β 넓이'를 보면 확실히 작아졌음을 알 수 있다. 결국 '$1-\beta$'인 '검정력'의 증가로 나타난다. 분포의 폭이 줄어들수록 'β 넓이'도 줄어들므로 궁극적으로는 겹침이 없어질 것이고 잘못 판단할 오류의 가능성도 점점 작아진다. 따라서 '푸카푸카' 부족과 '피크피크' 부족은 명확히 구분될 가능성이 높아지고 추장의 혈통 보존을 위한 염려도 줄어든다. 만일 형성된 '정규 곡선'이 '표본 평균'들로 이뤄진 분포면 추장이 새벽에 붙잡은 스파이가 여러 명이 되어 그들의 평균 키 값을 이용해 종족 여부를 비교할 수도 있다. 현업에서는 시험 표본 여럿을 갖고 평균의 변화 여부를 판단할 때에 대응한다.

③ 모집단의 분산이 작아지는 것이다. '검정력'을 크게 하는 방법 중 손대기 가장 어려운 항목이다. 모집단 자체는 조절할 수 있는 여지가 거의 없으므로 개념으로만 받아들여야 할 듯싶다. 이 효과는 '②'에서 언급한 결과와 유사한 경우로, 즉 '$\sigma/\sqrt{n}$'만큼 분포 폭이 줄어든다. 분자의 모집단 '표준 편차'인 'σ'가 작으면 동일한 '표본 크기(분모)'인 경우 '표본 평균의 분포 폭'은 상대적으로 줄어든다. 이후 효과는 정확히 '②'와 동일하다고 볼 수 있다.

④ '유의 수준'을 크게 가져간다. '유의 수준'은 '식인종 씨어리'에서 판단을 해야 함에도 별다른 기준이 없어 추장이 임의로 정한 '최대 허용 한계' 값이었다. 따라서 '가설 검정' 초기에 상황에 맞는 적절한 '유의 수준'을 정해줘야 한다. 앞서 식인종 예에서 추장은 '유의 수준'을 '0.05(5%)'로 정했었다. 그러나 만일 그보다 작은 '0.01(1%)' 또는 그보다 많은 '0.1(10%)' 등으로 변화시키면 어떻게 될까? '0.1(10%)'인 경우를 개요도로 표시하면 다음 [그림 2-50]과 같다.

[그림 2-50] '검정력' 향상 방법 개요도-'유의 수준(5% → 10%)' 변경

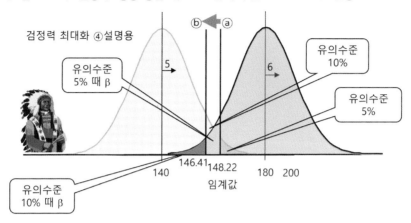

[그림 2-50]에서 추장이 기준을 '@-유의 수준 5%'에서 'ⓑ-유의 수준 10%'로 옮기면 다른 상황은 그대로 있다고 가정할 때, 'β'가 그림과 같이 줄어드는 효과가 생긴다(그림 왼쪽에 '유의 수준 5%일 때의 β'와 '유의 수준 10%일 때의 β가 표시돼 있다). 그 대신 '임계 값'을 보자. '유의 수준, 5%'에서 '임계 값=148.22cm'에서 '유의 수준, 10%'는 '임계 값=146.41cm'로 약 '1.81cm' 작아진다. 이때 '측정값(또는 관측치)'이 '148.22cm'를 초과하면 잡아먹혔던 이전과 달리, '146.41cm'를 초과하면 잡아먹히는 상황이 벌어진다. 즉 추장 부족임에도 추장 부족이 아니라고 판단할 위험인 'α-오류'가 커지는 현상은 막을 수 없다.

결론적으로 '유의 수준'을 '5% → 10%'로 변화시키면 'β 오류'는 줄어들어 '검정력'이 증가(현상을 제대로 판단할 확률은 높아짐)하는 대신 오히려 'α-오류'가 커지는 부작용(?)이 생긴다. 즉 두 개의 오류가 이율배반적으로 작용하고 있어 둘을 동시에 줄이는 방법보다 최적의 조화가 필요하다. 통상 'α-오류'는 최대 '5%', 'β-오류'는 최대 '10%'로 설정하는 것이 가장 일반적이다. 이 경우 '검정력'은 '0.9(90%)'이다.

⑤ '가설 검정' 시 '양측 검정(Two – sided Test)'보다 '단측 검정(One – sided Test)'을 수행한다.26) '양측 검정'은 공정 특성이 '10㎜ ± 0.05㎜'처럼 양쪽 규격의 경우 이용한다. 양산 중인 제품 특성이 커져도 안 되고, 작아져도 안 되므로 현상을 확인(검정)하려면 양쪽을 다 보고 판단해야 한다. '단측 검정' 도 같은 맥락에서 판단한다. 즉 공정 특성이 '망대 특성'이나 '망소 특성'일 경우의 검정에 이용한다.

식인종 예를 들어보자. 지금까지 '푸카푸카' 부족보다 키가 큰 '피크피크' 부족에 대해서만 알아보았다. 그런데 만일 '푸카푸카' 부족보다 더 작은 '미카미카' 부족이 주변 밀림에 살고 있고 추장은 또 이 부족으로부터도 수천 년간 이어져온 혈통을 보존하는 데 급급한 상황이면 어떻게 될까? 이 경우 동일하게 '유의 수준'을 '5%'로 설정하면 분포의 왼쪽도 기준이 필요하고, 분포의 오른쪽도 기준이 필요할 것이므로 양쪽으로 '2.5%'씩 나눈 후 그를 가르는 '임계 값'을 각각 구해 비교 도구로 삼아야 한다(사실, 평균 키가 140cm인 '푸카푸카' 부족보다 더 작은 '미카미카' 부족이 있으면 그 집단을 사람 집단으로 봐야 하나 의구심은 간다). 만일 이때 '유의 수준, 5%'라고 해서 양쪽으로 '5%'씩 잡아버리면 푸카푸카 종족은 자기 식구들을 잡아먹는 데 별로 놀라는 일은 없을 것이다. 그만큼 오류 발생 가능성이 높아질 것이란 뜻이다. 따라서 '1%'든, '5%'든 또는 '10%'든 '유의 수준'을 정한 후, 양쪽으로 판단(검정)을 해야 하는 상황이면 항상 그 '유의 수준' 값을 반으로 갈라놓고 시작한다.

다음 [그림 2 – 51]은 '양측 검정'과 '단측 검정'에 대해 '검정력'의 차이를 보여준다. 본문 내용을 정독하며 두 그림을 비교해보기 바란다.

---

26) 한국통계학회 통계학 용어대조표에서는 '양측 검정'과 '단측 검정'을 '한쪽 꼬리 검정(One – tailed Test)' 과 '양쪽 꼬리 검정(Two – tailed Test)'으로도 각각 정의하고 있다.

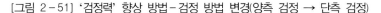

[그림 2-51] '검정력' 향상 방법-검정 방법 변경(양측 검정 → 단측 검정)

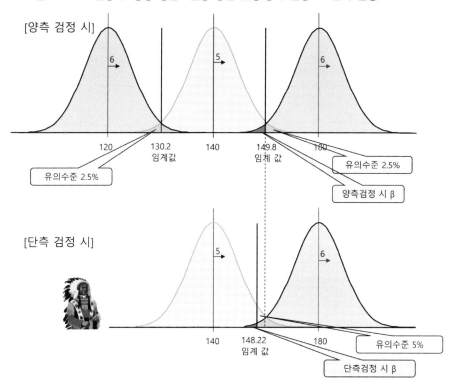

[그림 2-51]에서 '[양측 검정 시]' 경우, 만일 검정 대상이 키가 큰 쪽이면 '2.5%'를 가르는 '임계 값(149.8)'의 왼쪽 넘어선 넓이가 'β'인 반면, '[단측 검정 시]' 경우, '5%'를 가르는 '임계 값(148.22)'의 왼쪽 넘어선 넓이 'β'는 '양측 검정' 때보다 줄어들었음을 알 수 있다. 정리하면 'β'값은 '단측 검정' 의 경우가 상대적으로 줄어들므로 '검정력'은 더 커지고, 이 말은 곧 '가설 검 정' 때 올바로 판단할 가능성 역시 커진다는 것을 의미한다.

그렇다면 언제 '단측 검정(One-sided Test)'을 수행하고 또 언제 '양측 검정(Two‒sided Test)'을 수행해야 할까? 만일 여자와 남자의 키를 비교한다고 가정할 때, 통상 남자 키가 여자 키보다 크다는 것이 알려져 있으면 표집을 한 후 남자 키가 여자 키보다 클 것이라는 '단측 검정'을 수행한다. 그런데 이 같은 검정의 수행은 기저에 남자 키가 여자 키보다 통상 크다는 사전적 정보를 토대로 이루어진다. 만일 남자 키가 여자 키보다 큰지 작은지 전혀 모르는 상황이면 아마 '양측 검정'을 수행해서 작을 수도, 또는 클 수도 있는 모든 경우에 대해 확인 절차를 거쳐야 옳다. 이와 같이 '양측 검정'이냐 '단측 검정'이냐를 결정짓는 기준은 검정하고자 하는 대상에 대해 사전 정보가 충분히 있는지 그렇지 않은지에 달려 있다. 프로세스 데이터로 검정을 수행할 경우 대상의 특성이 망대인지, 망소인지 또는 망목인지에 따라 자연스럽게 '단측 검정' 또는 '양측 검정'이 결정된다. 따라서 현업에서의 검정은 '양측'과 '단측' 중 어느 검정을 선택할지에 대한 고민은 평상시 잘 발생하지 않는다.

기본 용어들의 정의를 충분히 섭렵했으면 '중심 극한 정리'가 '가설 검정'에 어떻게 응용되는지 본래의 주제로 돌아가 보자. 우선 검정에 대한 상세 로드맵은 '첫 번째 원리에의 응용' 때인 「3‒2. 분석에의 응용」에서 자세히 다루었다. 따라서 여기서는 '평균 검정'의 가장 기본이 되는 '1‒표본 z‒검정(1‒Sample z Test)'을 중심으로 설명을 이어나가겠다. 현업에서 '1‒표본 t‒검정(1‒Sample t Test)'의 사용 빈도가 더 높지만 '1‒표본 z‒검정'을 우선 다룬 후 보완 차원에서 '1‒표본 t‒검정'을 설명할 것이다.

'**1‒표본 z‒검정**'은 단어 '1‒표본'이 의미하듯 표본이 하나의 열을 형성하는 경우다. 즉 '표본 크기'로 말하면 '다섯 개' 또는 '여섯 개' 등으로 한 번에 취한 표본을 일컫는다. 또 'z'의 의미는 모집단의 '표준 편차'가 알려진 경우 '표준 정규 분포'로 전환시킨 값이다. 맨 끝 단어인 '검정'은 수집된 데이터의 '평균'이 알고 있는 특정 '목표 값'과 동일한지 아닌지 또는 큰지 작은지 등을 확인한다는 뜻이 내포돼 있다. 다음의 예를 보자.

[상황] 한 프로세스를 관리하는 홍길동은 최근 인력 변동의 영향으로 그동안 문제없이 잘 관리해온 A - 특성의 목표 값 '20cm'를 유지하지 못하고 있다는 의심을 품게 되었다. 상황을 확인하기 위해 프로세스에서 무작위로 표본을 '7개' 추출한 뒤 목표 값 '20cm'를 유지하는지 확인하기로 결정했다. 이 특성의 '모 표준 편차'는 '3cm'로 알려져 있다. 수집된 데이터는 다음 [표 2 - 19]와 같다.

[표 2 - 19] '1 - 표본 z - 검정'을 위한 데이터

31.9, 25.3, 25.2, 23.9 25.6 26.3 21.8

검정 절차는 품질 교재나 시중의 여러 관련 서적을 보면 자세히 나와 있으나 가장 쉽게 활용할 수 있는 도구는 뭐니 뭐니 해도 **「분석 세부 로드맵」**만한 것이 없다. 초보자들에겐 '검정'은 매우 어려운 주제다. 통계적으로 '정규분포'부터 '표준 정규 분포', 그리고 '중심 극한 정리'에 이르기까지 사전 지식을 완벽하게 꿰차야 검정에 들어설 자격(?)이 생긴다. 물론 초보자면 단지 검정 방법과 결과의 해석 능력만으로도 충분한 소양을 갖췄다고 볼 수 있다. 그러나 과제 수행 리더라면 작동 원리를 명확히 알아야 응용력이 생긴다.

검정 절차는 필자가 경험적으로 정립한 순서에 따라 전개해나갈 것이다. 우선 「분석 세부 로드맵」의 기본 순서를 따른다. 로드맵이 낯설게 느껴지는 리더가 있으면 '첫 번째 원리에의 응용'에서 「3 - 2. 분석에의 응용」을 다시 복습하기 바란다. 당시 「분석 세부 로드맵」은 [그림 1 - 16]이었으며 기억을 되살리는 차원에서 다음 [그림 2 - 52]에 다시 옮겨놓았다.

[그림 2-52] 분석 세부 로드맵

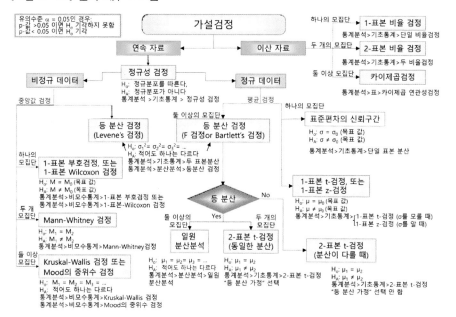

① 가설을 세운다. 검정은 생각하고 있는 것이 정말 맞는지 확인하는 과정이다. 또 확인 과정의 끝은 주장한 것이 맞는지 그렇지 않은지 판단이 있어야 한다. 그러려면 무엇을 주장하고 있는지 사전에 공식화(또는 기록)가 필요하다. 공식화를 두고 "가설을 수립한다"라고 한다. 공식화 외에 수립된 '가설'이 중요한 또 하나의 이유는 미니탭으로 계산할 때 데이터가 무엇이고 어떤 것을 확인하는 절차인지 미니탭에게 알려줘야 하는데(그래야 미니탭도 올바른 해답을 내줄 것이므로), 이때 알려주는 기본 정보가 바로 수립된 가설 중 하나인 '대립 가설(Alternative Hypothesis)'에서 나온다. 따라서 정확한 가설 설정이 안 되면 늘 과정과 결과에 혼란을 겪게 된다. 미니탭에 알려주는 정보가 '대립 가설'이므로 통상 이것부터 설정하는 습관을 들여야 한다. '대립 가설'은 주장

하거나 또는 변화된 상태를 표현한다. 반대로 '귀무가설(Null Hypothesis)'은 기존과 같거나 변화가 없다는 내용을 담는다. 굳이 수식이나 기호로 표현할 필요는 없으나 일반적으로 수학 기호로 표기해 의미를 쉽게 전달하는 방법이 선호된다. 앞서 A – 특성의 예 경우 다음 식 (2.32)과 같이 가설을 수립한다. 예시된 '상황'에 값들이 커졌는지 작아졌는지 현재로서는 특별한 언급(정보)이 없으므로 '양측 검정'을 수행한다.

$$\text{귀무가설 } H_0;\ \mu = \mu_0$$
$$\text{대립가설 } H_A;\ \mu \neq \mu_0 \tag{2.32}$$

식 (2.32)에서 'μ'는 표집한 '7개' 표본이 나온 모집단(표본이 속한 '모집단'은 기존과 다른 새로운 모집단으로 간주)의 '평균'을, 'μ_0'는 '기존 집단의 모평균'을 나타내며 '상황'에 따르면 '$\mu_o = 20cm$'이다. 따라서 식 (2.32)에 관련된 값을 입력하면 다음 식 (2.33)과 같다.

$$H_0;\ \mu = 20$$
$$\mathbf{H_A};\ \mu \neq 20 \tag{2.33}$$

글로 설명하면, '대립 가설'은 "표집된 '7개'가 속한 모집단의 평균(새로운 집단의 '모평균')은 기존 집단의 '모평균'인 '20'이 아니다. 즉 차이가 있다"이고, '귀무가설'은 "표집된 '7개'가 속한 집단의 '모평균'은 기존 집단의 '모평균'인 '20'과 동일하다. 즉 차이가 없다"이다.

② 정규성을 확인한다. 「분석 세부 로드맵」에 따르면 데이터가 '연속 자료'인 경우 '정규 분포'를 따르는지 확인하는 절차가 있다. 미니탭 위치는 「통계 분석(S)> 기초 통계(B)> 정규성 검정(N)…」에서 수행한다.

[그림 2-53] 정규성 검정

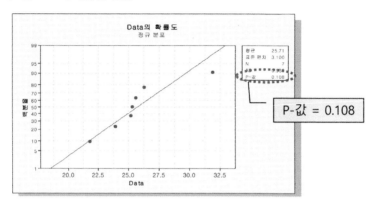

[그림 2-53]과 같이 '정규성 검정' 결과 'p-값'이 '0.108'로 '유의 수준 =0.05'에서 '정규 분포'를 따르고 있음이 확인되었다. [그림 2-52]에 따르면 '정규 데이터' 위치에서 표본이 한 개이므로 '하나의 모집단' 경로를 택한다.

[그림 2-54] '가설 검정'에의 응용

③ 검정 통계량(Test Statistic)을 정한다. 물론 이전에 '유의 수준'을 결정해

야 하나 통상 '0.05(5%)'를 쓰므로 생략하였다. '검정 통계량'은 "표본 자료로부터 산출되는 통계량"이다. 말이 좀 어렵다. 풀어 쓰면, "검정 – 어느 상황을 확인하기 위해", "통계 – 데이터를 모아 계산된", "량 – 값"으로 볼 수 있고, 연결하면, "표본을 가지고 어느 상황에 대한 판단을 목적으로 데이터를 모아 계산한 하나의 값"쯤으로 해석한다. 또 계산하려면 '식'이 있어야 하는데 검정의 모든 평가는 표준화 공간에서 이루어지며, 따라서 식이란 'x에서 z'값으로 변환시키는 '$(x-\mu)/\sigma$'이다. 현재의 예는 모집단의 '표준 편차'를 알고 있는 상황이므로 '1 – 표본 z – 검정'을 선택한다. 초보자 수준이면 미니탭에 들어가 데이터와 '대립 가설'을 '대화 상자' 해당란에 입력하고 검정을 수행한 뒤 최종 판단할 정도면 'Good Job!'이다. 그러나 숙련된 리더라면 배웠던 이론적 배경을 이용해 현 상황을 재구성하고 원리를 파악하는 일이 중요하다.

'가설 검정에의 응용' 초기에 설명했던 '모집단 – 표본 평균 집단 – 표준화 집단'의 관계를 다시 한번 상기해보자. '검정 통계량'을 이해하는 데 도움을 줄 것이다. 우선 '표본 크기'가 '7개'이므로 '7개'로 이루어진 '표본 집단'을 머릿속에 만들어놓은 다음, 이를 '표준화 집단'으로 변환한다. 다음 [그림 2 – 55]는 이론 설명 때의 그림을 다시 가져온 것이다.

그림 중 맨 위 '정규 분포'는 'A – 특성'의 '모집단'이다. 상황에서 '모평균, $\mu = 20cm$', '$\sigma = 3cm$'였다. 가운데 분포는 '모집단'에서 '7개씩' 계속 표집한 뒤 '평균'들로 형성된 분포이다(물론 머릿속에서 상상으로). 따라서 '중심 극한 정리'에 따라 그 평균은 '모평균'인 '20cm'와 동일하고, '표준 편차(표준 오차)'는 '$3/\sqrt{7}$'이 될 것이다. 가운데 분포 중 '25.71'로 쓰인 값은 '7개' 데이터의 '평균', 즉 '측정값(또는 관측치)'이다. '식인종 씨어리'에서 새벽에 침투했던 이방인의 키 측정값과 연결하면 쉽게 이해될 것이다(당시는 '1개' 값이지만 지금은 '7개'이므로 '평균'을 사용). '7개' 데이터의 '평균'들로 이뤄진 분포이므로 실제 추출한 '7개' 데이터의 '평균'도 '$\bar{x}$ – 축'상의 하나의 값을 형성한다. 맨 아래 분포는 '표준 정규 분포'이다. 가운데 분포의 '$\bar{x}$'값들을 'z'로 전환시킨 결과이다. 이때 확보하고 있는 '7개 데이터의 평균'인 '25.71'은 'z값'인 '5.04'로 변환된다. 그 전환식은 '$z = (25.71 - 20)/(3/\sqrt{7})$'이며, 따라서 통계 용어인 '검정 통계량'은 '$z = (25.71 - 20)/(3/\sqrt{7}) = 5.04$'로 표현된다. 현재는 '표준화 공간(표준 정규 분포)'에서 모든 판단을 하므로 '$z = 5.04$'에 주목하자. '5.04'가 가르는 오른쪽 넓이(확률)가 'p – 값'이다('식인종 씨

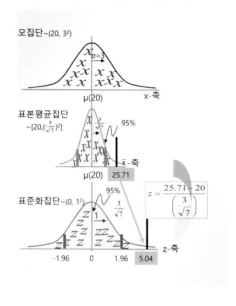

[그림 2 – 55] '1 – 표본 z – 검정' 개요도

어리'에서 추장이 측정했던 이방인의 키 값이 가르는 오른쪽 넓이를 기억하라!). '표준화 집단' 또는 '표준 정규 분포(맨 아래 분포)'상에서 이전 용어들을 대응시켜 정리하면 다음과 같다.

▷유의 수준: 통상 0.05(5%)를 설정한다. 이때 '표본 평균'이 '모평균'인 '20'보다 작을 수도, 클 수도 있으므로 '유의 수준, 5%'는 '2.5%씩' 양쪽으로 나뉜다.

▷신뢰 수준: 중심을 기준으로 좌우대칭 넓이를 정했을 때의 값으로 통상 '0.95(95%)'로 설정한다. '유의 수준'을 제외한 넓이이므로 결국 '신뢰 수준=$100 \times (1 - \alpha)$'와 같다. 'α'는 '유의 수준'이다.

▷임계 값: '유의 수준, 5%'에서 양쪽 '2.5%'를 가르는 'z값'이다. [그림 2 –

55]의 맨 아래 분포 중 계산된 'z값'은 '±1.96'이다. 미니탭은 「계산(C)> 확률 분포(D)> 정규 분포(N)…」에서 '누적 확률' 선택과, '평균=0', '표준 편차=1', '입력 상수'를 '0.025'와 '0.975'를 넣어 얻는다.

▷ p - 값: 'z값=5.04'가 가르는 오른쪽 넓이에 해당한다. 미니탭에서 구해보면 '0.00'으로 나온다. 결국 이 값이 '유의 수준'인 '0.05'보다 작으므로 또는 '임계 값=1.96'보다 바깥쪽에 있으므로 '대립 가설'을 채택한다(즉, 추장의 종족이라고 보기에는 키가 너무 큼. 따라서 곧바로 콸콸 끓는 솥으로 보내질 것이다!).

검정 절차를 밟아왔는데 총 정리하면, 확보한 데이터의 '평균'을 표준화시킬 경우 추장의 종족인지 아닌지를 '표준 정규 분포'상에서 판가름할 수 있다. 이때 중요한 것은 머릿속에 예시된 [그림 2 - 55]와 같은 세 개의 분포가 마련돼 있어야 한다. 이제 지금까지의 과정과 결과를 미니탭으로 최종 확인해보는 일만 남았다.

표본이 '한 개(1 - Sample)'이고 모집단의 '표준 편차'가 알려져 있으므로 미니탭의 「통계 분석(S)> 기초 통계(B)> 1 - 표본 Z 검정(Z)…」으로 들어간다. 통상은 '모 표준 편차'를 알지 못하지만 오랜 기간 측정이 있었고, 관리 중인 '모 표준 편차'가 있으면 그를 이용할 수도 있다. '표본 크기'가 몇 개 안 되거나 '모 표준 편차'를 모르는 경우 — 대부분의 경우에 해당 — 는 '표준화 분포'를 'z - 분포'가 아닌 't - 분포'를 사용한다. 일단 혼란스러울 수 있으므로 't - 분포'에 대한 설명은 이후로 미루자. 본론으로 돌아와 미니탭의 '1 - 표본 z - 검정'을 선택한 뒤, '워크 시트'에 '7개'의 데이터가 포함된 열을 '대화 상자' 해당란에 입력한다. 이때 다시 강조하지만 '가설'이 꼭 수립돼 있어야 한다. '대립 가설' 내용이 미니탭의 입력 요구 사항에 그대로 반영되기 때문이다. 다음 [그림 2 - 56]은 식 (2.33)의 가설과 함께 미니탭 입력 '대화 상자'를 나타낸다.

[그림 2-56] 가설과 '1-표본 z-검정' 미니탭 입력 '대화 상자'

$H_o : \mu = 20$
$H_A : \mu \neq 20$

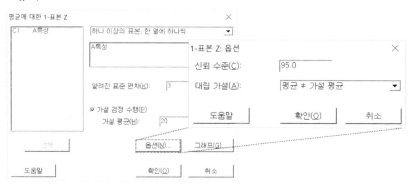

[그림 2-56]에서 "하나 이상의 표본, 한 열에 하나씩"을 선택한 뒤 'A특성'열을 입력했다. '7개'의 원 자료를 지칭한다. 다음 "알려진 표준 편차(K):"에는 '3'이 있으며, 이는 '모집단'의 '모 표준 편차'가 알려져 있기 때문에 입력되었다. "가설 평균(H):"은 확인(비교)하고자 하는 값, '20'이 들어 있다('귀무가설'에 해당한다). '⬛옵션(N)...' 버튼을 누르면 "신뢰 수준(C):"에 '95.0'이 — 이것은 '유의 수준'을 '5%'로 잡았기 때문이다 — 위치한다. 끝으로, "대립 가설(A):"에는 '평균≠가설 평균', 즉 '같지 않음'을 선택한다. 이 과정을 앞서 수립한 '대립 가설'을 가지고 설명하면 다음 식 (2.34)와 같다(굵은 글씨를 연속해서 한 문장으로 읽어보기 바란다. 읽은 내용이 '대화 상자'에 순서대로 입력돼 있음을 확인할 수 있다). 이해를 돕기 위해 '(해설)'도 달아놓있다.

H_A; $\mu \neq 20$에서, (2.34)
('μ'의 의미): **"데이터의 평균(7개 데이터가 들어 있던 '모평균')이"**
→ (해설) '대화 상자'의 "하나 이상의 표본, 한 열에 하나씩"에 'A 특성'열을 넣는 순

간 미니탭은 그들의 평균이 얼마인지 산정해놓고 다음 순서를 기다림.

('20'의 의미): 기존 집단의 모평균인 '20'과

→ (해설) 미니탭은 '가설 평균(H)'의 입력 값과 '표본 평균'을 비교하고 있을 것임.

('≠'의 의미): 같지 않다.

→ (해설) '대립 가설(A)'의 '같지 않음' 선택으로 미니탭은 7개 데이터 평균이 기존 모평균인 '20'과 같은지 또는 다른지를 판단해줄 것임.

[표 2-20] '1-표본 z-검정' 미니탭 결과

```
1-표본 Z 검정: A특성

u = 20 대 ≠ 20의 검정
가정된 표준 편차 = 3


변수   N  평균      표준 편차  SE 평균    95% CI               Z      P
A특성  7  25.7143   3.1002   1.1339   (23.4919, 27.9367)   5.04   0.000
```

[표 2-20]은 미니탭 '세션 창'의 결과 화면이다. 위쪽 두 줄은 입력한 내용(상황)을 담고 있고, 아래쪽 두 줄은 결과다. 일반적으로 검정 결과는 '기술 통계' 부분보다 사각형으로 표시된 결과 영역이 더 중요하다. 일단 '$z=5.04$'는 7개 데이터 평균인 '25.7143'을 표준화시킨 결과이다. '$p=0.000$'은 표준화된 '5.04'가 가르는 오른쪽 넓이, 즉 확률이다. 검정 시작할 때 정한 '유의 수준, 0.05'보다 작으므로 추장의 종족이 아닐 가능성이 농후하다. 또 '신뢰 구간'인 '95% CI'는 '표본 평균'으로 이뤄진 공간에서 중심을 기준으로 '95% 넓이'를 가르는 'x-값'이며, 7개 데이터에 대한 모집단의 평균, '20'이 구간 사이에 포함돼 있지 않으므로 추장의 종족이 아닌 다른 종족의 식인종이 들어왔다고 판단한다. 즉 '대립 가설'을 채택하며, 추출된 7개 데이터의 모집단 평균은 '20'이 아닐 것이라는 최종 결론에 이른다. 이것을 통상적인 표현으로 정

리하면 다음과 같다.

"유의 수준, 0.05(또는 5%)에서 $p-$값이 0.000이므로 대립 가설 채택, 즉 인력 변동 후 A특성의 평균은 인력 변동 이전의 평균과 비교해 차이가 있으며, 큰 쪽으로 약 '5.7143cm'만큼 증가되었다."

결론을 표현할 때 위와 같이 '통계적 결론'과 프로세스 용어로의 결론인 '실질적 결론(상기 기술에서 '즉' 이후 설명)'을 함께 기술하는 것이 바람직하다. '프로세스 용어로의 결론'이란 프로세스에서 사용하는 언어로 결과를 표현하는 것이며, 여기에 분석자 본인의 해석을 추가하면 분석 품질이 크게 향상된다. 이제 현업에서 그 쓰임새가 거의 없는 '1 – 표본 z – 검정'과 달리 대부분의 검정에 활용되는 '1 – 표본 t – 검정'에 대해 알아보자.

'1 – **표본** t – **검정**'의 필요성은 다음과 같이 설명할 수 있다. 앞에서 수행한 '1 – 표본 z – 검정'의 '검정 통계량'은,

$$z = \frac{\overline{x} - \mu}{\frac{\sigma}{\sqrt{n}}} \qquad\qquad (2.35)$$

와 같이, 임의 '$\overline{x}$'에 대한 표준화 'z'값을 구하기 위해 '모 표준 편차, σ'를 알아야 하는 제약이 있다. 이것은 현실적으로 '모 표준 편차'를 모르는 경우가 대부분이기 때문에 활용 빈도가 자연히 낮을 수밖에 없다(아마 거의 없을 것으로 생각된다). 따라서 '모 표준 편차(σ)'를 모르는 경우의 '가설 검정'에 쓰이는 't – 검정($t-test$)'을 수행한다. 'z – 검정($z-test$)'의 'z'는 '정규 분포'

를 표준화시켰을 때의 '확률 밀도 함수'인

$$f(z) = \frac{1}{\sqrt{2\pi}} e^{-\frac{1}{2}z^2} \tag{2.36}$$

에서 핵심 변수로 존재하듯, 't - 검정'의 't' 역시 '확률 밀도 함수'

$$f(t) = \frac{\Gamma\left(\dfrac{n+1}{2}\right)}{\sqrt{n\pi}\,\Gamma\left(\dfrac{1}{2}\right)}\left(1+\frac{t^2}{n}\right)^{-\frac{n+1}{2}}, \quad -\infty < t < \infty \tag{2.37}$$

에서 주요 변수로 존재한다(사실 이 함수는 썩 내키지 않아 빼고 싶지만 'z'와 같은 변수임을 알리기 위해 군이 포함시켰다. 괴롭지만 그냥 있는 걸로 알고 넘어가도록 하자). 이 분포는 1937년 영국인 고셋(W. S. Gosset)이 기니스(GUINNESS) 양조 회사에 고용됐을 때, '모 표준 편차'를 모르는 상황에다, '표본 크기'도 작은 환경에서 검·추정을 수행해야 했다. 이때 '표준 정규 분포'와 '평균'은 '0'으로 같지만, '표준 편차'는 '$\sigma = \sqrt{df/(df-2)}, df > 3$'에 따르는 분포가 상황을 잘 설명한다고 발표한 데서 비롯된다. 't - 분포'의 '표준 편차'는 'df(자유도)'가 '30'에 근접할수록 '표준 정규 분포'의 '표준 편차'인 '1'에 근접한다. 이런 이유 때문에 '정규 분포'지만 '표본 크기'가 '30개'보다 작아지면 '표준 정규 분포'에 비해 봉우리는 낮아지면서 꼬리는 길어지는 특징을 보인다. 다음 [그림 2 – 57]은 '표본 크기(자유도＝n – 1)'에 따른 분포의 모양을 보여준다.

[그림 2 – 57] 'z – 분포'와 't – 분포'의 비교

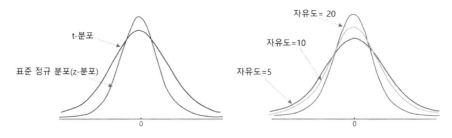

이유가 알려져 있진 않으나 't – 분포' 발표 당시 기니스 양조 회사가 익명으로 해줄 것을 요구함에 따라 '스튜던트(Student)'로 명명했고, 이후 '$Stuent - t$'로 불리고 있다. 참고로 '모 표준 편차'를 모르더라도 '표본 크기(자유도로 이해해도 됨)'가 '30개'가 넘어가면 't – 분포'가 아닌 'z – 분포'를 사용해도 큰 차이가 없다. 다음 [표 2 – 21]은 검정 시 '$z - test$'와 '$t - test$'를 선택하는 방법을 알려준다.

[표 2 – 21] '검정 통계량' 선정 표

모집단 표준편차	표본 크기	
	n ≤ 30	n > 30
알려져 있을 때	z-test $z = \dfrac{\overline{x} - \mu}{\dfrac{\sigma}{\sqrt{n}}}$	z-test $z = \dfrac{\overline{x} - \mu}{\dfrac{\sigma}{\sqrt{n}}}$
모를 때	t-test $t = \dfrac{\overline{x} - \mu}{\dfrac{s}{\sqrt{n}}}$	z-test $z = \dfrac{\overline{x} - \mu}{\dfrac{s}{\sqrt{n}}}$

[표 2 – 21]과 같이 '모 표준 편차(σ)'를 모르면서, '표본 크기'가 대체로

'30'보다 작은 상황이면 고셋이 발표한 't-분포'를 가정한 't-검정(t-$test$)'을 수행한다. 적용 사례를 살펴보자.

[상황] 과제를 수행하는 홍길동 리더는 개발 제품의 품질 특성 'B'의 평균이 고객 요구 사항인 '16cm 이상'을 달성했다는 최종 보고를 준비하고 있다. 이를 위해 테스트 표본을 제작하여 다음과 같이 12개의 자료를 얻었다. 수집된 자료는 다음 [표 2-22]와 같다.

[표 2-22] '1-표본 t-검정'을 위한 데이터

16.1, 18.5, 17.9, 19.8, 17.3, 16.2, 16.4, 20.8, 14.9, 11.3, 22.2, 13.1

'1-표본 z-검정'과 동일하게 「분석 세부 로드맵」의 기본 순서를 따른다.

① 가설을 세운다. 미니탭에게 어떤 분석을 할 것인지 알려주는 정보가 바로 '대립 가설'이라고 했다. 따라서 '대립 가설(Alternative Hypothesis)'을 가장 먼저 수립하는 습관이 중요하다. 제시된 예에서 '표본 평균'이 고객 요구 사항인 '16cm 이상'인지 묻고 있으므로 '단측 검정'을 수행한다.

귀무가설 H_0; $\mu = \mu_0$
대립가설 H_A; $\mu > \mu_0$　　　　　　　　　　(2.38)

식 (2.38)의 'μ'는 추출한 12개 표본이 나온 모집단의 평균을, 'μ_0'는 기존 집단의 모평균을 나타내며 본 예 경우 '16cm'다. 따라서 상황에 맞게 설정하면 다음과 같은 가설이 된다.

H_0; $\mu = 16$

$\mathbf{H_A}$; $\boldsymbol{\mu > 16}$
(2.39)

글로 설명하면, '대립 가설' 경우 "표집한 12개 표본이 속한 모집단의 평균(μ)은 기존 집단의 '모평균'인 16보다 크다. 즉 개선되었다", 또 '귀무가설'은 "표집한 12개 표본이 속한 모집단의 평균(μ)은 기존 집단의 평균인 16cm보다 작거나 같다. 즉 차이가 없다"이다. 그런데 '귀무가설'에 왜 '≤'란 부등호를 쓰지 않고 '='을 사용하는 걸까? 그것은 '작거나 같다'의 가장 큰 값이 '='임에도 여전히 '대립 가설'이 못 되므로 하물며 '='보다 작은 값들은 고려조차 할 필요 없음의 의미가 담겨 있다. 그러나 '≤'를 써도 무방하다. 종합하면 '귀무가설'은 어떤 경우라도 항상 '='만 사용한다.

② 정규성을 확인한다. [그림 2 - 52]의 「분석 세부 로드맵」에 따르면 데이터가 '연속 자료'일 경우 '정규 분포'를 따르는지 확인하는 절차가 있다. 바로 '분포(모양)'를 판단하는 과정이다. '정규성 검정' 역시 '가설 검정'이다. 따라서 가설 수립이 필요하며, 이때 '대립 가설'은 "정규 분포하지 않는다"이고, '귀무가설'은 "정규 분포한다"이다. '정규 분포' 발견 당시 모든 자료들의 현상을 '정규 분포'로 설명할 수 있다고 생각했으며, 따라서 '정규 분포'가 늘 존재하는 상태이고, '비정규 분포'가 "변한 것, 차이 나는 것"이다. '대립 가설'은 후자다. 만일 이 시점에 '비정규'로 나오면 [그림 2 - 52]의 「분석 세부 로드맵」에서 왼쪽 경로를 택한다. 다음 [그림 2 - 58]은 '정규성 검정' 결과이며, 미니탭 위치는 「통계 분석(S)> 기초 통계(B)> 정규성 검정(N)…」이다.

[그림 2 – 58] '정규성 검정' 결과

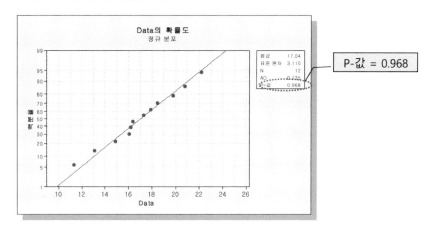

[그림 2 – 58]의 '정규성 검정'결과 'p – 값=0.968'로 '정규 분포'임을 알 수 있다.

③ 검정 통계량(Test Statistic)을 선정한다. '유의 수준'은 '0.05(5%)'를 사용한다. '1 – 표본 z – 검정' 경우 모든 평가가 표준화 공간에서 이뤄졌으며, 't – 검정'에서도 절차는 동일하다. 따라서 '표본 평균'을 표준화시킬 전환식이 필요한데 이것이 '검정 통계량'이다. 현재 '표본 크기(n)'는 'n≤30'고, '모 표준 편차'가 알려져 있지 않은 상황이므로 't – 검정(t – $test$)'이 선택된다. 또 표본이 한 개 열이므로 '1 – 표본 t – 검정'이다. 이때, '검정 통계량'은

$$t = \frac{\overline{x} - \mu}{\frac{s}{\sqrt{n}}}$$ 이다.

미니탭으로 들어가기 전에 '1 – 표본 z – 검정'에서 했던 것처럼 과정을 상

세히 전개할 것이다.

우선 '모집단~표본 평균 집단~표준화 집단'의 관계를 다시 상기해보자. 현재 상황에서 데이터가 12개이므로 '표본 크기'가 '12개'로 이루어진 '표본 평균 집단'을 머릿속에 만들어놓은 다음, 이를 '표준화 집단'으로 변경한다.

[그림 2 – 59] 중 맨 위의 '정규 분포'는 프로세스의 'B – 특성'에 대한 모집단이다. 상황에서 '모평균(μ)'은 '16cm'이다. 두 번째 '정규 분포'는 모집단에서 '12개'씩 계속 표본 추출한 뒤 '산술 평균'을 각각 구해 그들

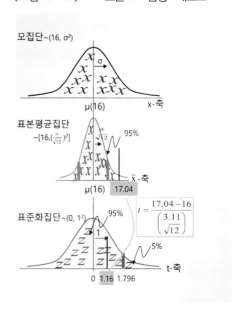

[그림 2 – 59] '1 – 표본 t – 검정' 개요도

로 만들어진 결과이다(물론 머릿속에서 상상으로). 따라서 '중심 극한 정리'에 의해 그 '중심'은 모평균인 '16cm'와 동일하고, '표준 편차(표준 오차)'는 '$\sigma / \sqrt{12}$'가 될 것이다. 물론 '모 표준 편차'가 알려져 있지 않으므로 분자는 'σ'로 표기해놓았다. [그림 2 – 59]의 중간 분포는 12개 표본의 평균들로 이뤄진 분포이며, 따라서 '상황'에 기술된 12개 표본의 평균도 '$\bar{x}$ – 축'의 한 값으로 포함된다. 그림 중 '17.04'가 바로 '상황'에서 기술했던 '12개 표본의 평균'이다. [그림 2 – 59]의 맨 아래 분포는 '표준 정규 분포'이다. 가운데 분포의 '17.04'가 't – 축'의 대응 값으로 전환돼 있다. 즉 12개 데이터의 평균인 '17.04'는 't 값'으로 전환할 시 '1.16'이다. 전환 식은 '$t = (17.04 - 16) / (3.11 / \sqrt{12})$'이다. 따라서 '검정 통계량', '$t = (17.04 - 16) / (3.11 / \sqrt{12})$'

= 1.16'이다. 참고로, 수식 중 '3.11'은 12개 데이터의 '표준 편차'다. 현재 '표준화 집단(표준 정규 분포)'에서 모든 판단을 하고 있으므로 't=1.16'에 주목해야 한다. 이때 '$p-$값'은 '1.16'이 가르는 오른쪽 넓이다('식인종 씨어리'에서 추장이 새벽에 만난 이방인의 키 값이 가르는 오른쪽 넓이를 기억해보시라!). '표준화 집단' 또는 '표준 정규 분포([그림 2 - 59]의 맨 아래 분포)상에서 이전 용어를 대응시켜 정리하면 다음과 같다.

▷유의 수준: 통상 0.05(5%)를 설정한다. 이때 현재 데이터 평균이 기존 평균인 16보다 큰지를 검정하므로 '단측 검정'에 해당한다.

▷임계 값: '유의 수준, 5%'를 가르는 't값', 즉 '임계 값'은 '1.796'을 얻는다. 위치는 미니탭 '통계 분석(S)> 계산(C)> 확률 분포(D)> t분포(T)…'에서 다음 [그림 2 - 60]과 같이 입력한다. '자유도'는 데이터 개수가 '12'이므로 한 개를 뺀 '11'을 입력하였다.

[그림 2 - 60] '$t-$ 분포'의 '역 누적 확률' 계산

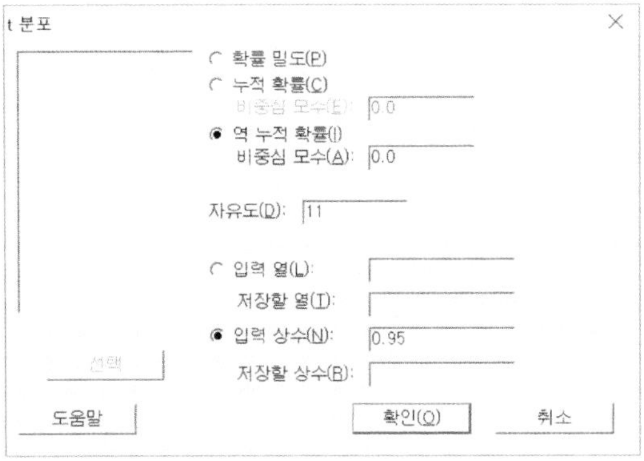

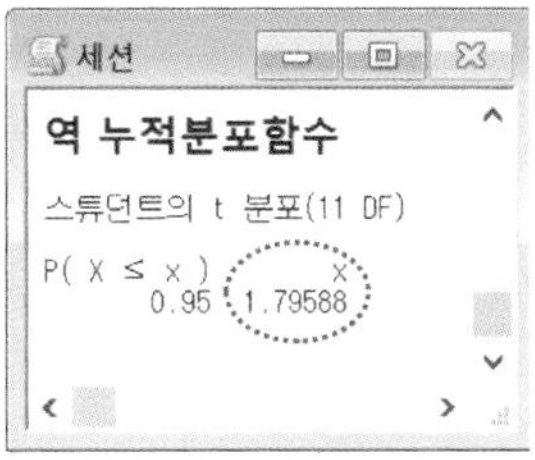

▷ p-값: 't=1.796'이 가르는 오른쪽 넓이에 해당한다. 미니탭에서 구해보면 '0.135304'이다. 확률 값이 '유의 수준'인 '0.05'보다 크므로, 또는 '평균'을 표준화시킨 '1.16'이 '임계 값=1.796'보다 안쪽에 있으므로 귀무가설을 기각하지 못한다(보통 '귀무가설'은 늘 존재하므로 "채택한다"보다 "기각하지 못함"으로 표현한다).

지금까지 과정을 미니탭으로 확인해보자. 미니탭 위치는 「통계 분석(<u>S</u>)> 기초 통계(<u>B</u>)> 1-표본 t 검정(<u>1</u>)…」으로 들어간다. '대립 가설' 내용이 그대로 반영되므로, 가설을 다시 상기하면,

$$H_0; \ \mu = 16 \hspace{4cm} (2.40)$$
$$H_A; \ \mu > 16$$

이고, 미니탭 입력 결과는 다음 [그림 2-61]과 같다.

[그림 2-61] '1-표본 t-검정' 미니탭 '대화 상자' 입력 예

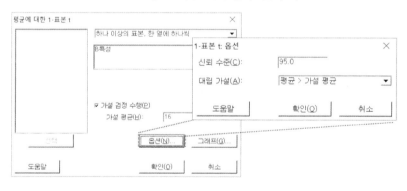

[그림 2-61]에서 '옵션(<u>N</u>)…'으로 들어가 '대립 가설(A):'에 "평균 > 가설 평

균"을 선택한다. 전체 과정을 앞서 설정한 '대립 가설'로 설명하면 다음과 같다(굵은 글씨를 연속해서 문장으로 읽어보기 바란다. 읽은 내용이 대화상자에 순서대로 입력되는 것을 확인할 수 있다).

H_A: μ>16 에서,   (2.41)

('μ'의 의미): "데이터의 평균(12개 데이터가 들어 있던 '모평균')이

→ (해설) '대화 상자'의 "하나 이상의 표본, 한 열에 하나씩"에 'B 특성'열을 넣는 순간 미니탭은 그들의 평균이 얼마인지 산정해놓고 다음 순서를 기다림.

('16'의 의미): 기존 집단의 모평균인 '16'보다

→ (해설) 미니탭은 '가설 평균(H)'의 입력 값과 '표본 평균'을 비교하고 있을 것임.

('>'의 의미): 크다.

→ (해설) '대립 가설(A)'의 '큼' 선택으로 미니탭은 12개 데이터 평균이 기존 모평균인 '16'보다 큰지를 판단해줄 것임.

[표 2 – 23] '1 – 표본 t – 검정' 미니탭 결과

```
1-표본 T 검정: B특성

mu = 16 대 > 16의 검정


변수   N    평균    표준 편차  SE 평균   95% 하한    T     P
B특성  12  17.042    3.110    0.898    15.430   1.16  0.135
```

[표 2 – 23]은 미니탭 '세션 창'의 결과를 나타낸 화면이다. '$t=1.16$'은 12개 데이터 평균인 '17.042'를 표준화시킨 값이다. '$p=0.135$'는 't값'이 가르는 오른쪽 넓이, 즉 '확률'이며, '유의 수준=0.05'보다 크므로 "귀무가설을 기각할 수 없다"는 결론에 이른다. 결과를 정리하면, "유의 수준 0.05(또는 5%)

에서 $p-$값이 '0.135'이므로 귀무가설을 기각하지 못함. 즉 개발 제품의 품질 특성 'B'는 기존에 비해 향상되었다고 보기 어렵다"이다.

'2-**표본** $t-$**검정**'은 두 집단의 평균을 비교하는 과정으로, 두 집단에서 각각 한 개씩 표본을 뽑아 그 차를 구한 뒤 '표본 집단'을 구성한다고 가정하면 '1-표본 $t-$검정'과 동일한 과정으로 검정이 진행된다. 여러분의 학습 과제로 남겨두겠다.

3-3. 관리(Control Phase)에의 응용

앞서 통계를 설명하는 '첫 번째 원리'에서 '관리도(Control Chart)'의 '그룹 내/그룹 간 변동' 응용 사례를 설명한 바 있으며, 기억을 되살리기 위해 그때 사용했던 「관리도 선정 로드맵」을 다음 [그림 2-62]에 다시 가져왔다.

참고로 '$I-MR$, $\overline{X}-R$, $\overline{X}-S$' 관리도는 '연속형 관리도'를, 왼쪽 아래의 'EWMA, CuSum' 관리도는 '특수 목적의 관리도', 그리고 오른쪽 아래의 'np, p, c, u 관리도'는 '이산형 관리도'를 각각 나타낸다. 그리고 당시엔 설명하지 않았으나 로드맵 오른쪽 위를 보면 사건 발생 빈도가 매우 낮을 때 쓰는 'g 또는 t 관리도'가 있고, 프로세스처럼 연속으로 관리되는 상황에서 몇 개의 관리도를 하나로 묶어 모니터링 할 수 있는 'T^2 관리도'가 있다. 'T^2 관리도'는 몇 개 관리도를 개별적으로 모니터링 할 때 나타나는 통계적 오류를 크게 줄여 문제 파악을 쉽게 하도록 만든 관리도이다. 또 오른쪽 아래를 보면 '$Laney\ p'$' 관리도'와 '$Laney\ u'$관리도'가 있다. 이들은 'p 또는 u 관리도'에서 비이상적으로 관리 한계를 벗어나는 현상을 줄이는 최근 새롭게 도입된 관리도이다.

[그림 2-62] 관리도 선정 로드맵

관리도 선정 로드맵

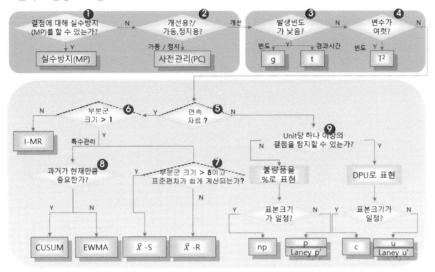

통계를 설명하는 두 번째 원리인 '중심 극한 정리'에 대해 '관리도'는 '관리 상한/관리 하한(Upper Control Limit/Lower Control Limit)' 설정에의 응용과, 이를 활용한 '가설 검정'을 설명할 것이다. "'관리도'에 '가설 검정'이 있었나?" 하고 의문을 갖는 리더들도 있을 줄 안다. 그러나 '관리도'에는 엄연히 '가설 검정'에 의해 현 프로세스의 '안정성 여부'를 판단하고 있다. 원활한 전개를 위해 가장 설명이 쉽고, 앞서 전개된 **Analyze Phase**와 연계성도 높은 '연속형 관리도' 중, '$\overline{X}-R$ 관리도'에 집중하겠다.

통계를 설명하는 '첫 번째 원리'에서 '$\overline{X}-R$ 관리도'를 구성하는 자료에 대해 매일 10개씩의 '합리적 부분군'을 프로세스로부터 추출한다고 가정했었고, 여기서도 동일한 가정과 수집 결과를 활용한다. 단, 매일 수집되는 '표본 크기'를 '$\overline{X}-R$ 관리도' 활용에 적정한 '5개'로 정한다. 다음 [표 2 – 24]는 15일간 수집된 임의 특성에 대한 '연속 자료'의 결과를 나타낸다(고 가정한다).

[표 2 – 24] '$\overline{X}-R$ 관리도'를 위한 데이터

1일	2일	3일	4일	5일	6일	7일	8일	9일	10일	11일	12일	13일	14일	15일
16.5	13.2	11.9	12.9	16.9	11.5	9.1	12.2	20.7	15.4	10.0	17.8	11.4	10.9	16.2
11.1	12.7	10.0	6.8	12.9	11.3	14.6	8.0	16.0	12.2	15.3	11.0	12.3	13.4	13.3
15.4	13.5	11.1	15.0	16.0	13.4	11.6	11.9	19.2	14.6	11.8	13.3	9.5	10.3	13.1
8.0	10.7	13.7	13.7	12.7	8.6	9.2	9.6	15.7	9.2	11.3	8.0	12.8	10.1	10.8
12.6	9.7	12.4	10.9	15.9	13.0	12.1	13.0	18.4	13.7	8.6	11.7	16.2	12.1	11.3

[표 2 – 24]는 매일 '표본 크기(또는 부분군 크기)'가 '5개'인 표본을 표집한 것이나 실제 프로세스 관리 중이면 더 많은 '표본 수(또는 부분군 수)'가 확보돼 있을 것이다.

내용 이해가 쉽도록 미니탭으로 관리도를 먼저 작성한 후 그 결과를 이용해 설명을 이어나가자. 이전과 동일하게 우선 데이터를 '쌓기(Stack)'로 전환해야 작업이 용이함에 따라 「데이터(<u>A</u>)> 쌓기(<u>K</u>)> 열(<u>C</u>)…」에서 하나의 열로 통합하고, 관리도는 「통계 분석(<u>S</u>)> 관리도(<u>C</u>)> 부분군 계량형 관리도(<u>S</u>)> X_{bar} – R(<u>B</u>)…」에서 다음 [그림 2 – 63]과 같이 입력한 후 실행한다.

[그림 2-63] '$\overline{X}-R$ 관리도'의 '대화 상자' 입력

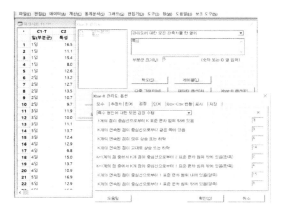

[그림 2-63]에서 '부분군 크기'는 매일 '5개씩' 수집됐으므로 '5'가 입력됐고, '<u>Xbar-R 옵션(P)...</u>'에서 '검정 항목 8개' 전부를 선택하였다. '대화 상자'에 포함된 '검정 항목', 즉 '8개' 현상 중 하나 이상이 관찰되면 관리도상에 해당 번호가 찍힘으로써 발생 여부를 알려준다. 결과는 다음 [그림 2-64]와 같다.

[그림 2-64] '$\overline{X}-R$ 관리도' 미니탭 결과

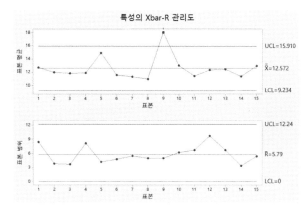

[그림 2-64]에서 9일째에 '관리 상한'을 벗어난 타점이 관찰되며, 타점 위에 '1'이라고 쓰여 있는 것이 보인다. 이것은 '$\boxed{\text{Xbar-R 옵션(P)...}}$'에서 선정한 '8개'의 '검정 항목'들 중 첫 번째 현상이 발생한 것이다. 즉 "한 개의 점이 중심선으로부터 3.0 표준 편차 범위 밖에 있음"의 경우로 '불안정 요소'로도 불리며, 프로세스를 평가하는 관점에서 "관리 이탈 상태", 또는 "관리 상태에 있지 않다" 등으로 표현한다. 물론 '8개'의 '검정 항목'들 중 다섯 번째인 "3개의 점 중에서 2개의 점이 중심선으로부터 1표준 편차 범위 밖에 있음(한쪽)"이 발생하면 관리도에 '5'가 찍힌다. 이와 같이 '검정 항목'에 포함된 '8개' 중 하나 이상이 관찰되면 그 원인을 찾아 제거하는 활동이 요구되며, 특히 '관리 한계'를 벗어나는 타점은 최우선 점검 대상이다. 참고로 드러난 문제 현상은 ① 원인의 규명 후, ② 개선 조치가 이뤄진 뒤, ③ 재발 방지책이 완전하게 마련되면 관리도에서 타점을 제거하고 다시 그릴 수 있다. 그렇지 않은 경우 타점은 변형 없이 그대로 유지한다.

지금부터 '관리 한계'를 벗어나는 이상점에 대해 '가설 검정' 관점에서 재해석해보자. 우선 앞서 [그림 2-64]의 상하 두 그래프 중 상단에 위치한 '$\overline{X}$-관리도'를 보자(아래쪽은 'R-관리도'이다). 관리도상에 찍힌 각 타점은 매일 5개씩 표집한 부분군의 '산술 평균'을 나타낸다. 만일 표본 추출의 대상인 모집단을 가정해보자. 현재 모집단으로부터 '표본 크기'가 '5'인 표본을 계속해서 추출하는 상황에 빗댈 수 있으며, 만일 '5개'의 '표본 평균'을 얻어 그들로 히스토그램을 그리면 정확히 '중심 극한 정리'가 적용되는 '표본 평균의 분포' 상태에 놓인다. 다음 [그림 2-65]는 시간에 따라 늘어선 타점들을 오른쪽으로 압축해 히스토그램이 작성된 것으로 볼 수 있으며, '중심 극한 정리'를 설명하는 개념도이다.

[그림 2 – 65] '중심 극한 정리'와의 연계도

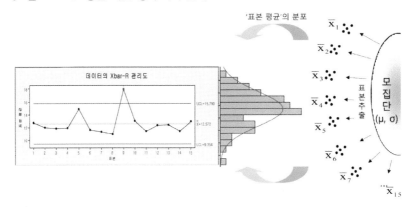

[그림 2 – 65] 중 오른쪽의 모집단에서 매번 '5개'의 '표본 크기'로 자료가 표집(15일 동안이므로 '표본 수', 즉 부분군은 15개가 될 것이다)되며, 각각의 표본을 '산술 평균'한 값들로 히스토그램을 그린 결과('표본 평균의 분포')가 관리도 오른쪽에 그려져 있다. '중심 극한 정리'에 의하면 이 같은 '표본 평균'의 분포는 '정규 분포'로 예상되며, 그 분포의 중심은 모집단 평균인 'μ'와 일치하고, 또, '표준 편차'는 '모집단 표준 편차'를 '표본 크기'의 제곱근으로 나눈 '$\sigma/\sqrt{5}$'가 될 것이다('표본 평균 분포'의 '표준 편차'를 '표준 오차(Standard Error)'라 하였다). 관리도에서 '관리 상한(UCL, Upper Control Limit)'과 '관리 하한(LCL, Lower Control Limit)'을 결정하는 일반식은 잘 알려져 있다시피 다음 식 (2.42)와 같다.

$$\begin{cases} \text{관리 상한} \\ \text{관리 하한} \end{cases} = \text{분포 중심} \pm 3 \times \text{표준 편차} \qquad (2.42)$$

식 (2.42)에서 "3"은 분포 중심을 기준으로 '표준 편차' 길이로 '3배'만큼씩의 거리를 허용한다는 뜻인데 이것은 기존 '통계적 프로세스 관리(SPC)'의 한 패러다임으로 설명된다. 또 식 (2.42)의 "표준 편차"는 '중심 극한 정리'로부터 '$\sigma/\sqrt{n}$'가 됨을 바로 알 수 있으나 당면한 문제는 모집단의 '표준 편차'인 'σ'를 알 수 없다는 점이다. 따라서 이를 대체하기 위해 '범위(Range: 표본의 최 댓값−최솟값)'를 이용한 '모 표준 편차'의 추정량인 '$\overline{R}/d_2$'를 사용한다. 각각 의 표기는 다음 식 (2.43)과 같다.

$$\frac{\overline{R}}{d_2}$$

Where, d_2 → 표본크기에 의해 결정되는 상수. 표본크기가 '5'인 경우, '2.326'
$\overline{R}$ → 각 표본의 '범위'를 평균한 값

(2.43)

특히 'd_2'와 같은 상수는 미니탭 본사(www.minitab.com) 홈페이지 검색 창 에 'Unbiasing Constant'를 입력하면 관련 정보를 얻을 수 있다(미니탭 도움 말에도 있음). '추정 값' 계산 때 덧붙이는 '상수'들엔 'd_2' 외에도 'c_4', 'd_3', 'd_4' 등 다양한 용도에 필요한 상수들이 포함돼 있다. 'c_4'는 '프로세스 능력(공정 능력)' 평가 때 적용된다. 참고로 미니탭 본사 홈페이지의 'Search' 기능을 활용할 경우 통계적 원리나 계산 식, 예제 설명 등 필요한 정보들을 접할 수 있어 심도 있는 학습을 요하는 리더라면 기회 있을 때마다 활용하기 바란다.

다시 본론으로 돌아와, '모 표준 편차'를 모르는 경우 '$\overline{X}-R$ 관리도'의 '관 리 상한'과 '관리 하한'을 식 (2.42)와 (2.43)을 적용해 수식 화하면 다음 식 (2.44)와 같다.

$$UCL_{\overline{x}} = \overline{\overline{x}} + 3\frac{\left(\overline{R}/d_2\right)}{\sqrt{n}}$$

$$CL_{\overline{x}} = \overline{\overline{x}}$$

$$LCL_{\overline{x}} = \overline{\overline{x}} - 3\frac{\left(\overline{R}/d_2\right)}{\sqrt{n}}$$

(2.44)

'UCL'과 'CL(Center Line)' 및 'LCL'의 아래 첨자로 있는 '$\overline{x}$'는 분포가 '표본 평균'으로 이루어졌음을 나타낸다. 따라서 해당 분포의 중심은 '$\overline{\overline{x}}$'이며, 이때의 '표준 편차(표준 오차)'는 '$\sigma/\sqrt{n}$'이나, 'σ'를 알 수 없으므로 대신에 '비편향 추정량'인 '$\overline{R}/d_2$'가 적용되었다. 지금까지 설명된 '관리 상한'과 '관리 하한'을 예시로 들었던 데이터로부터 구해보자. 이를 위해 [표 2 – 24]의 수집 데이터에 다음 [표 2 – 25]와 같이 '$R, \overline{R}, \overline{x}, \overline{\overline{x}}$'를 미리 산출해놓았다.

[표 2 – 25] '$\overline{X} - R$ 관리도'의 '관리 한계' 계산을 위한 표

# of No.	1일	2일	3일	4일	5일	6일	7일	8일	9일	10일	11일	12일	13일	14일	15일		
1	16.5	13.2	11.9	12.9	16.9	11.5	9.1	12.2	20.7	15.4	10.0	17.8	11.4	10.9	16.2		
2	11.1	12.7	10.0	6.8	12.9	11.3	14.6	8.0	16.0	12.2	15.3	11.0	12.3	13.4	13.3		
3	15.4	13.5	11.1	15.0	16.0	13.4	11.6	11.9	19.2	14.6	11.8	13.3	9.5	10.3	13.1		
4	8.0	10.7	13.7	13.7	12.7	8.6	9.2	9.6	15.7	9.2	11.3	8.0	12.8	10.1	10.8		
5	12.6	9.7	12.4	10.9	15.9	13.0	12.1	13.0	18.4	13.7	8.6	11.7	16.2	12.1	11.3	R_bar	전체평균
범위	8.5	3.8	3.7	8.2	4.2	4.8	5.5	5.0	5.0	6.2	6.7	9.8	6.7	3.3	5.4	5.79	
평균	12.7	12.0	11.8	11.9	14.9	11.6	11.3	10.9	18.0	13.0	11.4	12.4	12.4	11.4	12.9		12.57

[표 2 – 25]를 바탕으로 수작업 계산한 '관리 상한', '중심선', '관리 하한'의 각 값들과 미니탭에서 얻은 결과를 비교하면 다음 [그림 2 – 66]과 같다. 식에서 'SQRT'는 '제곱근'을 나타내는 엑셀 함수이다. 엑셀로 직접 계산할 때 '$\sqrt{}$'를 어떻게 계산하는지 교육 중 질문이 많아 함수로 직접 표현해놓았다.

[그림 2-66] '관리 한계'의 직접 계산

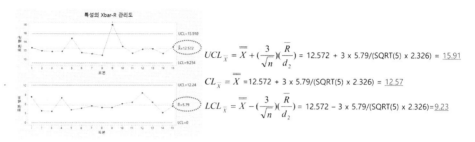

식 (2.44)를 하나씩 대응시키며 계산해보자. 만일 [그림 2-66]의 '관리 한계'와 계산 값이 서로 불일치하면 '표준 편차' 계산 방식이 다르기 때문이다. '표준 편차' 계산은 「통계 분석(S)> 관리도(C)> 부분군 계량형 관리도(S)> $X_{bar}-R(\underline{B})\cdots$에서 '$X_{bar}-R$옵션(P)…/추정치」의 설정을 다음 [그림 2-67]과 같이 변경한다.

[그림 2-67] '$\overline{X}-R$ 관리도'의 '표준 편차' 계산 식 '옵션' 변경

이렇게 해서 다시 얻어진 '$\overline{X}-R$ 관리도'의 '관리 상한'과 '관리 하한'의 값들은 수작업으로 계산한 결과와 정확히 일치한다는 것을 알 수 있다.

[그림 2-68] '관리 한계' 계산-'옵션' 변경 전·후 간 차이

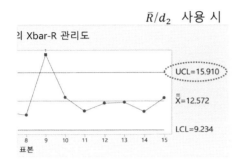

$\bar{R}/d_2$ 사용 시

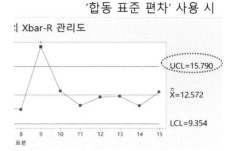

'합동 표준 편차' 사용 시

'관리 상한'과 '관리 하한'이 '중심 극한 정리'를 응용해서 산정된다는 것을 이해했으면, 관리도를 좀 더 깊이 있게 알아보는 차원에서 '가설 검정'의 영역까지 학습 범위를 넓혀보자.

프로세스로부터 일정 주기로 표본을 계속 추출하고, 그들의 '평균'을 관리도 상에 타점해나갈 때, 만일 다음 타점이 '관리 상한' 또는 '관리 하한'을 벗어나면 어떤 판단을 할까? 당연히 "프로세스는 관리 상태에 있지 않다"고 판단한다. 따라서 매번 타점을 찍어나갈 때 특정 타점이 '관리 상태'인지 그렇지 않은지를 판단해야 하므로(가설이므로), 곧 가설을 검정하는 '가설 검정' 영역에 해당한다. 관리도에서 '가설 검정'을 수행할 경우 가장 먼저 필요한 것은 동일하게 '가설'이며, '관리도' 경우 다음 식 (2.45)와 같이 가설을 수립한다.

$$H_o : \mu = \mu_o \,(또는, 관리\ 상태다)$$ (2.45)
$$H_A : \mu \neq \mu_o \,(또는, 관리\ 이탈\ 상태다)$$

'μ'는 '표본 평균'이 속해 있을 '모평균'이고, 'μ₀'는 '프로세스의 평균'을 의미한다. 즉 하나의 '표본 평균'이 얻어지면 그 값은 '프로세스 평균'과 통계적

으로 차이가 없을 것인지, 차이가 있을 것인지를 확인한다. 부호 표기가 낯설면, 글로써 "관리 상태다, 또는 관리 이탈 상태다"로 표기한다. 가설이 설정되면 본격적인 검정으로 들어가기 전에 '유의 수준'을 정해야 한다. '유의 수준'은 '제1종 오류를 범할 최대 확률'로 관습적으로 1%, 5%, 10% 중 정해진다고 하였다. 그러나 관리도 경우는 예외로 작용한다. 타점이 '관리 상한' 또는 '관리 하한'을 벗어나면 우선 '관리 상태에 있지 않은 것'으로 판단하며, 이것은 '프로세스 평균'에서 통계적으로 멀리 벗어났다는 것을 암시한다. 따라서 '관리 상한/관리 하한'을 벗어나는 영역이 '제1종 오류를 범할 최대 확률'로 간주될 수 있으며, 계산상으로는 한쪽 면적이 '0.0013'이므로 양쪽의 경우를 고려하면, 약 '2×0.0013 = 0.0027', 즉 '0.27%'가 유의 수준에 해당한다. 다음 [그림 2 – 69]는 관리도에서 '유의 수준'을 설명하는 개념도이다.

[그림 2 – 69] '관리 한계'를 벗어날 확률 개요도

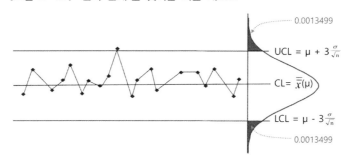

'관리 상한'과 '관리 하한'을 벗어나는 넓이는 각각 '0.0013499'임을 알 수 있다. 다음 [그림 2 – 70]은 이 값을 미니탭의 「계산(C)> 확률 분포(D)> 정규 분포(N)…」에서 계산한 결과이다.

[그림 2-70] 관리도에서의 '유의 수준' 설정 개요도

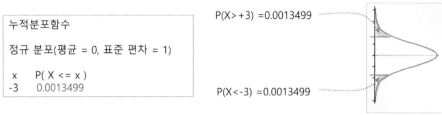

누적분포함수

정규 분포(평균 = 0, 표준 편차 = 1)

x   P(X <= x)
-3   0.0013499

P(X> +3) =0.0013499

P(X< -3) =0.0013499

유의 수준 = 0.0013499+0.0013499 ≒ 0.0027

　검정을 수행하면, 특정 타점이 가르는 한쪽 면적은 'p-값'이 되므로, 만일 타점이 유의 영역에 들어가면 '0.0027'보다 작은 값이 나온다. 따라서 '대립 가설', 즉 "프로세스가 관리 이탈 상태다"로 판단한다.

　[그림 2-63]의 '8개 검정 항목'들 중 첫 번째인 '1개의 점이 중심선으로부터 3 표준 편차 범위 밖에 있음'의 확률이 '가설 검정' 관점에서 '유의 수준'인 '0.27%'보다 작고, 그 외의 경우, 예를 들면 그 바로 아래 '9개의 연속된 점이 중심선으로부터 같은 쪽에 있음'도 '가설 검정' 관점에서 '유의 수준'보다 작은 값이 나올 것으로 기대된다. '9개'의 점이 연속해서 중심선 한쪽으로 나타날 확률은 '0.5'가 계속 '9번' 나와야 하므로 '0.5^9=0.001953(또는 0.1953%)'이며 이 역시 관리도의 '유의 수준'인 '0.27%'보다 작아 '대립 가설'인 "관리 이탈 상태"로 판정할 수 있다. 이러한 '8개'의 '검정 항목' 체계는 1984~1985년 넬슨(Nelson)에 의해 처음 사용됐으며, 각각의 '발생 확률(p-값)'이 '유의 수준(0.27%)'보다 작다는 것을 전제로 한다. 그러나 다음의 넬슨(1985)이 언급한 말[27]을 참고한다면 확률을 통한 검정에 크게 얽매일 필요는 없을 것 같다. 즉, "이상 신호를 감지하는 데 필요한 확률은 아주 정확하

27) SAS/Qc User's Guide, Version 7-1.의 'Part 9. The Capability Procedure' 내 'Interpreting Standard Tests for Special Causes'에 기술된 내용을 참고함.

게 고려될 필요는 없다. 왜냐하면 확률은 정규성과 독립성이 결여됐다는 가정을 기반으로 산정되기 때문이다(즉, 8개 항목 중 하나가 발생했다는 것은 이미 정규성/독립성이 훼손된 것이므로). 따라서 '검정 항목'들은 확률이라기보다 단순히 개선 활동을 위한 실천 규칙으로 받아들여야 한다. 가능성은 낮겠지만 프로세스가 관리 상태에 있지 않아도 이와 같은 8개 검정 항목들 중 어느 것도 잡히지 않을 수 있다는 것을 명심해야 한다."

지금까지 '통계를 지배하는 원리 두 개'에 대해 이론적 배경을 학습하고, MAIC에 속한 도구들에 응용도 해보았다. 특히, 내용 전개 중에 새롭게 도입되거나 정의가 필요한 부분들에 대해서는 명칭을 부여해 나름대로 개념을 재정립하기도 했다. 여기엔 「기본 도표」, 「기본 항등식」, 「Y자 흐름도」, 「세부 로드맵」 등이 포함된다.

확률 통계 입장에선 학교에서 배웠던 내용과 본질적으로 차이가 없다. 그러나 기업인을 대상으로 해야 하고, 또 문제 해결 관점에서 접근하다 보니 설명을 가급적 쉽게 풀어 눈높이를 맞추려는 노력을 지속했고, 결과적으로 통계를 쉽게 소개하려는 본래 의도에 있어 소기의 목적은 달성한 것으로 생각된다. 그러나 이런 생각은 전적으로 필자의 생각일 뿐 독자, 특히 리더들의 평가는 어떨지 자못 궁금하다. 참고로 『Be the Solver 시리즈』는 통계 분석뿐만 아니라 로드맵을 설명하는 방법론 서적들도 포함하고 있다. 학습이 더 필요하거나 관심 있는 독자는 해당 시리즈를 참고하기 바란다.

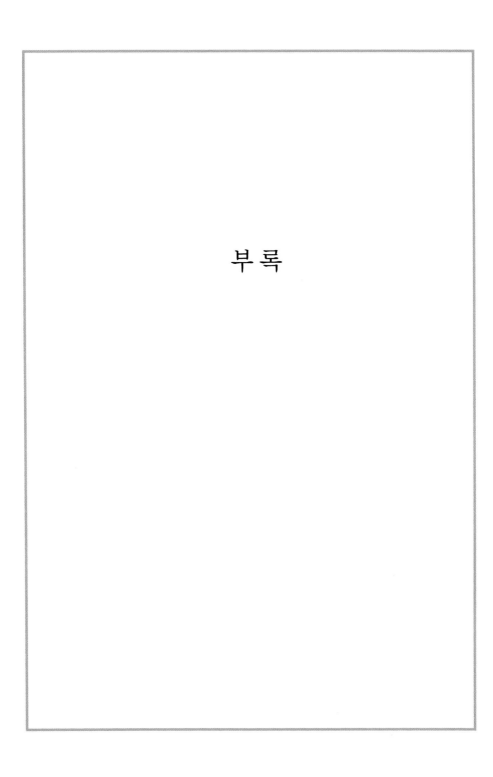

부 록

1. 총 변동의 분해 증명

본문의 '첫 번째 원리' 중 「2-2. 변동의 분해」에서 '총 변동'과 '그룹 내 변동' 및 '그룹 간 변동' 간 항등 관계는 다음과 같이 증명된다. 이 증명 과정은 [표 1 – 15]에 있는 표기들을 참고하면 좀 더 쉽게 이해할 수 있다.

1) '총 변동'은 '개별 데이터'들과 '총 평균'과의 차를 제곱해서 모두 더한 양이다.

$$SST(총변동) = \sum_{j=1}^{k} \sum_{i=1}^{n_j} (x_{ij} - \bar{\bar{x}})^2$$

2) 이 식에 '$\bar{x}_j$'를 더하고 빼준다(식에는 영향이 없다).

$$SST(총변동) = \sum_{j=1}^{k} \sum_{i=1}^{n_j} (x_{ij} - \bar{\bar{x}})^2 = \sum_{j=1}^{k} \sum_{i=1}^{n_j} (x_{ij} - \underline{\bar{x}_j + \bar{x}_j} - \bar{\bar{x}})^2$$

3) 식 '2)'를 다시 정리하면,

$$= \sum_{j=1}^{k} \sum_{i=1}^{n_j} [(x_{ij} - \bar{x}_j) + (\bar{x}_j - \bar{\bar{x}})]^2$$

4) 식 '3)'을 개별 항으로 풀어내면,

$$= \sum_{j=1}^{k} \sum_{i=1}^{n_j} (x_{ij} - \bar{x}_j)^2 + 2 \sum_{j=1}^{k} \sum_{i=1}^{n_j} (x_{ij} - \bar{x}_j)(\bar{x}_j - \bar{\bar{x}}) + \sum_{j=1}^{k} \sum_{i=1}^{n_j} (\bar{x}_j - \bar{\bar{x}})^2$$

5) 그런데 식 '4)'에서 가운데 항을 다시 정리하면 맨 끝 편차의 합은 '0'이 므로 전체가 '0'이 된다(본문 '(1.1)' 참조).

$$2\sum_{j=1}^{k}\sum_{i=1}^{n_j}(x_{ij}-\overline{x}_j)(\overline{x}_j-\overline{\overline{x}}) = 2\sum_{j=1}^{k}(\overline{x}_j-\overline{\overline{x}})\overset{\text{이 항은 항상}}{\underline{\sum_{i=1}^{n_j}(x_{ij}-\overline{x}_j) = 0}}$$

6) 따라서 '총 변동'을 다시 쓰면 다음과 같다.

$$SST(\text{총 변 동}) = \sum_{j=1}^{k}\sum_{i=1}^{n_j}(x_{ij}-\overline{\overline{x}})^2$$

$$= \sum_{j=1}^{k}\sum_{i=1}^{n_j}(x_{ij}-\overline{x}_j)^2 + \sum_{j=1}^{k}\sum_{i=1}^{n_j}(\overline{x}_j-\overline{\overline{x}})^2$$

7) 식 '6)'에서 두 번째 항 중 '$\sum_{i=1}^{n_j}$'의 'i'는 해당 표기가 없으므로 각 부분 군의 개수를 나타내게 된다. 따라서 최종 정리하면,

$$SST(\text{총 변 동}) = \sum_{j=1}^{k}\sum_{i=1}^{n_j}(x_{ij}-\overline{\overline{x}})^2$$

$$= \sum_{j=1}^{k}\sum_{i=1}^{n_j}(x_{ij}-\overline{x}_j)^2 + \sum_{j=1}^{k}n_j(\overline{x}_j-\overline{\overline{x}})^2$$

$$\boxed{= \sum_{j=1}^{k}\sum_{i=1}^{n_j}(x_{ij}-\overline{x}_j)^2 + \sum_{j=1}^{k}n_j(\overline{x}_j-\overline{\overline{x}})^2}$$

8) 식 '7)'에서 첫 항은 '개별 데이터'와 '부분군 평균'과의 관계이므로 '그룹 내 변동'을, 두 번째 항은 '부분군 평균'과 '총 평균'과의 관계이므로 '그룹 간 변동'을 각각 나타낸다. 특히 두 번째 항에서 'n_j'가 부분군별 로 모두 같으면 'Σ' 밖으로 나올 수 있다.

2. 통계표

1) Z - 분포

Normal Distribution (Right Tail Area)

	0	0.01	0.02	0.03	0.04	0.05	0.06	0.07	0.08	0.09
	0.50000	0.49601	0.49202	0.48803	0.48405	0.48006	0.47608	0.47210	0.46812	0.46414
	0.46017	0.45620	0.45224	0.44828	0.44433	0.44038	0.43644	0.43251	0.42858	0.42465
	0.42074	0.41683	0.41294	0.40905	0.40517	0.40129	0.39743	0.39358	0.38974	0.38591
	0.38209	0.37828	0.37448	0.37070	0.36693	0.36317	0.35942	0.35569	0.35197	0.34827
	0.34458	0.34090	0.33724	0.33360	0.32997	0.32636	0.32276	0.31918	0.31561	0.31207
	0.30854	0.30503	0.30153	0.29806	0.29460	0.29116	0.28774	0.28434	0.28096	0.27760
	0.27425	0.27093	0.26763	0.26435	0.26109	0.25785	0.25463	0.25143	0.24825	0.24510
	0.24196	0.23885	0.23576	0.23270	0.22965	0.22663	0.22363	0.22065	0.21770	0.21476
	0.21186	0.20897	0.20611	0.20327	0.20045	0.19766	0.19489	0.19215	0.18943	0.18673
	0.18406	0.18141	0.17879	0.17619	0.17361	0.17106	0.16853	0.16602	0.16354	0.16109
	0.15866	0.15625	0.15386	0.15151	0.14917	0.14686	0.14457	0.14231	0.14007	0.13786
	0.13567	0.13350	0.13136	0.12924	0.12714	0.12507	0.12302	0.12100	0.11900	0.11702
	0.11507	0.11314	0.11123	0.10935	0.10749	0.10565	0.10383	0.10204	0.10027	0.09853
	0.09680	0.09510	0.09342	0.09176	0.09012	0.08851	0.08692	0.08534	0.08379	0.08226
	0.08076	0.07927	0.07780	0.07636	0.07493	0.07353	0.07215	0.07078	0.06944	0.06811
	0.06681	0.06552	0.06426	0.06301	0.06178	0.06057	0.05938	0.05821	0.05705	0.05592
	0.05480	0.05370	0.05262	0.05155	0.05050	0.04947	0.04846	0.04746	0.04648	0.04551
	0.04457	0.04363	0.04272	0.04182	0.04093	0.04006	0.03920	0.03836	0.03754	0.03673
	0.03593	0.03515	0.03438	0.03362	0.03288	0.03216	0.03144	0.03074	0.03005	0.02938
	0.02872	0.02807	0.02743	0.02680	0.02619	0.02559	0.02500	0.02442	0.02385	0.02330
	0.02275	0.02222	0.02169	0.02118	0.02068	0.02018	0.01970	0.01923	0.01876	0.01831
	0.01786	0.01743	0.01700	0.01659	0.01618	0.01578	0.01539	0.01500	0.01463	0.01426
	0.01390	0.01355	0.01321	0.01287	0.01255	0.01222	0.01191	0.01160	0.01130	0.01101
	0.01072	0.01044	0.01017	0.00990	0.00964	0.00939	0.00914	0.00889	0.00866	0.00842
	0.00820	0.00798	0.00776	0.00755	0.00734	0.00714	0.00695	0.00676	0.00657	0.00639
	0.00621	0.00604	0.00587	0.00570	0.00554	0.00539	0.00523	0.00508	0.00494	0.00480
	0.00466	0.00453	0.00440	0.00427	0.00415	0.00402	0.00391	0.00379	0.00368	0.00357
	0.00347	0.00336	0.00326	0.00317	0.00307	0.00298	0.00289	0.00280	0.00272	0.00264
	0.00256	0.00248	0.00240	0.00233	0.00226	0.00219	0.00212	0.00205	0.00199	0.00193
	0.00187	0.00181	0.00175	0.00169	0.00164	0.00159	0.00154	0.00149	0.00144	0.00139
	0.00135	0.00131	0.00126	0.00122	0.00118	0.00114	0.00111	0.00107	0.00104	0.00100
	0.00097	0.00094	0.00090	0.00087	0.00084	0.00082	0.00079	0.00076	0.00074	0.00071
	0.00069	0.00066	0.00064	0.00062	0.00060	0.00058	0.00056	0.00054	0.00052	0.00050
	0.00048	0.00047	0.00045	0.00043	0.00042	0.00040	0.00039	0.00038	0.00036	0.00035
	0.00034	0.00032	0.00031	0.00030	0.00029	0.00028	0.00027	0.00026	0.00025	0.00024
	0.00023	0.00022	0.00022	0.00021	0.00020	0.00019	0.00019	0.00018	0.00017	0.00017
	0.00016	0.00015	0.00015	0.00014	0.00014	0.00013	0.00013	0.00012	0.00012	0.00011
	0.00011	0.00010	0.00010	0.00010	0.00009	0.00009	0.00008	0.00008	0.00008	0.00008
	0.00007	0.00007	0.00007	0.00006	0.00006	0.00006	0.00006	0.00005	0.00005	0.00005
	0.00005	0.00005	0.00004	0.00004	0.00004	0.00004	0.00004	0.00004	0.00003	0.00003
	0.000032	0.000030	0.000029	0.000028	0.000027	0.000026	0.000025	0.000024	0.000023	0.000022
	0.000021	0.000020	0.000019	0.000018	0.000017	0.000017	0.000016	0.000015	0.000015	0.000014
	0.000013	0.000013	0.000012	0.000012	0.000011	0.000011	0.000010	0.000010	0.000009	0.000009
	0.000009	0.000008	0.000008	0.000007	0.000007	0.000007	0.000007	0.000006	0.000006	0.000006
	0.000005	0.000005	0.000005	0.000005	0.000005	0.000004	0.000004	0.000004	0.000004	0.000004
	0.000003	0.000003	0.000003	0.000003	0.000003	0.000003	0.000003	0.000002	0.000002	0.000002
	0.000002	0.000002	0.000002	0.000002	0.000002	0.000002	0.000002	0.000002	0.000001	0.000001
	0.000001	0.000001	0.000001	0.000001	0.000001	0.000001	0.000001	0.000001	0.000001	0.000001
	0.000001	0.000001	0.000001	0.000001	0.000001	0.000001	0.000001	0.000001	0.000001	0.000001
	0.000000	0.000000	0.000000	0.000000	0.000000	0.000000	0.000000	0.000000	0.000000	0.000000

2) T - 분포

T-Distribution

	.600	.700	.800	.900	.950	.975	.990	.995
1	0.325	0.727	1.376	3.078	6.314	12.706	31.821	63.657
2	0.289	0.617	1.061	1.886	2.920	4.303	6.965	9.925
3	0.277	0.584	0.978	1.638	2.353	3.182	4.541	5.841
4	0.271	0.569	0.941	1.533	2.132	2.776	3.747	4.604
5	0.267	0.559	0.920	1.476	2.015	2.571	3.365	4.032
6	0.265	0.553	0.906	1.440	1.943	2.447	3.143	3.707
7	0.263	0.549	0.896	1.415	1.895	2.365	2.998	3.499
8	0.262	0.546	0.889	1.397	1.860	2.306	2.896	3.355
9	0.261	0.543	0.883	1.383	1.833	2.262	2.821	3.250
10	0.260	0.542	0.879	1.372	1.812	2.228	2.764	3.169
11	0.260	0.540	0.876	1.363	1.796	2.201	2.718	3.106
12	0.259	0.539	0.873	1.356	1.782	2.179	2.681	3.055
13	0.259	0.538	0.870	1.350	1.771	2.160	2.650	3.012
14	0.258	0.537	0.868	1.345	1.761	2.145	2.624	2.977
15	0.258	0.536	0.866	1.341	1.753	2.131	2.602	2.947
16	0.258	0.535	0.865	1.337	1.746	2.120	2.583	2.921
17	0.257	0.534	0.863	1.333	1.740	2.110	2.567	2.898
18	0.257	0.534	0.862	1.330	1.734	2.101	2.552	2.878
19	0.257	0.533	0.861	1.328	1.729	2.093	2.539	2.861
20	0.257	0.533	0.860	1.325	1.725	2.086	2.528	2.845
21	0.257	0.532	0.859	1.323	1.721	2.080	2.518	2.831
22	0.256	0.532	0.858	1.321	1.717	2.074	2.508	2.819
23	0.256	0.532	0.858	1.319	1.714	2.069	2.500	2.807
24	0.256	0.531	0.857	1.318	1.711	2.064	2.492	2.797
25	0.256	0.531	0.856	1.316	1.708	2.060	2.485	2.787
26	0.256	0.531	0.856	1.315	1.706	2.056	2.479	2.779
27	0.256	0.531	0.855	1.314	1.703	2.052	2.473	2.771
28	0.256	0.530	0.855	1.313	1.701	2.048	2.467	2.763
29	0.256	0.530	0.854	1.311	1.699	2.045	2.462	2.756
30	0.256	0.530	0.854	1.310	1.697	2.042	2.457	2.750
40	0.255	0.529	0.851	1.303	1.684	2.021	2.423	2.704
60	0.254	0.527	0.848	1.296	1.671	2.000	2.390	2.660
120	0.254	0.526	0.845	1.289	1.658	1.980	2.358	2.617
	0.253	0.524	0.842	1.282	1.645	1.960	2.326	2.576

색 인

송인식

(현)PS-Lab 컨설팅 대표

한양대학교 물리학과 졸업
삼성 SDI 디스플레이연구소 선임연구원
한국 능률협회 컨설팅 6시그마 전문위원
네모 시그마 그룹 수석 컨설턴트
삼정 KPMG 전략컨설팅 그룹 상무

인터넷 강의: http://www.youtube.com/c/송인식PSLab
이메일: labper1@ps-lab.co.kr

※ 도서 내 데이터 및 템플릿은 PS-Lab(www.ps-lab.co.kr)에서 무료로 받아보실 수 있습니다.

Be the Solver

확증적
자료 분석(CDA)

초판인쇄 2017년 10월 16일
초판발행 2017년 10월 16일

지은이 송인식
펴낸이 채종준
펴낸곳 한국학술정보㈜
주소 경기도 파주시 회동길 230(문발동)
전화 031) 908-3181(대표)
팩스 031) 908-3189
홈페이지 http://ebook.kstudy.com
전자우편 출판사업부 publish@kstudy.com
등록 제일산-115호(2000. 6. 19)

ISBN 978-89-268-7916-0 94320